Stricker und Seminarist

AF191396

Der "Stricker"	Der "Seminarist"

Richard Lauxmann (I.)	Richard Lauxmann (II.)
* 1803 in Schönaich	* 1834 in Schönaich
Stricker Färber Weber Zwirner in Schönaich	1848-1852 im evangelisch-theologischen Seminar in Schöntal zuletzt Stadtpfarrer an der Stuttgarter Stiftskirche
+ 1867 in Schönaich	+ 1890 in Stuttgart

Diese Dokumente habe ich von den Originalhandschriften ohne
Änderung abgeschrieben und als Buch zusammengestellt. Das hat viel
Mühe und Kosten verursacht. Wer Einzelteile daraus kopieren will,
mag das tun, sollte aber die Quelle angeben.

Richard Lauxmann 2000
Tiergartenstraße 29, 71032 Böblingen

ISBN 3-8311-1141-3

Herstellung: Libri Books on Demand

Anna Maria Lauxmann

Richard Lauxmann (I.)

Richard Lauxmann (II.)

Stricker und Seminarist

*

1884-1852

Dokumente schwerer Zeit
aus Schönaich und Schöntal

Herausgegeben von Richard Lauxmann (V.)

Ein Wort zuvor aus unserer Zeit

Diese Dokumente führen uns in eine längst vergangene Zeit, als es in Württemberg noch einen König gab, in dessen Land Leute am Hunger gestorben sind - oder an den Folgen des Hungers, wie es meiner Ur-ur-Großmutter Agnes Lauxmann, geborene Rebmann erging. Ihre Tochter Anna Maria gibt davon einen ergreifenden Bericht.

Den Briefwechsel zwischen meinem Ur-ur-Großvater und meinem Ur-Großvater könnte man fast wie einen Roman lesen. Es sind Zeugnisse von Menschen, die schwerste Not im Vertrauen auf ihren Gott durchstehen.

Ich war 1935 sechs Jahre alt und in der Grundschule gerade bei meinen ersten Versuchen mit Tinte und Stahlfeder, da hat mir mein Großvater, Richard Lauxmann (III.), etwas ganz besonderes gezeigt. Er öffnete bedächtig seine Schreibtischschublade, und dann zeigte er mir wie ein Heiligtum einen Gänsefederkiel:

"Mit dieser Feder hat mein Vater, dein Urgroßvater, alle seine Briefe und Bücher geschrieben. Hier ist so ein Buch."

Ich konnte die Schrift nicht lesen, obwohl wir in der Schule Süterlin lernten.

"Und das ist sein Federmesser." Er zeigte mir an einer Gansfeder, wie man sie zur Schreibfeder zuspitzt. Ich machte ein paar Federschneid- und schreibversuche, doch das Ergebnis bestand fast nur aus Klecksen.

Auch heute noch fällt es mir nicht leicht, die winzige Schrift meines Ur-Großvaters, Richard Lauxmann (II.), zu lesen. Noch mehr Mühe machten mir die Seiten meines Ur-ur-Großvaters, Richard Lauxmann (I.)

Vor mir liegt der in einem Band gebundene Briefwechsel zwischen meinem Ur-Großvater, Richard Lauxmann (II.) und seinem Vater, Richard Lauxmann (I.). Ich habe über Jahre immer wieder einmal einen der Briefe in den Computer getippt. 1995 war ich fertig. Ganz fehlerfrei kann die Arbeit nicht sein.

Die Zeiten sind anders geworden, zumindest bei uns in Deutschland. Man sagt, wir lebten heute in einer Spaßgesellschaft. Na ja! Vielleicht findet trotzdem der eine oder die andere ab und zu Zeit, einen der Briefe ganz langsam zu lesen und aufzunehmen, auch wenn die damals anders dachten als wir. Wer weiß, was die Leute in einhalb Jahrhunderten von unserer heutigen Generation denken?

Die von Menschen verehrten Idole wechseln Namen und Gesicht. Gerade deshalb gilt das Wort, das mein Ur-Großvater zeitlebens über die meisten seiner Schriften setzte: „S.D.G." - "Soli Deo Gloria!" – "Allein Gott sei Ehre!".

Der Ur-ur-Enkel Richard Lauxmann (V.)

Inhalt

Lese-Empfehlung: Man muss nicht alles der Reihe nach lesen.
Empfohlene Reihenfolge:
1. Kinheitserinnerungen
2. Einleitung
3. Anna Maria
4. von Zeit zu Zeit einen Brief in der Reihenfolge

Achtung!
Kursivgedrucktes kann auf Seite 166 ff. nachgeschlagen werden

Einleitung
zum Briefwechsel mit seinem Vater
von Richard Lauxmann (II.) 1834-1890
zuletzt Stadtpfarrer an der Stiftskirche zu Stuttgart

1

Unser Haus gehört nicht zu jenen, in welchen der Stammbaum in eine graue Urzeit zurückführt, und es darf sich darum desto mehr freuen, daß geschrieben steht: "das nichts ist, hat Gott erwählet, auf daß Er zu nichte mache, was Etwas ist, auf daß sich vor ihm kein Fleisch rühme." (1. Korinther 1, 28.29)

In vielen alten Kirchenbüchern, die nur bis zum Dreißigjährigen Krieg zurückführen, findet man die Bemerkung, die vorigen seien durch die Kriegsunruhen verschleudert oder in denselben verbrannt worden. Weiter geht auch die Geschichte unseres Hauses nicht zurück, aber gerade dem dreißigjährigen Krieg haben wir unsere Heimat zu verdanken. Die Familiensage weiß, daß damals mit den streitenden Heeren, welche unser deutsches Vaterland überschwemmten, auch ein Soldat aus *Krain* in Österreich nach Walddorf im Schönbuch gekommen sei. Damals waren die Dörfer oft ganz entleert und man mag es wohl gerne gesehen haben, als einer - durch liebende Bande zurückgehalten - dem Kriegshandwerk sich entzog und im Orte häuslich sich niederließ. Er hatte drei Söhne, welche später ihren Wohnsitz änderten: einer blieb in Walddorf, der andere zog nach Dürrmenz-Mühlacker, und ein dritter nach Schönaich. Es scheint, daß das Küferhandwerk erblich in der Familie war. So war Schönaich die Heimat eines Zweiges jenes Geschlechtes geworden.

Dieser volkreiche Marktflecken, am Rande des Schönbuchs gelegen, erfreut sich einer lieblichen Lage. Er ist in eine hübsche Mulde gebettet, welche von ein paar Bächlein, den Ursprüngen des Aichbachs, durchzogen ist. Er teilt mit den Schönbuchorten einen ziemlichen Reichtum an Waldungen, von welchen die Markung fast ganz in die Runde eingeschlossen ist. Auf der Nordseite erhebt sich ein schöner Bergzug, Schönaicher First genannt, welcher nicht nur eine herrliche Aussicht auf die ganze Albkette vom Hohenstaufen bis Hohenzollern darbietet, sondern auch einigen Wein bringt, und von dessen Fuß ein reiches Obstfeld sich hinstreckt.

Blick vom Schönaicher First auf Schönaich
Aquarell von Richard Lauxmann (III.) zur Silberhochzeit seiner Eltern 1888

Der Sandboden ist für Anbau trefflich geeignet, wenn auch zu mager und für die große Einwohnerzahl von über 2000 Seelen zu beschränkt. Die Leute gehören zum echtesten Schwabenstamm, und wie man bis auf die neueste Zeit die alte schwäbische Tracht am besten erhalten fand, so ist ihnen auch der schwäbische Dialekt in seiner breitesten Form geblieben. Die Schönaicher mit gelben Lederhosen, Zwilchkitteln, Schnallenschuhen, roten Brusttüchern und verbrämten Pelzmützen erregten auch bei größeren Versammlungen wie auf Liederfesten allgemeines Aufsehen, und in der Tat liegt ein charakteristisch biederer Ton in dieser Tracht, die leider weniger festen Boden hat, als der treuherzig "broate" Laut der Schwabenzunge.
Einer der Nachkommen jenes Walddorfers war demnach auch mein Großvater väterlicherseits, ein Küfer seines Handwerks. Ich habe ihn noch selbst gekannt, da er erst anfangs der vierziger Jahre starb, doch war seine Kraft schon gebrochen. In seiner Manneszeit war er zwar wegen seiner Gewandtheit, Furchtlosigkeit und Klugheit geachtet, aber dabei wegen seines Zorns als ein böser Mann gefürchtet. Es war

eine ungeheure Kraft in diesem Manne, und diese rohe Natürlichkeit konnte nicht gebrochen oder umgewandelt werden durch die Großmutter, welche ihm an Verstand nicht gewachsen war. Zudem hatte sich an ihr das Sprüchlein bewährt: "Fleißige Mutter, faule Töchter!" Sie war von ihrer eifrigen und tätigen Mutter nicht dahin gebracht worden, eine tüchtige und ordnungsliebende Haushälterin zu sein. Doch kam mit ihr ein Element in die Familie, das sie zunächst nicht selbst besaß und ihr Mann ebenso wenig, das aber so GOtt will, dennoch bleiben soll. Es war die Frömmigkeit ihres Vaters. Dieser "Reicherts-Ehne" , so läuft sein Name in der Familie, scheint eben nicht viel Weltwitz besessen zu haben, dagegen war er ein treuer Liebhaber des Wortes GOttes und des Gotteshauses und wurde nicht müde, in den Wintertagen hinter dem Ofen das längst bekannte und auswendig gewußte *Arndts* "Wahres Christenthum" immer aufs neue zu lesen. Davon wußten seine Enkel noch viel zu erzählen, und es hat auch bis jetzt schon seinen Samen getragen.

Die Ehe der Großeltern war keine glückliche und der Ärger des gescheiten und energischen Mannes über die regellose Haushaltung der schwachen Frau führte ihn am Ende zu reichlicher Benützung der Branntweinschank, welche mit dem Küferhandwerk verbunden war. Doch war er es immer, der das Haus vertrat, aber das Vermögen des Hauses wurde dadurch bis auf die Hefe geleert, wenn je viel dagewesen wäre. - In seiner Kindererziehung handelte der Großvater nach dem Grundsatz: "Wer sein Kind liebt, der hält es stets unter der Rute!" Es geschah dies aber bei ihm nicht im Sinne des göttlichen Wortes, sondern in bester Absicht, aber im natürlich ungeläuterten Temperament; und darum hielt er sich dabei auch nicht nach Luthers goldenen Worten: "der Apfel müsse bei der Rute liegen." Dies machte seine Kinder scheu, daß sie nie ein eigentlich kindliches Herz zu ihm gewinnen konnten. Unter ihnen wurde der Vater am 24. Mai 1803 geboren. Es waren rauhe Zeiten damals, von denen wir Kinder noch mancherlei erzählen hören konnten. Im Hause gings gar einfach zu, die Kinder wurden hart gehalten und mußten oft im kalten Winter hinaus, um ihr Teil Holz auf dem Rücken heimzutragen. Es war die Zeit der Jagden unter dem alten König, wo die Bäuerlein hinausgehen mußten, um unter Stößen und Puffen der rohen Jäger das Wild zusammenzutreiben oder mußten sie dasselbe Wild hegen und füttern, das zugleich ihre eigenen Äckerlein durchwühlte und verheerte. Dann kamen die Kriegsunruhen der napoleonischen Feldzüge, da Franzosen und Russen hausten und eben nicht zur Förderung des Wohlstandes beitrugen. Endlich folgte zu guter Letzt' das Teuerungsjahr 1807, von welchem auch sie sehr zu leiden hatten. Das waren lauter Zeiten, in welchen nicht nur unser deutsches Volk im Ganzen, sondern auch die einzelnen Leute reichlich Gelegenheit fanden, in sich zu gehen und ihrem HErrn zu sagen: "Unsere Sünden haben's ja verdient". Es waren auch in Schönaich etliche, welche sich in GOttesfurcht zusammenhielten; unser "Reicherts-Ehne" gehörte zu diesen Stundenleuten, doch war der Eindruck nicht so groß. - In diesen Jahren besuchte der Vater die Schule.

2

Er war ein äußerst schwächliches, kleingliedriges Kind, an Größe und Kraft hinter den anderen seines Alters so weit zurück, daß er erst im vierten Jahre gehen lernte. Indessen war aber der Geist schon sehr regsam in dem Kinde, welches mit manchen Gaben ausgerüstet und kenntnisdurstig war. Die Schule des Orts, in mittelmäßiger Weise besorgt, war eine Stätte, wo der Kleine sich zeigen konnte, wie er sich dann noch immer gern einer Visitation erinnert, wo der diktierende Dekan die Kinder beobachtete und über dem Kleinen in die Worte ausbrach: "Ei ei, flink wie der Wind und ohne Fehler, aber die schlecht' schlecht' Handschrift!!" - Noch mehr erinnerte er sich der Kirche und wie er in derselben als behend im Antworten ein Trost des katechesierenden Pfarrers war, der die Gewohnheit hatte, wenn es bei den Sonntagsschülern stockte, zu sagen: "Soll ich wieder am Schnürle ziehen oder soll ich zu meinem Kleinen `nunter?" Dieser ließ ihn dann nicht im Stich. - Diese glückliche Begabung, so wie seine Schwächlichkeit, bewog eine Frau des Orts, seinem Vater eine Summe von fünfzig Gulden anzubieten, wenn er den Knaben dem Schulstand widmete. Dies war aber seinem Sinnen ganz und gar zuwider: ein ordentliches Handwerk ging ihm hoch über diesen halben Herrenstand. Wer weiß, ob nicht dieser Entschluß des Großvaters gerade auf den entgegengesetzten Entschluß des Vaters bei seinen Kindern hingewirkt hat?

Er kam nun in die Lehre zu einem Stricker in Leonberg, wo sein Vater längst bekannt war. Da dieses Handwerk damals recht im Flore stand, so glaubte der Großvater besonders gut gesorgt zu haben, während seine übrigen Söhne Küfer wurden. Der Aufenthalt in jenem Städtchen war von vielseitigem Gewinn. Der aufgeweckte Knabe taute recht auf und er erinnert sich noch mancher Auftritte, welche für ihn bildend waren. So, um nur einen anzuführen, saß er, erst vor kurzem eingetreten, mit seiner Arbeit an der Straße, als ein Bekannter seines Vater vorüberging: "Wie geht 's?" fragte er. "Nun, es geht gut! Ist eben noch kein Gelernter vom Himmel gefallen!" "Ja, aber auch kein Esel!" war die witzige Antwort.

Der Meister gehörte zu den altwürttembergischen Pietisten, und war mit dem Hause des Notar *Hoffmann* und Pfarrer *Friedrich* befreundet. So mußte der Junge auch mit anderen, die von ihnen gehaltenen Erbauungsstunden besuchen, welche auf seinen Geist eher anziehend als abstoßend gewirkt haben müssen. Eben war die korntalerische Angelegenheit in der Schwebe und das Leben in jenen Kreisen ein bewegteres. Offenbar waren hier schon Züge des Geistes Gottes an sein Herz ergangen, denen er nicht widerstrebte.

Zunächst gings auf einige Jahre nach Hause, und diese Tage hatten für sein geistiges Leben eine reiche Ausbeute. In Schönaich war unter den Ernstlicheren ein Suchen und Fragen nach dem Weg der Wahrheit entstanden. Dieses hatte bei den einen und den anderen einen verschiedenen Erfolg. Während manche sich der Richtung des Bauern Michael *Hahn* ergaben, der in der Nähe zu Hause war, schien anderen dieser Weg nicht richtig zu sein. Sie glaubten eine verkehrte Lehre vom Weg zur Seligkeit darin zu erkennen, denn sie seien zu gesetzlich, und in die tiefsinnigen Grübeleien über Tod und Hades, erste Auferstehung und dergleichen konnten sie sich ohnehin nicht finden. Über allen aber stand ihnen das Abschreckende vor Augen, daß diese Leute nicht zu einer vollen Gewißheit kommen können, daß sie Vergebung ihrer Sünder bereits haben, also nicht erst von der Ewigkeit ihre Seligkeit erwarten dürften. - Aus dieser Ungewißheit und diesem peinlichen ängstlichen Christentum wollten sie herauskommen wie ja auch die Apostel und andere Männer Gottes in einer vollen Freudigkeit des Geistes gestanden seien. Da kam ihnen die Kunde zu Ohren, ein Pfarrer Pregizer zu Haiterbach habe mit großer Freudigkeit gelehrt, nach dem Worte Gottes könne man schon in diesem Leben selig sein; denn es hieße ja in der Schrift: "aus Gnaden seid ihr selig geworden." Das alles aber sei uns in der Heiligen Taufe zugesichert und mitgeteilt und es sei ein Undank gegen den gnädigen Gott, solchen Seines angelobten Heils sich nicht im Glauben zu freuen. Diese Lehre erschien ihnen so trostreich und erquicklich, daß sie nun auch anfingen, dieselbe zu bekennen und in den glaubensvollen Oden Hillers zu besingen. Das war in jenen Tagen eine ganz neue Zeitung, und was jeder rein evangelische Prediger auf den Dächern verkündigen soll, war dort eine sonderbare Märe: Es gibt Leute, die da sagen, sie seien schon heilig gemacht und selig geworden. Man hieß sie nun die "Seligen" oder die "Gläubigen" oder "Pregizerianer". Indessen hatten sie bald Grund, gegen die letzte Bezeichnung zu protestieren. Auf dem Schwarzwald und auf den Fildern war eine Menge solcher Pregizerianer, welche die Lehre von der Rechtfertigung allein durch den Glauben mißbrauchten, die Sünde im Fleisch leugneten und nun der Heiligung nachzutrachten unterließen. Diesen Irrweg wollten die in Schönaich und an einigen anderen Orten meiden, gründeten sich von nun an immer fester wie in der "*Schatzkammer* der Gläubigen" von M.St.Praetorius, einem köstlichen Buche, so in den Schriften Luthers selbst. Dazu nahmen sie die alten Väter, besonders Johann Arndt, Christian *Scriver*, Valerius Herberger, Heinrich *Müller* und andere, und wurden so in den rein evangelischen Heilsweg immer tiefer hineingewiesen und ihres Glaubens in rechtem Frieden innerlich froh.

In ihre Gemeinschaften kam dann auch der Vater. Er hatte eine Freundschaft geschlossen mit einem krüppelhaften jungen Manne, Kaspar Lutz, bei dem er sich oft verweilte, da dieser auf seinen Krücken wenig beweglich war. Hie und da besuchten diesen aber auch andere aus jenem Kreise. Der Vater wurde aufmerksam auf ihre Gespräche und lernte Geschmack finden an ihrem seligen Weben in Gottes Wort und den Schriften der Alten. Zwar sträubte sich der Großvater noch dagegen, doch er erfand, wie die Frömmigkeit im Leben förderlich ist und behutsam macht, so ließ er es gehen. Der Vater aber nahm zu an Erkenntnis und Freude in seinem Heil.

3

Es sollte die Zeit der Wanderschaft beginnen. Ein Versuch im Winter, über die Geißlinger Alb, sich im Bayerischen, bei Augsburg, Arbeit zu verschaffen, mißlang, so wandte er sich auf die entgegengesetzte Seite durch das Badener Land dem Elsaß zu. Die Fürbitten seiner Brüder geleiteten ihn auch über den Rhein, wo er sich in den Städtchen Bar und Wacelonne heimisch machte.

Da er in seinem Geschäfte und in der damit verbundenen Färberei bewandert war, zudem um seines offenen Bekenntnisses willen zwar von manchen Genossen verspottet und seiner eingezogenen Lebensweise halber verachtet war, aber dennoch gefürchtet und von seinen Arbeitgebern geachtet war, bekam er eine Geschäftsführung und hatte so eine für ihn anstrengende, aber angenehme Tätigkeit. Mit den verschiedenartigsten Arbeitern christlichen und jüdischen Glaubens, mit Deutschen von Geburt und Franzosen, mit evangelischen Glaubensgenossen und mit katholischem Aberglauben (*Sct Odilia Kapelle*) bekannt geworden, auch in historische Reminiszenzen, wie an die französische Revolution unter *Schneider* im Elsaß und an *Oberlin* im nahen Steintal durch die Juliaffäre hineingeführt, wurde sein Geist aufs vielseitigste angeregt. Es war die Frühlingszeit seines Lebens, von der er immer noch manches zu erzählen weiß, und wenig hätte gefehlt, so wäre er im Elsaß geblieben.

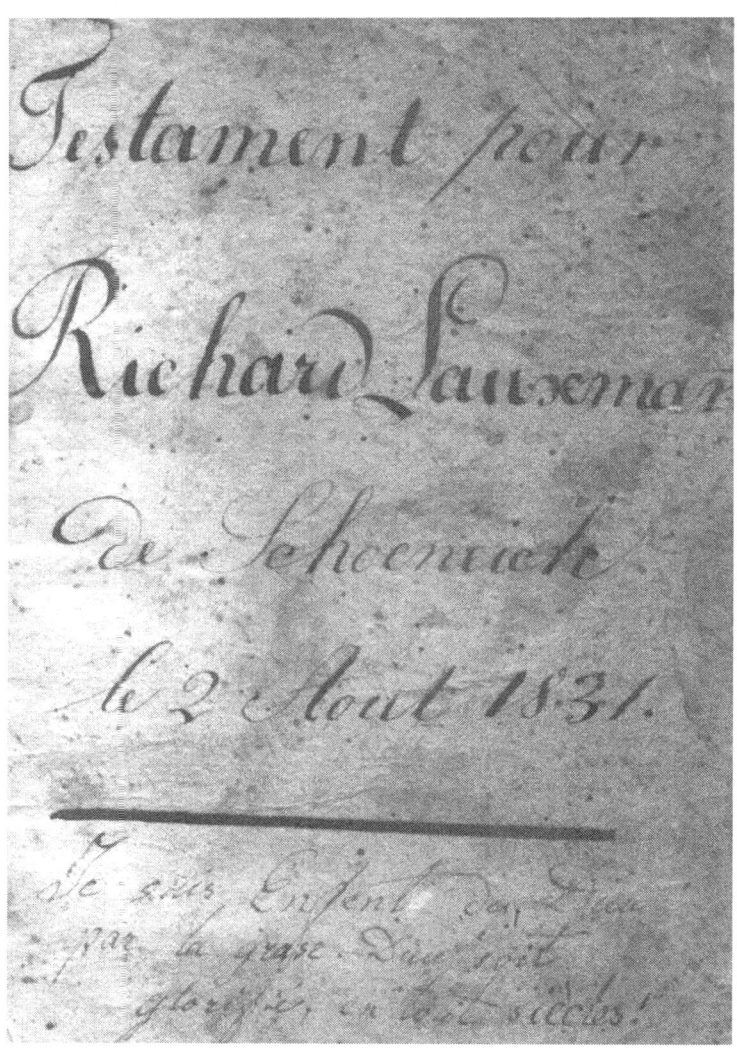

Testament pour
Richard Lauxmann
De Schoereich
le 2 Août 1831
Jes suis Enfent de Dieu
par la grace. Dieu soit
glorifié en tout siècles!

Testament für
Richard Lauxmann
von Schönaich
am 2. August 1831
Ich bin Kind Gottes
durch die Gnade. Gott sei
gerühmt in allen Zeitaltern.

Indessen war es ihm wohl schon öfters begegnet, daß er an einem Sonntagmorgen, sein Testamentchen in der Tasche, einer Anhöhe zuging, wo er den heimatlichen Bergen entgegenblicken konnte und dann in irgendeinem Wanderer eine heimatliche Gestalt zu erblicken meinte; und so überfiel ihn dann auf einmal A.D. 1832 ein so unwiderstehlicher Drang des Heimwehs, daß er nun mit einemal des Lebens in der Fremde satt war.

Er ging über den Rhein wieder hinüber, und nun war sein Gedanke auf die Begründung eines eigenen Gewerbes gerichtet. Er hatte sich innigst erquickt an der Gemeinschaft seiner Glaubensbrüder, welche er nach so langer Trennung wieder hatte, und aus ihrer Mitte sollte auch seine Ehegattin ihm kommen. Als er in der Fremde ging, war ein zartes Dienstmägdlein im Hause eines der Brüder, Schlosser Wagner, eingetreten, die er wohl kaum beachtet hatte. Da er zurückkam, war sie zu einer nicht schönen, aber lieblichen Gestalt herangewachsen, und er fand schnell eine Zuneigung zu ihr. Das Mägdlein war die Mutter Agnes, eine geborene Rebmann, geboren am 6. Mai 1809 Sie stammte aus einer Webersfamilie, die aber nicht unter die angesehenen im Orte zählte. Ihre Mutter hatte einen anderen Mann als ihren Vater geliebt und behielt jene Zuneigung auch im Ehestande bei, was sie ihren Mann durch ein zänkisches Wesen empfinden ließ. Dieser, unser Großvater, war ein Mann voll Einfalt in gutem und halbgutem Sinn, d.h. seine geistige Begabung war eine ziemlich bescheidene, weshalb er sich ganz unter sein Weib bücken mußte, aber seine geistliche Verfassung war die einer demütigen Seele, welche durch das Kreuz zu dem HErrn immer gründlicher geführt wurde. Wie er so durch den Geist der Zucht die rechte Geduld in seinem Hause lernte, so ward ihm die Kunst beschert, welche so viele Weise nach dem Fleisch nicht verstehen, christlich zu leben und selig zu sterben. Erst mit dem Tode seines Weibes ging ihm ein Nachsommer an, in welchem man seine Geduld erkennen und seine gründliche Frömmigkeit bewundern konnte. Ich habe den seligen Großvater noch persönlich gekannt und mich gefreut, wenn er mich auf seinen Knien wiegte. Sein Ende war der Tod eines Kindes Gottes.

Die Art ihres Vaters, und wie es scheint nicht in einem Fäserlein die Art ihrer Mutter, hatte die Tochter Agnes empfangen. Es fanden zwischen ihr und und dem um sie werbenden Manne große Unterschiede statt. Sie war von Natur ungemein zart und ebenso sanft als der Vater scharf und heftig; sie einfach und einfältig, er in manchen Stücken geschickt und von reichen Anlagen: Sie nicht recht auch nur über die Grenze des Ortes hinausgekommen, er nunmehr ein weitgereister Mann, der an mancher Erkenntnis weit über ihr stehen mochte. Aber die Gegensätze glichen sich leicht aus durch die Einfalt ihrer Seele, durch die Liebe ihres Herzens und durch die geistliche Verbindung, welche sie in Christo Jesu, dem einigen Meister, zusammenhielt. Auch die liebe Mutter hatte in derselben Gemeinschaft der Gläubigen, wie der Vater ihren Groschen gefunden und war nun als gefundenes Schäflein in noch tieferem Sinne als zuvor eine zartbesaitete Marienseele. Zudem hatte sie in der obengenannten Familie auch für die ordentliche Führung eines Hauswesens manches gelernt. Bei der Rückkehr von der Wanderschaft bald auf sie aufmerksam geworden hatte der Vater nicht bei sich , wohl aber bei seinem Vater noch Hindernisse zu überwinden, welcher fast zu stolz für diese Verbindung mit einem Hause war, auf das er nicht eben viel hielt. Indessen war er besonnen genug, den Einreden seines Sohnes kein stures Nein entgegenzusetzen und die Erscheinung der freundlichen Schwiegertochter im Hause söhnte ihn bald mit dem Gedanken aus. Bei diesem Erstlingsbesuch in ihrem künftigen schwiegerelterlichen Hause stieß sie indessen, da der Eingang sehr niedrig war, an der Oberschwelle der dunkelgelegenen Stubentüre den Kopf an, - ein Vorzeichen von so manchem Kreuz und Not, was sie auf dem Gange zu erleben hatte, den sie eben betreten wollte.

So schlossen sie denn, nicht ohne Anrufung Gottes, ihren Ehebund im Jahre 1832. Es war ein armseliger Anfang ihrer Haushaltung. Der Vater brachte nichts mit als seine noch unerprobte Geschäftsgeschicklichkeit, denn von seinem Vater bekam er nichts. Die selige Mutter hatte als Pflegekind ein Vermögen von 175 Gulden aufzuweisen, was in kurzem bei Anschaffung des Allernötigsten für Haus und Geschäft eingebrockt war. Das war freilich ein schwierig Ding, aber über alles hinweg hob sie ein fröhlicher Mut und ein gläubiges Vertrauen auf den Gott, der gesagt: "Laß dich an meiner Gnade genügen!"

4

Ihr froher Mut wurde rasch auf ziemliche Probe gestellt. Die Strickerei erwies sich herzlich schlecht. Im Orte brachten die Leute hie und da nur etwas zum Färben, allein das sollte als Freundes- und Nachbarsdienst umsonst geübt werden. Hatte man etwas Bedeutenderes, so trug man es in die nächste Stadt. So arbeitete der Vater für die Märkte. Allein hier sammelten sich der Stücke so viele, daß an einen Gewinn nicht zu denken war. Und es gehört nun hintendrein zu den komischsten Dingen, wenn die Eltern oft heimkamen und hatten mehr

Geld gezehrt, als sie für Waren eingenommen hatten. Aber bitter genug mögen diese Gänge oft in kalten Wintern gewesen sein.

Indessen war das erste Kindlein eingekehrt, ein liebliches kräftiges Söhnlein, das aber der Mutter nicht nur eine ihrer Brüste kostete, sondern dessen Geburt auch ihrer ohnehin zarten Gesundheit einen Stoß versetzte, den sie nie mehr gänzlich verwand. So mußten nun beide alle Kraft ihres Glaubensmutes recht festhalten, um nicht zu verzagen. Die liebe GOttes war in dem engen Stüblein des "Gäßleins", da sie wohnten, mit Seiner scharfen Heimsuchung bald eingekehrt, um ihnen bei Zeiten das heilige Kreuz aufzulegen, in welcher Schule rechte Kinder Gottes viel lernen! Nach einem halben Jahr starb das Kind. *(Anmerkung: Johann Georg 18.04.1833-16.11.1833)*

Da, als mich die Mutter bereits unter ihrem Herzen trug, beschloß der Vater sein Geschäft zu ändern. Die Weberei war in Leinenwaren bei uns immer eine ausgedehnte, auch in Baumwolle fing man an, mehr zu arbeiten. Einer der Bekannten trieb dieses Geschäft mit gutem Erfolg. So kam der Vater, unternehmend wie er war, auf den Gedanken, ob er nicht auf diese Weise besser sein Brot verdienen könnte. Gedacht, getan. Er kaufte einen Webstuhl und bewarb sich um einen Zettel bei einem Fabrikanten in Plieningen, den er nicht merken ließ, daß ihm noch keine Spule durch die Hand gegangen. Er bekam einen und nun hilft jener Freund anzuzetteln, andrehen und so weit, daß er seine Schüsse im Webstuhl tun kann. Das war ein schwierig Ding, die Arbeit wollte langsam voran, und die Leute sagten auch ihr Teil zu diesem ihnen unbegreiflichen Unternehmen. Selbst die Mutter, welche anfangs willig darauf einging, wurde von den ihrigen aufgestiftet, heulte und klagte, daß er eben immer seinem eigenen Kopf folge.

Aber der Vater, bedenkend, daß wenn zwei Winde sich in die Quere kämen, es eine Windsbraut gebe, ließ sie gehen und arbeitete geduldig weiter. Tag um Tag brachte er mehr zustande, und das Stück wurde fertig. Bei der Ablieferung zeigten sich natürlich die Fehler der Anfangstage deutlich; auch hatte man bald erfahren, in welch unerfahrene Hände dies Stück Arbeit gekommen sei, allein das Ende der Arbeit versöhnte so vollständig mit dem Anfang, daß er auch fernerhin Arbeit bekam. So ward des Lebens Notdurft ihrer Befriedigung sicherer. Der "Stricker" - diesen Namen behielt er - war ein Weber geworden.

Am 8. August 1834 wurde ich geboren, und die Eltern brachten mich nach der Sitte des Heimatortes sowie nach ihrer eigenen Wertschätzung des Sakraments schon am folgenden Tag zur heiligen Taufe. Ich kann mir das Stüblein noch wohl denken, in welchem in jenen Jahren die Eltern in der Miete wohnten. Es war ein kleines, armes, aber nicht unbehagliches Örtchen, darin der Friede GOttes wohnte und hie und da auch einzelne Liebhaber des Wortes ihre Besuche machten, besonders der Großvater mütterlicherseits. Aber GOtt sei Dank, der mich schon damals aufnahm in Seinen Gnadenbund und mich damit einführte in die Gemeinschaft aller Heiligen und Auserwählten! Dadurch war mir, den im engen Kämmerlein Geborenen, eine Stelle angewiesen in jenem heiligen Tempel des HErrn, der sich wölbt bis zu den Stufen des Gnadenthrones im himmlischen Heiligtum. Es war eine gar bescheidene Taufgesellschaft, zwei Verwandte des Ortes, die nicht im Stande waren, mir leiblich ein Zeichen ihrer Fürsorge zu geben - sie waren arm - und noch viel weniger die geistige Kraft hatten, irgend einmal ihr Patenkind an seinen Taufbund zu erinnern. Aber ich weiß dennoch, daß der Himmel offenstand und die himmlischen Heerscharen in lieblichem Verein niederschauten auf ein Kindlein, von dem sie weiterhin oft genug zu singen hatten: "dies Kind soll unverletzt sein."

Ich darf nie aufhören, dieses Gnadentages zu gedenken, denn es hat dies Sakrament der heiligen Taufe, welches schafft Kinder GOttes und Erben des himmlischen Reiches, seine Segnungen durch mein ganzes Leben hindurch ausgebreitet: der heilige Geist hat mich von zarter Kindheit an in dem Gedächtnis dieser Gnade erhalten und unter schweren Versuchungen zur Sünde niemals diesen Tag mir aus dem Gedächnis verschwinden lassen. Er war so ein Hüter meines inneren Lebens, daß der gelegte Keim nicht geschädigt würde, und wo ich bis auf diesen Tag einen Segen geistlicher Art an meinem Herzen verspüre, da weiß ich seine Quelle nirgends anders zu finden als in meinem Taufbunde. Wenn ich darum dies Sakrament in meiner theologischen Anschauung und in meiner evangelischen Verkündigung so hoch stelle, ganz im Gegesatz gegen die meisten auch frommen Leute heutigen Schlages, so ruht der Grund nicht in dem Anschluß an altlutherische Lehre, sondern in dem Erfahrungszeugnis meines Lebens, das in der Schrift seine schönste Bekräftigung findet. Es gehört zum dankenswertesten, was meine Eltern an mir getan haben, daß sie bei Zeiten dieser hohen Gnade und Gabe mich erinnerten.

(Geschrieben 12. Januar 1863)

5

Die Erziehung des Knaben war bei dem Vater teils durch sein Temperament, teils durch seine aus Wort GOttes und Lebenserfahrung geschöpften Grundsätze bedingt. Die allzugroße Schärfe in der Zucht, welche ihn und seine Geschwister gegen den Großvater scheu gemacht hatte, wollte er vermieden haben: gegen allzugroße Nachgiebigkeit stand ihm aber das Wort der Schrift: "Unart steckt dem Knaben im Herzen, aber die Rute der Zucht treibt sie aus;" (Sprüche 22, 15) und "Wo ist ein Sohn, den der Vater nicht züchtgt?" Dazu kam sein Temperament, welches schnell aufwallte, und gegen welches dann die liebe Mutter mit Weinen und Beschwichtigen nicht viel auszurichten im Stande war. So erinnere ich mich noch eines Vorfalls aus der frühesten Zeit, - ich muß ungefähr im dritten Jahre gestanden sein. Ein ziemliches Maß von Eigensinn wohnte dem Kleinen inne, an welchem der Gehorsam eines Tages Schiffbruch gelitten haben mochte. Eine empfindliche Züchtigung, die darauf folgte, ließ nicht früher nach, bis der Kleine auf einem Balken des Webstuhls sich zum Vater setzte, mit dem klaren Versprechen: Jetzt will ich aber gewiß brav sein. - Andererseits ist wahrlich nicht leicht ein Kind so viel auf Vaterarmen getragen worden. Ich weiß es noch gut, wie der Vater besonders an Sonntagen mich durch Feld und Wald führte und trug unter den lieblichen Klängen P. *Gerhardt*s: "Sollt ich meinem Gott nicht singen?" Überhaupt tauchen eine Menge der anziehendsten Erinnerungen aus den ersten Kindesjahren mit dämmerndem Schein in meinem Gedächtnis auf bis auf jene Stunde zurück, wo ich das Gehen versuchte. Sie dienen mir nun dazu, daß ich erkenne, wie auch in der kleinsten Kinderseele eine Fülle von Gedanken wogen, die allmählich und viel früher zum Bewußtsein fortschreiten, als man gewöhnlich sich denken mag.

Zum Gebet und anderen christlichen Übungen hielten sie mich fleißig an und verwandten in diesem Stück auf ihren Erstling die größte Sorgfalt. Meine erste Erinnerung an das alte Kirchlein des Orts, welches im Jahre 1840 abgebrochen wurde, bezieht sich auf eine Taufe, wahrscheinlich die meines Bruders Michael, wo ich mich freute, auch dabei sein zu können. Der Vater nahm mich gerne und regelmäßig auch in den frühesten Jahren zur Kirche; besonders lebhaft aber ist meine Erinnerung an den Einzug unseres Pfarrers Schöll und an die Grundlegung zur neuen Kirche. Jener Taufeindruck wurde bei mir, wie bei den folgenden Geschwistern dadurch nämlich im Gedächtnis bewahrt und zum Segen geführt, daß wir gewöhnt wurden, jeden Morgen und Abend zu dem "Das walte Gott" und 'Christi Blut" - das Hillersche Lied von der Taufe zu beten: "Alles was man in der Welt für erlaucht und herrlich hält". Wie unzählige Male sind diese Verse durch den Mund des Knaben und Jünglings gegangen, und fürwahr nicht ohne einen vollen Segen an seinem Herzen zu üben.

Neben jenem Anhalten zur Kirche und diesem Gewöhnen zum Gebet griff noch ein drittes Mittel ein: Die Eltern führten mich in ihre Gemeinschaftsversammlung. Ich muß schon als unmündiges Kind ein "Stundenkind" gewesen sein und mag manches Stündlein auf dem Schoße des Vaters verschlafen haben, aber ich erinnere mich noch gut einzelner Samenkörnlein, die ins kindliche Herz fielen und welche nicht ohne Frucht bleiben konnten. Was es um Bruderliebe sei, erfuhr ich so im vollen Maß; wie man seine Lust haben möge an dem HErrn, sah ich an lebendigen Vorbildern, mit denen ich in kindlicher Weise wetteiferte. Ja auch äußerliche Anständigkeit konnte ich lernen, erinnere ich mich doch noch, wie wenn es heute wäre, wie einmal im brüderlichen Kreise über einen Gegenstand Heiterkeit sich verbreitete und ich nun meine Zustimmung mit lautem Lachen zu erkennen gab. Da klopfte mich einer der fremden Brüder sacht auf das Köpflein und erzählte mir, wie Sirach sage: "Ein Weiser lächelt nur, aber ein Narr lacht überlaut." So darf ich zu Gottes Preis bekennen, wie auch an mir jenes Wort Schleiermachers wahr ist: "Frömmigkeit war der mütterliche Leib, in dem mein junges Leben genährt wurde." und GOttesfurcht der Boden, auf dem mein kindlich Leben gedeihen konnte in meinem Heilande.

Im Übrigen behielt ich meine kindliche Freiheit wohl. So geschah es eines Tages, daß ich mit zwei anderen Kameraden meines Alters in den Straßen herumzog. Wir hatten so unsere Spiele, da eilte eine junges Mädchen aus unserer Verwandtschaft an uns vorüber, um in die Schule zu kommen. Sie fragte die beiden anderen, einen nach dem anderen: willst du nicht mit zur Schule gehen? Die lehnten es ab. Auf mich hatte schon zuvor der Anblick eines jungen Lehrers, hinter dem seine Kinderlein herzogen, einen Eindruck gemacht, und so sagte ich rasch: "Aber ich!" - und ging zur Schule. Dort bekam ich nun freilich vor einigen auf dem Boden neben dem Katheder aufgelegten Stöcken gewaltigen Respekt, aber es war mir eine neue und anziehende Aussicht dort eröffnet, zu lernen und etwas zu treiben, was mir gut wäre; und so erklärte ich nach Hause gekommen: jetzt müsse ich andere Kleider haben, denn ich gehe zur Schule. Ich war erst viereinhalb Jahre alt. Die Eltern warens nicht nur zufrieden, sondern froh darüber, und der Vater übte mit mir bald die Buchstaben und anderes ein. So konnte nun häusliche Schule in der Vermahnung zum HErrn und Seinem Wort Hand in Hand gehen mit der Volksschule, in einer Weise wie ich es für die wichtigste Verbindung des Hauses und der Schule zum Wohle der Kinder betrachte. Ein liebliches Kinderleben war damit an einem Wendepunkt, aber nicht an seinem Ende angelangt.

6

In der Schule zu lernen, war nun meine Lust. Der Vater brachte dem Kleinen gerne alle Anfangsgründe bei, so daß der Lehrer keine Mühe hatte.

Gerade war in die unterste Klasse ein junger Mann als Lehrer eingetreten, namens Knapp, der es vortrefflich verstand, mit Kindern kindlich umzugehen. Ich habe später mit Bedauern gehört, daß dem strebsamen Mann, der sich zum Reallehrer aufarbeitete, politische Dinge seine Laufbahn verdorben haben. Sprüche und dergleichen wurden in Fülle gelernt, oft fünfzig in einem wöchentlichen Zug, so daß ich in kürzester Zeit die 4 (?) Abteilungen im Gedächtnis hatte. Auch die übrigen Aufgaben wurden mit Lust überwunden.

Nur einmal erinnere ich mich einer ernstlicheren Zurechtweisung, weil das fünfjährige Schülerlein zum Spielerlein zurücksank war. Aber noch so unmittelbar wie möglich ist mir die Freude über den ersten großen Belobungs"holgen", welchen ich errang. Es war Fürst *Kolokotronis* von Griechenland, der nun über dem Spiegel der Wohnstube angenagelt seinen hohen Präsidentenstuhl lang behauptete.

Bis zum zehnten Jahr hatte ich sofort die drei Schulen mit je zwei Jahresklassen durchlaufen. Es reihen sich daran nochmals kleine Erinnerungen. Ich hatte vielfach die Funktionen eines Aufsehers und Censors. Da war es wohl ein köstlich Ding, wenn zum Beispiel zwei vierzehnjährige Schulahnen dem achtjährigen Primus flehentlich bedeuteten, er möchte sie doch ja nicht zu oft angeben. Aber ernster wars, wenn ein Bäuerlein im grimmigsten Zorn das gestrenge Censorlein beim Mittagessen überraschte und ihn mit den schrecklichsten Strafen wegen der Schläge seines Sohnes bedrohte. Denn gar zart und schüchtern war es eben doch, und wo sich physische Kraft geltend machte, konnte es nicht durchlangen, und hat manche Angst vor bösen Buben ausstehen müssen. Denn ihre Aufmerksamkeit war von Anfang auf dasselbe gezogen worden wie durch die Stelle in der Schule, so auch durch die etwas feinere Kleidung, auf die man, wenn auch in beschränktem Maß, etwas hielt.

Auch der Lehrer der zweiten Klasse war ein tüchtiger Mann, der z.B. einmal einen Anlauf nahm, mich privatim das Zeichnen zu lehren. Und der dritte und höchste war ein in weltlichen Dingen grundgescheiter Mann, bei dem ich vielleicht weniger gelernt hätte, wenn meine Schulbildung nicht im Hause fortwährend befördert worden wäre.

Meine Gedanken waren der Schule gänzlich zugewendet; Kameradschaften hatte ich wohl wenig, da mein Vater mich besonders an

Sonntagen in seine Begleitung in die Stunde und auf Spaziergängen - auch schon auf Besuche weiter hinaus - mitnahm.

Es muß wohl eine große Einfalt in dem Kinde gewesen sein, was gewiß der christlichen Erziehung zuzuschreiben ist, die den Taufsegen so sorglich behütete. Als ich ungefähr im zehnten Jahr einen Weihnachtsbesuch nach Köngen machen durfte, kam ich zum erstenmal durch katholisches Gebiet: Neuhausen auf den Fildern. Ich war fröhlich verwundert, außer einem Kreuz an der Grenze, alles ganz gleich zu finden wie sonst. Ich dachte mir, hier müßten nicht nur die Leute, sondern auch Äcker und Bäume ganz anderen Aussehens sein denn sonstwo. Auch in anderen Stücken war der Gesichtskreis lang noch ein sehr kindlicher.

Zwar war ich von früh her ein Liebhaber des Lesens und hatte Bücher sehr gerne, dennoch blieb mir die eigentliche Christtagsgeschenklektüre gänzlich fremd. Von "Ostereiern", "Genovefa" und anderem erfuhr ich erst in späteren Jahren.

Außer der Schule bestand meine liebste Beschäftigung nach dieser Seite hin in einer dreifachen Lektüre. Zunächst war es der Seelenschatz des ehrwürdigen M.Chr. *Scriver*, welcher als alter Hausschatz bei uns fleißig gelesen wurde. Mich zogen seine sinnigen Gleichnisse und die Fülle seiner eingestreuten Erzählungen ungemein an. Ich durchblätterte ihn hundertmal, um längst bekannte Geschichten aufs neue zu lesen. Dieser alte Zeuge redete eine Sprache, die mit ihrem so echten Fluß und lieblichen Duft auch das Kinderherz hinnehmen konnte. Sodann beschäftigte mich eine alte Chronik, wohl aus dem Ende des sechzehnten Jahrhunderts, von irgend einem Schüler Melanchthons hergestellt. In diesem titellosen und schlußlosen Buch trat mir zum erstenmal die Geschichte der altern Perser, Griechen und Römer, der germanischen Völker bis auf die Anfänge des Mittelalters herab entgegen. Gestalten wie die von Cyrus, Kambyses, Darius; Solon bei Krösus; Gelimer der Vandale mit seinem Ruf: Vanitas vanitatum! Eitelkeit der Eitelkeiten! prägte sich mir hier für immer ein. - Endlich war es eine alte *Nürnberger* mit ihren Kupfern und darauf bezüglichen Reimen: Auch sie mußte oft genug unter den Händen des Kleinen leiden. Es gehört noch zu meinem schaurigen Erinnerungen, wie ich einst während die anderen zu Bette gingen, auf den Vater in einer rabenschwarzen Nacht in der Wohnstube wartete. Der Sturm blies furchtbar an das dünngebaute Haus und durch die Scheiben, und vor mir lag die Geschichte von Belsazer "Mene, mene, tekel upharsin". Diese Geisterschrift an der Wand hatte sich so klar wie möglich vor meinen Geist gestellt, während das flatternde Lichtlein nicht im Stande war, meine Angst zu beschwichtigen, bis endlich der Vater erschien. - Dies waren Schriften, welche ganz dazu angetan waren, die kindliche Phantasie zu heben und zu weiten, aber ebenso auch dieselbe zu bewahren. Es waren die trefflichsten Stoffe in der einfachsten Gestalt, an was der junge Geist sich bilden durfte.

7

Längst schon dachten die Lehrer in Kirche und Schule daran, ob es nicht möglich wäre, mir einen weiteren und höheren Unterricht zu geben. Meine Eltern waren darauf bedacht, mir noch einige besonderen Stunden im Rechnen geben zu lassen und dergleichen. Ihnen schwebte es als ein besonderes liebliches Ding vor Augen, wenn sie ihr Kind einmal als einen Prediger göttlichen Worts auf der Kanzel sehen dürften. Wie sie das Kind von Anfang zur Ehre GOttes erziehen wollten, so schien es ihnen so am besten: ein Samuel dem Dienste des HErrn geweiht. Dazu ermunterte sie der Pfarrer des Orts, der eine Zuneigung zu dem Knaben in sich trug; und wenn die Eltern sich mit dem Gedanken weiter beschäftigten, so war es nicht Ehrgeiz, ihr Kind in einen "höheren Stand" zu bringen, sondern es waren besonders jene Gedanken, die unser Luther in seiner "Ermahnung" ausgesprochen, "daß man die Kinder solle zur Schule halten". Dort redet er von dem hohen Nutz des Predigtamtes:
"... wo du dich hineinfindest, daß du vor GOtt dazu erwählt bist, mit deinem Gut und Arbeit einen Sohn zu erziehen, der ein frommer christlicher Pfarrherr wird, hast du damit GOtt selbst erzogen einen sonderlichen Diener, ja wie droben gesagt ist, einen Engel GOttes, einen rechten Bischof vor GOtt, einen Heiland vieler Leute, einen König und Fürsten in Christus Reich, und in GOttes Volk einen Lehrer, ein Licht der Welt. Und wer will oder kann alle Ehre und Tugend erzählen, eines rechten, treuen Pfarrherrs, so er vor GOtt hat? Es ist ja kein teurer Schatz noch edler Ding auf Erden und in diesen Leben, denn ein rechter, treuer Pfarrherr oder Prediger."
Allein da waren noch andere Gedanken zu überlegen. Einmal schwebte dem Vater das Wort Christi vor von dem Manne, der einen Turm baute und überschlug nicht die Kosten, ob er es auch habe hinauszuführen. Denn unser GOtt führe Seine Kinder auf keinen Weg ohne Mittel, und auch demnach sei zu beachten, ob GOtt ein Kind zu dem oder jenem berufen habe. Nun waren die Eltern in jenen Jahren (Anfang der vierziger) allerdings in ihren besten Jahren. Der Vater hatte die Weberei mit der damals noch einträglichen Zwirnerei für die größeren Fabrikanten vertauscht, wobei Schweiß und Mühe ungeheuer waren. Aber sie fanden wenigstens ihr gutes Auskommen

dabei. Indessen nahm die Familie auch schnell zu und es war selbst damals nicht möglich, für schlimmere Zeiten etwas zurückzulegen. Wie sollte man also an den Ältesten die großen Kosten wagen? Dies war nicht abzusehen. Doch hierfür konnte Rat werden. Man nahm die Anstalten des Landes zur Erziehung junger Theologen in Aussicht und wollte es einmal in GOttes Hand und Entscheidung legen, ob er die Tür dazu durchs *Landexamen* öffnen wollte. Die Kosten des Lernens bis zum vierzehnten Jahre schienen erträglich. Zunächst erbot sich der Pfarrer des Orts, Schöll, jetzt in Hemmingen, dem Knaben die Anfangsgründe unentgeltlich beizubringen.

Jetzt erhob sich aber ein bedeutenderer Anstoß: Die Eltern und ihre Glaubensgeschwister sahen in unseren Zeiten den Unglauben weithin verbreitet. Sie erkannten, daß auch auf den Kanzeln das Wort GOttes nur in den seltensten Fällen rein und lauter verkündigt, mit Gaubenskraft und Freudigkeit gelehrt werde. Wo dürfe man heutzutage das Evangelium der lauteren freien Gnade, ohn alles Zutun von Menschenwerk und Werkgerechtigkeitslehre, hören und sich daran erbauen? Wo nur das Evangelium gelehrt werde nach der Schrift, fehle so oft die Zueignung, und fast kein Prediger habe die Lust, seinen Zuhörern kräftig zuzurufen: "Kaufet und esset umsonst beides, Wein und Milch!" Woher das komme? "Hohe Schulen", sage Luther, "hohe Pforten der Hölle, wenn sie nicht GOttes Wort treiben in das junge Volk." An den Seminaren und Universitäten müsse es liegen, da sehe man viel mehr auf hohe Weisheit und große Gelehrsamkeit als auf wahren Glauben und freimütiges Bekenntnis der Wahrheit. Und wenn das wäre, so möchte man eher wünschen, daß ich ein Schweinehirt würde denn ein Gelehrter mit verkehrten Vernunftgedanken.

Wieviel Richtiges an diesen Einwendungen war, ist leicht zu ersehen, waren doch damals die Zeiten, wo *Baur*, *Strauss* und andere noch die entscheidende Stimme hatten in der Theologie. Allein durchschlagend konnte auch dieser Grund nicht sein. Zuerst half Luther wieder in derselben Schrift, wenn er sagt:

"Ja, sprichst du: Wie wenn es übel gerät, daß mein Sohn ein Ketzer, oder sonst ein Bube wird? Denn die Gelehrten heißt man die Verkehrten etc. Wohlan, das mußt du wagen! Dein Fleiß und Arbeit ist darum nicht verloren. Gott wird dennoch ansehen deinen treuen Dienst, und dafür rechnen, als wär es gleich wohl angelegt. Mußt du doch wagen, wie er gerate in allen anderen Sachen, wozu du ihn ziehen willst. Wie gings dem lieben Abraham ...? Wie viel sind böser Könige und Leute gewesen in dem heiligen auserwählten Volk Israel, die mit Ketzereien und Abgöttereien all Unglück anrichteten...? Sollten darum die Priester Levi das ganze Volk haben lassen fahren und niemand mehr zum Gottesdienst ziehen?"

Sodann erinnerte sich der Vater eines alten Lehrers, der da sagte: er sei in dem Kloster unter lauter bösen Buben gesteckt, und doch habe ihn GOtt wunderbarlich behütet, daß er ohne eine Schmarre in seinem Gewissen davongekommen sei. Dies ermunterte ihn nun sehr und er glaubte, es auf jene Entscheidung im *Landexamen* hinausstellen zu können, ob die erkannte Berufung Gottes eine wahre und wirkliche gewesen sei. Er ging damit dem Sinne vieler seiner Ratgeber entgegen, aber der endliche Entschluß, es zu wagen, hatte darum desto mehr Festigkeit im Gebet zur Grundlage empfangen.

So gings denn zu den Anfängen im Lateinischen wöchentlich zweimal in die Pfarre. Ach, es waren dürftige Anfänge, wie das zarte Büblein voll Schüchternheit, von dem seine Lehrer sagten, er habe sehr nahe ans Wasser gebaut, vor dem gewaltigen, etwas aristokratisch wirkenden Pfarrherrn seine Übungen machte. Der Vater, dem die Grammatik noch im Kopf war vom Französischen her, half auch etwas nach, allein es flossen dennoch manchmal die Tränen, und war oft kein Tüchlein, dieselben auch nur zu trocknen. Ich kann mir jenen Winter 1844 auf 45 noch so gut denken, (ich ging dem elften Jahre zu) und meine Angst, wenn die Schneestiefelein dem Drang ihrer Natur folgend ihre Spuren auf dem Boden der eleganten Studierstube malten, welche der arme Junge zu verbergen suchte, und dann spazierten Zumpts Genusregeln auf:

Die a, e, o,
die l, n, t,
die ar, ur, us
sind neutrius.

Fast wars noch ein kleiner David in Sauls Rüstung.

8

Aber vorwärts gings. Dieser kurze Privatunterricht hatte mir den Gang durch die Kollaboraturklasse erspart, und als das Frühjahr 1845 kam, durfte ich in Böblingen in die Präzeptoratsklasse eintreten: Letzter der Letzten. Damals stand an dieser Schule Präzeptor Zimmer, ein für den Unterricht in Sprachen sehr begabter Mann, welcher später als Professor am Seminar in Urach starb. Derselbe nahm das schüchterne Büblein mit großer Freundlichkeit auf, wendete ihm von Anfang an eine rührende Sorgfalt zu und förderte mich so im Lateinischen ohne große Mühe, während er später im Griechischen in besonderen Stunden seine Unterweisung gab, ohne je eine Entschädigung zu begehren.

Es war immerhin ein ziemlich kritischer Wendepunkt in meinem Leben. In vollster Naivität kam ich in diese Schule, sittlich unverdorben, geistlich gepflegt und erzogen, aber der Welt und aller ihrer Gefahren noch ganz unkundig. Nun lagen von Lehrern und Schülern nicht geringe Gefahren vor, welche zu überwinden waren, und die eigene Kraft war noch zu schwach hiezu. Wenn es hier nicht in einzelnen Punkten zu einer falschen Wendung kam, so lag das wohl an dem äußeren Umstande, daß der Umgang mit bösen Buben beschränkt war durch mein Hin- und Hergehen zwischen Böblingen und Schönaich; mehr noch an dem treuen Gebet des Elternhauses und über allem an dem gnadenreichen Schutz des HErrn, der Sein Eigentum überall zu bewahren weiß.

Von meinen Mitschülern wurde ich anfangs der bäuerlichen Kleidung wegen verspottet - das "Häs" war den Bürschlein besonders verwünscht - und des ländlichen Dialekts wegen verlacht, wenn ich etwas "gsait" oder "heglait" hatte. Später wurde der Spott durch den Neid ersetzt, da die Fortschritte vielen überlegen waren. Derselbe warf sich dann auch auf die mehr religiöse Weise, und daß ich in diesem Stücke schon ein Sonderling war, beweist mir ein Spottgedicht einer meiner Mitschüler, aus dem ich mich nur noch der Zeile entsinne:

"Mer meint, er sei e ganzer Pfaff!"

Eine eigentliche Freundschaft hatte ich so mit keinem einzigen, obwohl Zeiten kamen, wo ich als Primus das Ansehen auch bekam. Demungeachtet hat sich ein Bund der Anhänglichkeit zwischen manchem aus jener Zeit noch erhalten.

Am klarsten in der Erinnerung werden mir übrigens meine Gänge bleiben. Eine Stunde Wegs jeden Morgen und jeden Abend war für meine schwachen Kräfte damals nicht unbedeutend. War doch meine Art so zart und fein, daß ich in den Knabenjahren keine halbe Stunde durch den Wald gehen konnte, ohne von dem Geruch des Waldes Kopfweh zu bekommen. Es gab auch manchmal eigentliche Strapazen . Ich erinnere mich zum Beispiel einiger Herbstwochen, in welchen der Regen kein Ende nehmen wollte: Da wars ein düsterer Gang in die Morgen- und Abenddämmerung. Wiederum hatte in einzelnen Winterwochen voll Schneewinden alle Kraft der Gesundheit sich zu erproben. Es war wohl ein komischer Anblick, wenn das Büblein, von seinem Vater oft eine halbe Stunde Wegs begleitet, ein grünes Mantelkrägchen um sich herumgeschlagen in Nacht und Nebel dahinpilgerte. Dabei gings immmer einen steilen Berg, den First, hinan und eine kleine Strecke durch den Wald. Winters ängstigten die Spuren eines Wolfes, der die Gegend damals unsicher machte und dessen Erleger ich 1860 in Brackenheim als Kirchenältester von Kleebronn traf; Herbsts, nach der griechischen Stunde in der Abenddämmerung wurde es vermieden, auch nur ein gefallenes Laub anzustoßen, um durch das Geräusch nicht Räuber und Mörder aufzustöbern. Denn die Phantasie war immer rege, dem Knaben alle möglichen Gefahren vorzuzaubern, an denen sein ihm unersetzlich scheinendes Leben hing. Auch hatten, die Leute immer erschrecklich Mitleid mit demselben, während er selber allmählich fand, wie vortrefflich diese Gänge zur Stärkung seiner körperlichen und zu Erfrischung seiner geistigen Kräfte dienten. Mittlerweile war ein Wechsel der Lehrer eingetreten. Der neue Präzeptor, Dehselberger, jetzt Pfarrer in Grüntal, war zwar in vielen Stücken anders geartet als Zimmer, gab sich aber mir mit derselben Sorgfalt, fast mit noch größerer Treue hin, nur bestand er jetzt darauf, daß ich im letzten Jahr in Böblingen bleiben müßte. Ein Held in Sprachen war ich nie gewesen und bins auch nie geworden. Aber ich hatte ungeheuer kurze Zeit, besonders fürs Griechische, und da war eine Anspannung aller Kräfte nötig. Dennoch habe ich es oft bedauert, daß damals die Gänge eingestellt wurden. In das Jahr 1847/48 fielen die politischen Bewegungen, der Franzosenlärm und andere, welche meinem Sinn dennoch im Stadtleben mehr bewegten, ohne daß ich von diesen Dingen etwas verstanden hätte. Der Lehrer selbst hatte sich in die politische Bewegung auch hineinziehen lassen, er beschäftigte sich mit Artikeln ins Blatt, mit Volksreden zur Abgeordnetenwahl, doch diese kamen erst später, und ich hatte nichts von irgendwelcher Vernachlässigung zu spüren.

So war die Zeit zum entscheidenden *Landexamen* 1848 gekommen. Die Vorbereitung war der Zeit nach kaum genügend, und meine geistigen Vermögen waren auch nicht im Fluge zur Entfaltung gekommen, manche lagen noch unter Schloß und Riegel. So ging es denn mit großem Zagen an die beiden Examina, doch hatte 1847 einigen Mut geweckt und damit für 1848 Bahn gemacht. Da wollte zu guter Letzt noch eine Krankheit einen Strich durch das ganze machen, allein es sollte dennoch Ja sein. Es ist mir noch wie heute, daß der Vater mich auf den oberen Boden in unserem Häuschen nahm und mit mir auf den Knieen den Vater im Himmel um seinen Segen bat, damit der Knabe, wie er sich nach *Scriver*s Worten gerne ausdrückte, "ein Gefäß Seiner Gnade und ein Werkzeug Seiner Barmherzigkeit" werden möchte. So gings zur Hauptstadt. In demselben Saale, in welchem ich später als Religionslehrer des Gymnasiums ohne Furcht predigte, saß vierzehn Jahre zuvor das Bürschlein, halbkrank, mit ängstlicher Spannung. Zu Hause angekommen legte es sich zu Bette,

und nach acht Tagen war das lang geschützte Rätsel gelöst: ich war ins
Seminar Schöntal aufgenommen. Zum Anfang war jetzt erfüllt, was
ich als Denkspruch an meiner Konfirmation von Pfarrer Schöll
empfangen hatte:

> Nach einem schönen Ziel und Preis
> hast du zu streben angefangen;
> Wird wohl gegeben deinem Fleiß,
> das Heißersehnte zu erlangen?
> Getrost! - nur treu benützt dein Pfund
> und fortgebaut auf ewgem Grund!
> Dann werden aufgetan die Türen:
> GOtt selbst wird dich zum Ziele führen.

9

So war ich denn dem Seminar Schöntal zugeteilt und damit in die
Landesgegend eingeführt, der ich nunmehr wieder zugewendet bin.

Schöntal ist das abgelegenste Seminar unseres Landes, das einzige,
welches sich in den neuwürttembergischen Landesteilen befindet, und
ich habe manchesmal seine Abgelegenheit von der 1848 gerade eröff-
neten Bahnlinie Heilbronn auf mancher Vakanzreise tüchtig zu
schmecken bekommen. Indessen ist es wie eine liebliche Oase in dem
sonst nicht gerade von der Natur gesegneten Jagsttale. Die Berge sind
meist wenig fruchtbar und obgleich teilweise mit Weinbergen be-
pflanzt, dennoch mit Steinhaufen ebenso reichlich ausgerüstet. Aber
Schöntal ist eine alte Cisterzienser- oder Benediktinerabtei, eine Filiale
von Maulbronn, und man sagt den Mönchen nach, daß sie nicht
schlecht gewählt haben für ihre Klöster. So ist es bei diesem Schöntal
besonders.

Wenn man von Neuenstadt an der Linde her drei bis vier Stunden
- das Tal des Kocher durchschneidend - gewandert ist, zum Teil
durch öde Gegenden und Wälder, so öffnet sich plötzlich den Augen
das Tal der Jagst, und ein Wartturm mittelalterlichen Stils mag dem
der Lokalität Kundigen schnell die Gestalt des Götz von Berlichingen
mit der eisernen Hand vor dem Geist vorüberführen, denn der "Stor-
chenturm" gehört zu den Vorposten seines Stammsitzes zu Jagsthau-
sen.

Aber noch bleibt dem Wanderer die Perle des Tales verborgen, bis
er den Talabhang hinabsteigend auf einmal die Klostergebäude in
ihrer ganzen Ausdehnung erblicken darf, an deren Umgebungsmauern
er sich findet. Schöner noch ist der Anblick, wenn man das Tal von
Berlichingen heraufkommt, da stellt sich die Klosterkirche mit der
ganzen Front des Klosters in überraschender Schönheit dar.

Kloster Schöntal - Zeichnung von Richard Lauxmann III. zur Silberhochzeit seiner Eltern 1888

Das Kloster ist in den Händen der Evangelischen, das heißt zunächst des Staats, die schöne, aber öde Kirche blieb in den Händen der Katholischen, denn die ganze Umgegend ist von Katholischen bewohnt, die sich mit großem Heimweh nach der Zeit des Krummstabs zurücksehnt, wo freilich der Almosen und Spenden manche waren, denn Schöntals Mönche taten eher durch fröhliches Leben als durch große Wissenschaft sich hervor. Die Evangelischen, welche sich zum Teil als Handwerksleute oder Pächter um das Kloster angesiedelt haben, benützen für ihre kirchlichen Versammlungen mit den Seminaristen gemeinsam das alte Refektorium des Hauses, welches in eine niedliche Kapelle umgewandelt ist.

Wenn es bei einem Seminarium für künftige Diener des Wortes nicht um lärmende Hauptstädte, sondern um stille Asyle sich handelt, so ist Schöntal prächtig dazu eingerichtet, und mir sind jene vier Jahre, die ich in der klösterlichen Stille zubrachte, von großem Wert und unvergeßlicher Erinnerung. Stille und Abgeschiedenheit war genug da, und doch war die ganze Natur für unseren jugendlichen Geist reich genug ausgestattet, um der Phantasie Nahrung und dem Geiste Anschauung, auch dem Leibe Bewegung zu geben. Solche liebliche Spaziergänge wie dort fanden sich nicht wieder.

Damals stand das Kloster Schöntal vor den anderen in einem guten Ruf. Wenige Jahre zuvor war der als trefflicher Schulmann in Bayern und Württemberg längst bekannte Dr.theol. C.L. *Roth*, jetzt Prälat in Tübingen, von seinem Nürnberger Rektorat als *Ephorus* des Seminars ins Vaterland zurückgetreten. Er hatte den Ruhm, einer der tüchtigsten Philologen und zugleich theologischer Gesinnung zu sein. Unter ihm war bis vor kurzem der als alttestamentlicher Theolog bekannte junge Professor *Oehler* gestanden und der mit dichterischen und vielen anderen Gaben reichlich ausgestattete *Eyth*. So freute sich auch der Vater sehr nach allem Gehörten, daß ich in solche Hände kommen sollte. *Ephorus Roth* bewährte sich auch bei unserer *Promotion* als ein Mann von starkem und beherztem Geiste, der uns leider nach eineinhalb Jahren entrissen wurde, dessen Nachfolger aber durch seine liebenswürdige Persönlichkeit und gründliche Gelehrsamkeit die Anhänglichkeit der *Promotion* noch zu mehren wußte (Dr.Elwert). Unsere Lehrer zumal waren mit rechtem Eifer für unsere Ausbildung bemüht. Während jedoch der sprudelnde Geist *Eyth*s für uns seines Flimmers sich etwas entkleidete - es fehlte an der rechten Nachhaltigkeit - erkannten wir in dem anderen Hauptlehrer, Professor Mezger, einen besonders gewissenhaften Führer der Jugend. Sie alle aber, und in besonderem einer der Repetenten, jetzt Pfarrer in Schöckingen, Zeller, hatten ein sichtliches Interesse für mich. Sie erkannten wohl schnell meine Schüchternheit und zarte Aufmerksamkeit, ebenso zog sie meine niedrige Herkunft an, und ich durfte von ihnen allen, wie sich weiterhin zeigen wird, Zeichen ihrer besonderen Freundlichkeit erfahren. In diesen Kreis rechne ich auch noch die beiden Pfarrverweser, welche in jenen vier Jahren bei uns waren: Klett, jetzt Diacon in Schorndorf, und Günther, jetzt Hofkaplan in Stuttgart. Sie waren beide mit schönen Redegaben ausgerüstet, welche unseren sonstigen Lehrern im Predigen ziemlich fehlten; und so sind jene beiden Männer mit ihren auch dem Inhalt nach gediegeneren Predigten für mich ermunternde Vorbilder gewesen, obwohl ich bereits aus anderen Quellen das Metall für den Dienst am Wort zu ziehen angefangen hatte.

10

Der 18. Oktober 1848 war für mich der Anfang einer wichtigen neuen Bewegung. Zwar hatte die lateinische Schule mich schon einige Zeit dem Vaterhause ein wenig entzogen, aber die Verbindung war dennoch eine so unmittelbare geblieben, daß ich doch jetzt erst in eine fremde Welt hinausgetrieben erschien. Dies war für einen zarten Knaben nichts Geringes, und ich galt für zart. Doch war ein Anschluß an die neue Heimat schon bereitet, ehe ich hineintrat, indem ich meinen zuküftigen Repetenten, Zeller, schon vorher kennenlernte. Wir suchten ihn als Vikar im Hause des Pfarrers Strebel in Weil im Schönbuch auf, und wie er hier und auf der gemeinsamen Fußreise ins Seminar die Besprechung mit dem Vater liebgewann, so war er von da an mir ein sorgsamer Lehrer durch die ganze Seminarzeit. Von den Mitgenossen kannte ich nicht einen.

Es war ein eigentümlicher Auftritt, als wir am Abend des ersten Tages, nachdem die Eltern meist abgezogen waren, uns im schönen Kreuzgang versammelten nach dem Abendessen. Nun sollte Bekanntschaft geschlossen werden. Ganz in knabenhafter Weise banden nun die Stärksten miteinander an und so je einer mit einem. Ich war unter den letzten, die Hand anlegten. Denn ob ich wohl ein Turnerlein war, so rühmte ich mich doch nicht meiner Stärke, denn ich hatte keine; auch mochte in mir ein Zweifel darüber aufsteigen, ob dies eigentlich der richtige Anfang unseres neuen Abschnittes sei. Aber item, zuletzt ersah ich mir auch den noch übrigen am Markte müßig stehenden und konnte mich nicht rühmen, großen Sieg zu erfechten: wir schlosssen bald einen ehrlichen Waffenstillstand. Dann gings zu Bette; der Anfang war auch hier tumultuarisch, und alles zeigte mir, daß ich ein einsames Vöglein sein werde mit meines Herzens Gedanken. Da waren manche, die sprachen viel und laut. Das waren Stadtkinder, Leute reicher und angesehener Eltern, und ich war meiner Kleine mir wohl bewußt und hatte meinen Examensausgang nicht im Raub dahingenommen.

Aber schüchtern war ich und konnte nicht hervortreten, um eine Rolle zu spielen. Es war meine Kraft noch sehr klein, und ich blieb darum auch ganz in der Stille. In dem ersten nach Hause geschriebenen Brief heißt es, "meine Mitzöglinge sind untermischt, und ich habe noch keinen, an den ich mich halten könnte, weil ich sie auch nicht gerade so gut kenne." Wie zufällig schloß ich mich aber bald an zwei Schüler des wackeren, nun leider entschlafenen Braun (?) von Kirchheim an, mit denen mich ein vielleicht von diesem tüchtigen Lehrer stammender Zug verband: Hafenbrack und Niethammer von Kirchheim. Jener vielleicht als der im Urtheil gereiftere und an Gaben reichere anzusehen, dieser war im treuen Fleiße ihm überlegen. "Sie sondern sich am meisten vom Gewühle der anderen ab." Man hieß uns bald "das liederliche Kleeblatt." Allein die Sache hatte wenig Bestand. Unsere Genossenschaft löste sich bald wieder unvermerkt, und nun schloß ich mich mit einem anderen zusammen, Auberlen, jetzt Pfarrer in Altenberg bei Langenburg. Auberlen war indessen ein eigentümlicher Mensch, von den anderen nicht gerade gesucht; doch hielt unsere Freundschaft bis zum letzten Semester in Schöntal, wo wir endlich doch fanden, daß unsere Richtungen nicht zusammentaugten, und nun schlossen sich zwei alte Freunde wieder, besonders für Tübingen, näher zusammen: Niethammer trat mir wieder näher, nachdem Hafenbrack in einem gewissen idealistischen Zug mit philosophischen Tendenzen einen eigenen Weg zu gehen sich angeschickt hatte. Andere standen mir näher oder ferner, denn in eigentlichem Gegesatz lebte ich zu keinem. Nur war auf diese Weise keine Freundschaft für mich erschlossen, die auf mein inneres Leben eigentlich erstarkend und befruchtend gewirkt hätte.

Dagegen von hohem und unschätzbarem Werte war für mich die geistliche Handreichung des Vaters. Als er von mir Abschied nahm und heimwärts eilte, hatte er mir nur 39 c noch zurücklassen können. Gewiß hatte keiner meiner Genossen so leere Taschen gehabt. Aber so oft ein Brief von Schönaich kam, war er reich gefüllt mit Schätzen, die nicht veralten, und ich darf wohl wieder sagen, so volle, das heißt, so inhaltsreiche Briefe hat wohl keiner meiner Genossen empfangen. Mir sind diese Briefe jetzt noch eine kostbare Aussteuer, und ich kann mit Freuden an ihrer Hand das Schöntaler Leben noch einmal an mir vorübergehen lassen. Kein Gedanke meines Herzens, der auch nur andeutungsweise in meine Feder geflossen war, hat er in jener Zeit, wo seine geistige Kraft im Leiden wohl geübt werden sollte, unbeachtet und ohne seinen väterlichen Rat hinziehen lassen. So mögen auch hier reichliche Auszüge folgen. Die Art desselben ist sogleich aus dem ersten zu erkennen. Ich hatte über meine Lehrer und die Unterrichtsstunden geschrieben und bedauert, daß wir nur zwei Religionsunterrichtsstunden hatten. Darauf erwiderte er: "daß Du uns schreibst, es werde uns zu wenig dünken, ist einiger Maßen so. Aber weil die Wissenschaften und Sprachen gleichsam das Baugerüst sind, worauf das Buch der Gottseligkeit aufgeführt werden soll, so können wir wohl einstweilen, so lange man am Gerüste arbeitet, leiden, daß man nicht viel vom Bau selbst siehet, ohne daß man doch daneben den Grund gut legt und den Bau nicht auf Sand hinstellt, ich will sagen, wenn der Religionsunterricht nur auf Christum allein geht, und man nicht den Menschen vorher fromm in sich selbst machen will, ehe man ihn zu Christo weist, was in unseren Zeiten so häufig der Fall ist ... denn die rechte Selbsterkenntnis ist eine Wirkung und Werk des Heiligen Geistes, welches er durch den Glauben in unseren Herzen anfängt, so bald man Gottes Wort, die einzige Wahrheit von Herzen sich zu eigen macht...darum siehe nun darauf, wie der Religionsunterricht beschaffen ist. Dies werden Dir Deine Lehrer nicht verdenken, so wenig als Paulus den Beroensern, die täglich forschten in der Schrift, ob sichs also hielte. Überhaupt, lieber Sohn, ermahne ich

Dich, daß Du, weil Dich unser HErr Gott gegrüßt hat, Ihm auch danken mögest, daß Du Deine Zeit wohl anwendest, fleißig betest und fleißig studierst, und neben den Wissenschaften Gottes Wort Dein Liebstes sein lässest und den Gnadenschatz, der Dir in Deiner Taufe geschenkt worden ist, fleißig aufsuchest." Das waren Worte von bleibendem Wert für den jungen Anfänger.

Geburtshaus von Richard Lauxmann (II.) in Schönaich
Aquarell von Kunstmaler Theodor Lauxmann zur Silberhochzeit seiner Eltern 1883
Siehe auch Bild auf Seite 138 und auf dem Einband

"Vater und Sohn"

Der Briefwechsel zwischen Schönaich und Schöntal zwischen Richard Lauxmann (I.), dem "Stricker" und seinem Sohn, dem Seminaristen

1 - Brief aus Schöntal

Schönthal den 28 Okt 1848.

Liebe Eltern u. Geschwistern!

Zum erstenmale schreibe ich von einem Orte an Euch, an welchem, so Gott will u. ich gesund bin, eine lange Zeit zubringen soll. Da wird es nun besonders Euch Eltern verlangen, zu wissen, unter was für Händen ich bin, u. wie es überhaupt um mich steht. Um in Gott selig zu seÿn u. zu werden muß man auch die Gottseligkeit kennen lernen u. in ihr unterrichtet werden. Dieß geschieht durch Herrn Prof. Metzger, der die Religion und die Bibelerklärung zu seinem Zwecke in 2 Stunden der Woche hat. Ihr werdet denken, es ist wenig, 2 Stunden unterrichten in einem Fache, das doch der Endzweck von Allem sein soll. Leider: aber es ist einmal so u. anders kann ich es nicht machen, u. es ist betrübt genug, daß die Meisten nicht einmal auf diese Stunden sich fassen u. der Prof. Metzger ist ein christlicher Mann, dem es um seine Zöglinge zu thun ist. Auch meine anderen Lehrer sind sehr ordentliche Männer u. ich weiß nicht, welchen von allen 3 ich vorziehen soll. Der *Ephorus* wird dem Vater Etwas finster vorgekommen seÿn, allein es ist durchaus nicht so, u. er scheint mir von Tage zu Tage besser u. freundlicher zu seÿn. Prof. Eÿth ist ebenfalls sehr freundlich u. ist der Haupterklärer des Griechischen u. hat auch die Geschichte. Den Rep. Zeller kennt ja der Vater gut u. von dem Rep. Ottenbacher weiß ich nicht viel zu sagen. Meine Mitzöglinge sind untermischt u. ich habe noch keinen, an den ich mich halten könnte, weil ich sie auch nicht so gerade gut kenne. Kost ist gut. Im Morgen bekommt man eine Wassersuppe, im Sonntag eine Milchsuppe, Mittags Gemüße u. Fleisch, u. zwar so viel u. so gut, daß ich nur wünschte, ihr bekämet das Übrigbleibende nur von Einem Tische, an welchem 8 Seminaristen sitzen. Ein halb Pfund ist auf einen Zögling berechnet. Brodstücke bekommt man, daß mancher sein Brod hergebe, wenn er könnte u. das was ich nicht davon essen mag oder kann, möchte ich dem Georg zu seinem Vesper geben. Bei Nacht bekommt man aber so viel als bei Mittag, so daß man nicht verderben kann.

Eine Seite aus dem ersten Brief des Seminaristen

Bei Herrn Densel wurde ich einmal mit einigen Kirchheimern eingeladen u. freundlich beherbergt. Zum erstenmal trank ich dort Cafe. Mit der Freundschaft mit Müller ist es für jetzt nichts. Dies ist die Hauptsache von meinen Verhältnißen. Von der Heimreiße des Vaters habe ich aus einem Brief von Kiefers Vater erfahren. Er traf ihn in Kochersteinfeld u. in Heilbronn u. fuhr mit ihm auf der Eisenbahn nach Ludwigsburg, wo man ausstieg. Weiter erfuhr ich nicht. Schreibet mir doch, wie es ihm weiterging. Das Buch Dietsch brauche ich freilich nothwendig aber wenn es bei Euch nicht sein konnte, so muß ich mich eben behelfen. Für den Anfang kann ich Euch nichts mehr schreiben, als für Georg den Spruch: Ehre Vater u. Mutter mit der That mit Worten u. Gedult, auf daß ihr Segen über dich komme u. ebenso für ihn als für alle: Fürchte Gott und halte seine Gebote. Für Christian weiß ich nichts zu sagen, aber er solle seinen Bruder nicht vergessen. Mit meiner Gesundheit steht es ziemlich ordentlich, schreibet mir auch, wie es um euch steht. Grüßet alle, die nach mir fragen besonders auch die Großmutter. Ich grüße Euch alle mit dem Spruch, den unser Pfarrverweser am letzten Sonntag sagte: der Teufel gehet umher, u. suchet welchen er verschlinge *(1. Petr. 5, 8)* u. mit dem Liede. Wer ausharrt bis ans Ende, wird endlich selig sein. Grüsset auch den *Caspar* und die Übrigen,

Euer ewig liebender Sohn Richard.

2 - Brief aus Schönaich

Herrn R. Lauxmann –Siminarist in Schönthal

Meinem li Sohn Richard Siminarist in Schönthal.

Schönaich den 7 Nov. 1848

Gnade und Friede in Christo unserem Heilande, nebst kräftiger Inwohnung des h: Geistes und ewiger Liebe des h:Vaters. Amen.

Herz-lieber Richard!

Dein Schreiben vom 28.Okt. haben wir am 2ten dieß erhalten und daraus ersehen, daß Du Dich in Schönthal wohl befindest! und Lehrer hast wie wir solche eben für Dich wünschen könnten, was für uns etwas erfreuliches und beruhigendes ist -. Das Du uns schreibst, es werde uns zuwenig dünken nur 2 Stunden Religions Unterricht in der Wochen, ist einiger Maßen so -. Aber weil die Wissenschaften und Sprachen gleichsam das Baugerüste ist worauf der Bau der Gottselig-keit aufgeführt werden soll, so können wir wohl einstweilen so lange man am Gerüste arbeitet leiden daß man nicht viel vom Bau selbst sieht, ohne daß man doch daneben den Grund gut legt und den Bau nicht auf Sand hinstellt: ich will sagen wenn der Religions Unterricht nur auf Christum allein geht, und man nicht den Menschen vorher fromm in sich machen will, ehe man ihn zu Christo weißt, was in unserer Zeit häufig der Fall ist. Das Selbsterkenntniß ist zwar der Heilsordnung nach das Erste, was auf unserer Seite seÿn muß, um ein Verlangen nach Christo in uns zu bewirken, nur muß man das sich immer merken, daß man nicht aus natürlicher Frömmigkeit und eigenem Wirken sich selbst vermöge kennen zu lernen, sondern das rechte Mittel zu brauchen und sich durch Gottes Wort sagen laßen was man von Natur ist.- und ist immer so daß das erste Selbsterkenntniß eine Wirkung und Werk des hei. Geistes ist, welches er durch den Glauben in unserem Herzen anfangt, so bald man Gottes Wort die einzige Wahrheit von Herzen sich zu eigen macht und glaubt -. Denn die welche mit eigenen Werken die Selbsterkenntniß angreifen glauben Gottes Wort nicht, sonst würden sie an sich selbst verzagen, und sich eines so hohen Werks nicht unterfangen. Über diesen Punkt suche weiter nach in Gottes Wort.- 1. Mos: 8, 21. Jesa: 1, 5-6. Römer 1, 18 und folg: W. Kap. 2 u. 3 und deswegen ist auch von Gott, allein wodurch man sowohl sich selbst, als auch Gott kennen lernen kann, besiehe hierüber das Lied im Gesangbuch Nro 313. Denn nur bei dem Liecht des Evangeliums wenn die Nacht des Unglaubens vergangen ist, kann man eigentlich sehen was man von Natur ist. Ich verneine hiermit keines Weges daß nicht die Buße das erst Stück und der erste Schritt zu Christo seÿ und bei den Erwachsenen vor dem Glauben hergehen müße sondern warum nur daß man nicht immer Buße und Selbst Erkenntniß ohne den Glauben übe, und auf diese Weise niemals zu Christo greifen will ehe man fromm ist was in unserer Zeit so allgemein ist, darum siehe nur darauf wie der Religions Unterricht beschaffen ist. Dies werden Dir Deine Lehrer nicht verdenken, so wenig es Paulus den Beroensern Ap:Geschichte 17, 11 welche täglich forschten in der Schrift obs sichs also hielte wie er redete. Ueberhaupt lieber Sohn ermahne ich Dich daß Du weil Dich gegrüßt hat, daß Du ihm auch danken möchtest. Das ist weil er Dir Gelegenheit gegeben hat daß Du Deine Zeit wohl anwendest, fleißig betest und fleißig studierst und neben den Wissenschaften und Sprachen Gottes Wort Dein liebstes seÿn lässest und dein Gnadenschatz der Dir in Deiner Taufe geschenkt worden ist darin fleißig aufsuchest denn nur dieß gibt Muth und Kraft ein christliches Leben zu führen sich vor böser Gesellschaft und Sündern zu hüten denn ein glaubiger Christ hütet sich vor den Sünden aus Dankbarkeit gegen seinen so gnädigen H:Vater und lebt selig und vergnügt in seinem geschenkten Heil - und spricht mit jenem Verfasser, Sollt ich jetzt noch da mir schon deine Nro 327. Neues Gesangbuch. Meine Reise nach Haus war gut ich kam selben Tag noch nach Ludwigsburg, wo ich unterwegen Herrn Kiefer traf und mit ihnen nach Ludwigsburg fuhr, von Ludwigsburg reiste ich comod nach Haus, und sind unterdessen Deinethalben beruhigt weil mir deine Lehrer einen guten Eindruck machten. Auch Herr Densel schien uns ein ordentlicher Mann. Was uns anbelangt so sind wir gottlob alle gesund was wir Dir auch besonders würschen, wenn Du Dich mit dem behelfen könntest bis Du es selber machen kannst, so wäre es mir recht lieb, Du weist daß es mir nicht am guten Willen, sondern am Vermögen fehlt, woran unsere unruhige Zeit schuldig ist. Sollte Dir es aber gar zu viel ausmachen so schreibe mir gleich wieder so werde ich noch selbst nach Stuttgart reisen um es Dir zu schicken, sende Dir anbey 1/2 Dutzend Zwelen, welche Du nöthig brauchen wirst und wir aus der Haushaltung entbehren konnten. Wenn Du wieder schreibst so grüße des H. Pflaus Familie besonders sie fragen jedes mal alle nach Dir so oft ich zu ihnen komme so auch H. Pfarrverweser. An deinen Praezeptor wünschte ich daß du ein besonders Brieflein beilegest und dich bei ihm bedankst daß er sich so viele Mühe gegeben hat mit dir und zwar gratis. Hast du auch H. Kachel gedankt?

Es grüßen Dich Deine sämtlichen Geschwister Deine Großmutter und wir Deine Dich herzlich liebenden Eltern mit Psalm 119, 9. *)und dem Lied, Alles was man in der Welt für erlaucht und herrlich hält u.s.w.;

Auch grüßet Dich der *Caspar* und die übrigen mit 2 Thim: 3, 14-17. Lebe Wohl

Dein in Gebet und Liebe für Dich Besorgter Vater & Mutter
R. & A. Lauxmann.

3 - Brief aus Schöntal

Schönthal den 19 Nov 1848

Liebe Eltern u Geschwister!

Euern Brief habe ich mit Freuden erhalten u. daraus ersehen, daß Ihr Euch insgesamt wohl befindet. Besonders hat mich die Ermahnung des Vaters gefreut, die er mir zu Theil werden ließ; auch wird es mich immer freuen, wenn er solche Ermahnungen mir immer zu Theil werden läßt, daß der Brief durch Georg geschrieben war, freute mich sehr u ich ersah daraus, daß er es für eine besondere Freude ansieht mir zu schreiben. Er soll mir auch ein besonderes Brieflein schreiben in eurem Brief, u. mir darin zu Wissen thun, was er für Fortschritte macht. Besonders der Mutter wegen will ich ihr auch schreiben, daß sie nicht um mich in irgend einem Stücke besorgt seyn darf. Meine Wäsche hat der Hr. Oberfamulus am Montag abgeholt, u. sie wird jetzt schon von seiner Frau u. ihrer Schwester gewaschen werden. Diese Woche war der Hr. *Ephorus* abwesend bei der Hochzeit seiner Tochter in Heidenheim u. die Frau Hr. Prof. Metzgers wurde in der vorigen Woche Wöchnerin. Dieß sind Neuigkeiten, welche in letzter Zeit vorgefallen sind. Ich habe jetzt alle Lehrer außer Herrn Ottenbacher u. den Herrn *Ephorus* predigen gehört; heute predigte

Herr Zeller über das Evangelium vom Herrn, der mit seinem Knechte rechnen wollte. Er hob hauptsächlich die Liebe u. Gnade u. Barmherzigkeit Gott zu uns Sündern heraus u. war im Anfang ganz ausgerüstet mit einer Kette bibl. Sprüche u. Beispiele als er am Ende stecken blieb u. so wurde die Predigt, die er dann nur noch schloß, unvollendet. Er war ganz erschüttert.

Was meine äußern Verhältniße betrifft, so will in ungeordneter Reihenfolge Euch schreiben, wie es steht. Der Vater ließ mir, als ich mich von ihm trennte bei dem Hofe ober der Steige 30 x, wie er glaubte zurück, es waren aber 39 oder 40 x. Von diesen habe ich mir ein Pfund Lichter gekauft, macht 22 cr. Dinte mit Gefäß 3 cr. Zündhölzer 1, Bleistift 1 cr. 1 Brief 2 x (soviel kostet ein Brief bis nach Heilbronn) das Porto für das Päckchen, das ihr mir schicktet 6 cr. (es kostete 2 x Besorgung, ich weiß aber nicht woher dies kommt, entweder der von der Eisenbahn zu den Boten, oder was das ist, thut es ein andermal auf die Post, vielleicht kostet es nicht so viel) so habe ich nur noch 4 cr. dazu kommen 3 cr. die ich lößte in dem ich mein Brod verkaufte, so habe ich noch 7 cr. - Ich brenne in Gemeinschaft mit 2 andern 1 Licht bei Nacht, sonst würde ich schon entlehnen müssen, so aber kann ich noch warten, bis das Taschengeld kommt. Einer von den beiden ist Sohn des Stadtpfarrers in Haiterbach, Grözinger, der andere ist aus Nagold - Otto Müller ist gar nicht so, daß ich mit ihm umgehen könnte, erst in letzter Woche war er unter der ganzen *Promotion* der Erste, der vor Pr. Eith als Lügner dastehen mußte.- dagegen gehe ich mit 2 Andern, von Kirchheim, von denen ich schon das letztemal schrieb, sie heißen Hafenbrack u. Niethammer, die haben gute Sitten u. sondern sich am meisten vom Gewühle der Andern ab. Bei Herr Pr. Eith war ich erst am Freitagabend auf Besuch. - Ich sehe für jetzt noch nicht hinaus, wie ich mein Sach führen solle, dem Kammeralamt muß ich 5 fl. zahlen Sportel, dem Boten 3-4 fl. für mein Faß u. jeden Tag kommen neue Bücher zum Anschaffen. Ein Wackernagel, nicht der den ich hatte, sondern ein altdeutsches Lesebuch von dem selben kostet unfähr 3 fl. Ein Turnliederbuch kostet ungefähr 24 cr. u. hätte ich nicht Rost u. Wüstermann (d.h. das griech. Übungsbuch) gehabt, so wäre das auch über 1 fl gewesen.

Was die Musik betrifft, so kostet die Klavierstunde 12 cr. was ich deßhalb nicht benützen konnte, dagegen kostet die Geigstunde Nichts, u. deßwegen lege ich mich darauf. Die Geigen sind vom Kloster angeschafft. Unser Musiklehrer heißt Eßlinger u. ist ein Mann, der Musik sehr gut versteht. Er ist aber auch so, der sieht einem in den Augen an, was man für ein Mensch ist. Dem Kachel habe ich geschrieben u. dem Herrn Präzeptor, werde ich beim nächsten

Schreiben an Euch, schreiben. Am Christtage u. überhaupt über Weihnachten gehen die meisten heim, ihr dürft mich aber nicht erwarten.- Die Waschtücher, die ihr mir schiktet, waren zwar wohl angelegt, doch wären sie nicht unumgänglich nothwendig gewesen. Mit dem Dietsch hat es eine andere Wendung genommen, als ich vorausgesehen hatte, ich brauche ihn nicht von Euch zu verlangen, da ich die Anderer benützen kann, u. man ihn in der Stunde im Colleg nicht braucht. Dießmal wäre es mir lieb, wenn ich Folgendes bekommen würde: die griechische Grammatik von Kühner, die im Kasten bei meinen andern Büchern ist. Das vierstimmige Choralheft, das mir zwar leid thut, es dem Georg zu entreißen, das Dintenzeug, das mir ganz nöthig ist, weil ich mit dem gläßernen Gefäß nicht am Tisch schreiben kann, da es ganz leicht umfallt. Meinen Ovid, den ich von Prof. Zimmer bekam, ließ ich einbinden auf meine Rechnung, indem er sonst ganz verdorben wäre. Mein Deklamirheftchen wäre mich auch lieb, wenn ihr mir es schicken würdet. Ihr wisset nun so ziemlich meine Verhältniße, so schreibet mir also auch so, daß das Schreiben, wenn nicht ganz etwas Nothwendiges drängt, erst in den ersten Tagen des Dezembers hier eintrifft mit dem Andern in einem Päckchen, weil ich sonst nicht einmal das Porto bezahlen könnte, ich müßte es entlehnen. Es gienge zwar nicht schwer, aber doch möchte ich freien Rücken, dann aber schickt mir das Verlangte sobald als möglich. Ihr wißt, man ist so begierig auf einen Brief von Hause. Nun so will ich denn schließen. Ich grüße Euch insgesamt, den *Caspar*, den Jakob Vetter, Herrn Pflomms u. überhaupt alle, die an mich denken. Ich grüße meine sämtlichen Geschwister, besonders den Christian u. Euch liebe Eltern, Vater, Mutter u. Großmutter.

Euer herzlich liebender, dankbarer Sohn Richard

4 - Brief aus Schönaich

Schönaich den 4 Dec. 1848

Vielgeliebter Sohn!
Gnade und Friede in Christo u. nicht in der Welt.
Dein Schreiben vom 19ten vorigen Monats haben wir erhalten und daraus Deine sämtlichen Umstände vernommen und zu unserer Freude ersehen daß Du Dich wohl befindest. Was Deine leiblichen Umstände betrift so erfuhr ich einige Tage vorher, daß Du 5 fl Sportel an das Cameralamt bezahlen müßtest Du kannst Dir wohl denken daß ich bei mir selbst bedachte Du werdest in Verlegenheit kommen wie Du Deine Sachen anschicken werdest u. wenn ich es möglich hätte machen können würde ich Dir solche sogleich zugeschickt haben wir

sind derhalben begierig zu wissen wie Du jetzt in diesem Fache stehest, Du weist wann Du in Noth geräthst wir unser möglichstes zu Deiner Forthilfe gerne thun in dem wir mit Deinem bisherigen Betragen wohl zufrieden sind; hoffen auch Du werdest als ein glaubiger Christ Deinen Stand u. Beruf ferner würdiglich zu wandeln beflissen seÿn u. so wenig als ein königlicher Prinz mit den Gassenjungen und Wirthshausbrüdern sich in Gesellschaft begibt so wenig wirst auch Du mit denjenigen Gemeinschaft haben welche sich wider ihrem Taufbund in den Mistpfützen dieser Welt herumwältzen welches Dir freilich übel anstünde u. Dich aus der Gemeinschaft der heili. Dreieinigkeit u. aller Glaubigen herausreisen würde. Schicken Dir somit Die verlangten Bücher nebst Dintenzeug ich legte ohne Dein Verlangen noch die griechische Chrestomathie bei indem ich dachte sie könnte mehr Nutzen schaffen wenn Du sie bei der Hand hast als wenn sie müßig im Kasten liegt. Was unsere Familien Verhältniße betrift so sind wir alle recht gesund, u. lebst in stetem Andenken jede Stunde unter uns, alle Deine Geschwister rezitiren Dich jede Stunde, selbst das kleinste suchte Dich anfänglich nun hat es Dich vergessen, die Großmutter ist auch gesund aber sie hat ihre Beschäftigung verloren indem ihr vielgeliebter Enkel am ersten deß Nachts 11 Uhr, plötzlich ohne daß sie es selbst sahen starb, u. nicht mehr als einige Stunden vorher ein Unwohlsein zeigte, sonst gab es keine Hauptveränderung in der Familie; und auch im Ort.

Ich hoffe die erste Advent Predigt werde Dir Auch erfreulich gewesen seÿn welche Du in Schöthal gehört hast. auch ich war sehr erfreut und gerührt über die lieblichen Worte, als ich in Herrn Lutheri Kirchenpostille las - Dein König kommt zu Dir, Dir, Dir, und zwar mit einer so Holdseligen Predigt ein Gerechter und ein Helfer, daß ich mit dem S. Hiller anstimmte Neues Gesangbuch Nro. 91. Sieh Dein König kommt zu Dir und mit Gerhart Nro. 64, 1.2.3.4.5. bis zu Ende u. mit jenem Verfaßer - . Die Ihr noch die Harfen hänget an die Weiden Babilons, nehmt sie wieder ab; und singet Zions Lied im Freudenton! Sollt uns unser Jammer hindern der ja nur zur Welt gehört, uns sein Volk Dir Königskinder, Wer ist der die Freude stört. und mit David Psalm 68, 4.5.6 und Psalm 64. ganz Ich Bitte Dich daß Du Dich in den Heutigen Zeitereignißen nicht zu viel verlieren möchtest, zwar darf man wohl die Sache selbst mit hellen Augen Betrachten, wo man sich über die Gerichte Gottes verwundern aber Auch von der Wahrheit seines Worts überzeugen kann, daß unser H. Gott sein Zuchtrüthlein Braucht über die heutige Abgöttische Welt, welche schon lang sein Wort verachtet, und ihrer Hände Werk angebetet hat ist kein Wunder, man hat oft hören können wie weit man vorgeschritten seÿ gegen unsere alten, welche zu steif und streitig an der Bibel gehalten haben, und jetzt stehe es besser da man einem jeden beÿ seiner Gesinnung den Himmel versprach aber was Gutes daraus gefolgt ist kann man jetzt mit Händen Greifen und die Union an welcher man schon lange Arbeitet ist schier Concordiam Discordiam geworden. Darum halte Du Dich zu dem Trost Brunnen Israels und seze Dich unter die Fittige der Gluckhenne des neuen Bundes und in das feste Schloß dem Namen des Herrn so kannst Du unbekümmert seÿn über alles was auser Dir in der Welt vorgeht, und Deines Berufs mit Nutzen und Freuden warten.

In dieser Hoffnung Grüßet Dich Dein Treuer Vater Mutter und sämtliche Geschwister - Deine Dich herzlich liebenden Eltern

R. & A. Lauxmann.

Grüße auch unserethalben Deine sämtlichen Herren Lehrer und folge Ihnen was für dich den Größten Nutzen hat.

5 - Brief aus Schönaich

Schönaich den 4 Dec. 1848

Herzlieber Bruder Richard.

Ich grüße Dich mit dem Wunsch daß Du Dich wohl befindest in Schönthal wo Du so lange seÿn und bleiben must um auf Deinen Beruf vorbereitet zu werden und bitte Dich diese hohe Bedeutung desselben nie zu verlieren. Was mich betrifft so habe ich viel an Dir verloren weil ich keinen Anleiter u. Colligirer mehr habe, ich thue etwas neben meinen anderen Geschäften was ich kann, kannst Dir aber wohl denken daß die Fortschritte nicht groß sind, auch habe ich eines von Deinen Rechnungsheftchen ausgerechnet wo ich oft ins Stocken kam, es ist ja bedauerlich wenn man Fortschritte machen soll u. keinen Anleiter hat aber es ist einmal so und anders kann ich es nicht machen, ich repetiere zwar das was ich schon bei Dir durchgearbeitet habe um wenigstens das nicht zu vergessen was ich kann, wenn günstigere Zeiten einbrechen würden daß des Vaters Geschäft besser gienge so würde ich aufs Frühjahr wahrscheinlich in die Schule nach Böblingen geschickt werden, welches freilich das beste wäre. Ich grüße Dich mit dem Spruch Hebräer 13 Vers 17.

Dein und Deinem Schicksal theilnehmender Bruder
Georg.

Theuerste Eltern!

Euren Brief habe ich mit Freuden erhalten u. daraus ersehen, daß, obgleich zu meiner Betrübniß die Nachricht von dem Tode des Michaels kam, ihr euch wohl befindet. Es (ist) meine umso größere Betrübniß, als mit diesem das letzt Andenken an meine Base gefallen ist. Doch ich habe sie im Andenken. Der Adventsonntag, u. somit der Anfang eines neuen Jahrs der Gnade war mir in sofern um so wichtiger, als ich an diesem Tage die Gnade Gottes erfahren durfte durch das heilige Liebesmahl unser's Herrn, zu dem ich mich am Freitag vorher in der Kirche in der ganzen Woche bei mir selber vorbereitete. Unser Wochen-Professor H. Pr.Eith legte uns jeden Abend die Wichtigkeit des Vorhabens an's Herz durch eine recht feierliche Rede. H.Pr. Metzger hielt eine Ermahnung in der Religionsstunde u. H. *Ephorus* hielt in der Neuen Testamtsstunde es für das Beste, uns den griech. Text der H._Abendmahlseinsetzung in 1. Kor. 11, 23-29 ff. lesen u. übersetzen zu lassen. So vorbereitet empfiengen wir von Hr. Pr. Eith das Brod u. von Hr. Pfarrverw. Klett den Kelch. Die *Promotion* hat auf Anstiften Hr.Pr. Eiths eine Armenkasse gestiftet, in welche ein Jeder wöchentlich 2 cr. gibt u. welches für Leute in der Umgegend verwendet wird. Freilich kann man in dieser Gegend Leute sehen über alle Begriffe arm, doch hätte ich H. Pr. Eith auch einige Namen bei Euch nennen mögen. Jedoch scheint es bei diesen Leuten noch ärmer herzugehen, als bei Euch - Wir haben jeden Abend am Sonntag Unterhaltungsstunde abwechselnd zwischen beiden Professoren von *Oberlin*s Wirken im Steinthale bei Pr. Eith u. von dem Leben eines mir unbekannten Kirchenvaters bei Pr. Metzger.

Von der Beschaffenheit meiner 2 Freunde kannst Du Dir selber den Schluß ziehen, wenn ich Dir schreibe, daß wir drei bei den Andern das "liederliche Kleeblatt" heißen.

Meine 5 fs. sind schon abgemacht durch Herrn Rep. Zeller. Ein Hemd zu waschen kostet 5 cr. ein Sacktuch 2 ein Paar Socken auch 2 u. ein Waschtüchlein 1 cr. Ein Betth. 3 cr. Meine 2 fs. habe ich schon bekommen, aber auch schon vieles gebraucht. Wenn ich dir aufzähle 24 cr. jeden Monat in den Promotionsfiskus 6 cr. in den Stubenfiskus 22 cr für 1 Pfund Lichter u. so noch andere Gegenstände Papier etc. so wirst Du dirs wohl einbilden können, doch habe ich noch ziemlich u. bin außer Noth. Ich weiß jetzt wohl, daß ich bestehen kann. sonst habe ich nichts zu schreiben.

Dem Georg habe ich ein lateinisches Brieflein geschrieben, das er aber vielleicht nicht ganz herausbringen wird. Deßwegen habe ich

dem Michael auch geschrieben u. die Übersetzung davon.
Ich grüße Euch als Euer dankbarer
Euch liebender Sohn Richard.

Schönthal den 7 Dec

7 - Brief aus Schönaich

Schönaich, d. 7. Jan. 1849.
Die ewige Gnade unsers Herrn Jesu Christi, die Liebe Gottes des
Vaters und die Gemeinschaft des H! Geistes sei mit Dir, Vielgeliebter
Sohn! auch in dem neu angetretenen Jahr!

Mein lieber Richard,
ich habe über diese Weÿhnachten immer auf ein Schreiben von Dir
gehofft hauptsächlich auch für deinen H._Prezeptor, er begegnete mir
ohnlängst wo er sehr freundlich war, und mich fragte wie es beÿ Dir
stehe, er erwartet selbst und nicht unbillig auf ein Schreiben von Dir
indem er es für eine Freude die ihm durch deine Aufnahme wieder-
fuhr achtet, welche er nicht um viel gäbe, der Hoffnung daß Du ein
Brauchbares Werkzeug durch Gottes Gnade werden würdest an dem
er erst später seine Freude erleben werde.

nun mein lieber! Du wirst freÿlich auf ein Weihnachtsgeschenk von
uns gewartet haben, aber Du wirst Dir wohl denken können daß ich
mit eßerischen Kleinigkeiten einen so weiten Weg nicht umgehen
wollte, was wie Übertriebener Unverstand wäre und mehr kostete als
es werth wäre, und etwas werthvolles mochte ich nicht zu senden beÿ
unserer Geschäftslosigkeit, was freÿlich unserem Elterlichen Herzen
sehr wehe that, hoffe aber Du werdest es wohl zu räumen wissen.
Doch aber damit Du nicht leer ausgehst so will ich meinen Hauptschatz angreiffen und auch Dir denselben ganz senden.

Ich hoffe Du werdest Deinen Catechismum über diese Zeit auch
zur Hand genommen, und mit Freuden betrachtet haben wo es heißt,
ich glaube daß Jesus Christus Wahrhafter Gott vom Vater in Ewigkeit
- und auch wahrhafter Mensch von der Jungfrau Maria gebohren seÿ
mein Herr - u.s.w. denn dieß ist wohl des Glaubens Freude wenn er
mit dem S. Hiller sagen kann Dieser Heiland ist auch MEIN. weil er
Heiland ist für alle. u.s.w. Deswegen der S. *Scriver* das M. für den
Besten Buchstaben im Alphabet erklärt, weil die Zueignung Mein -
Mich - hat - etc. erst in den besitz des Guts setzen. ich hoffe, da Du
schon in etlichen Sprachen das Conjugieren gelernt hast Du werdest
es in Deiner eigenen Mutersprache nicht verlernen, sondern die
Wörtlein Nach M. Stephan *Prätorius* Anleitung wohl setzen, wir sind
schon seelig, wir haben die Erlösung, nun wir denn sind Gerecht

worden, Der uns hat seelig gemacht, Wie viel Euer Getauft sind die haben Christum angezogen, und Dich durch niemand bereden laßen daß die Wortlein: sind, hat, haben, etwas künftiges bedeuten - so mein Lieber Sohn ist Dein Studium für Dich eine hohe Freude und Deinen Lehrern und dem l. Gott wohl Gefällig nach dem Schönen Ausspruch Prätorii in seinem 13ten Tractätlein Pag. 240 -.

"Die liebet Christus am meisten, und hält sie in seinen armen, welche sein Wort Lieb haben, und gern hören, Wenn ein Professor in Hohen Schulen oder Condiator Prediger auftritt, und Predigt Gottes Wort ohne Scheu, und redet die Wahrheit, so lachet dem Kindlein Jesus das Herz, für Freuden im Leibe, es zeichnet auch in sein Schreibtäfelein die fleißige Studenten welche in Geistlicher Demuth u. Gottesfurcht, sich gesetzt haben zu den Füßen ihrer Lieben Prezeptoren, und hören ihnen in Liebe zu, und schreiben alles in ihr Herz, und tragen den edlen Schatz Göttlichen Worts in ihrem Herzen, Glauben daran und leben darnach, diesen müßen die H. Engel dienen und ihnen Eßen u. Trinken nachtragen."

Was auch die Exempel Lutheri, *Arndts*, Heinrich *Müller*, Paul *Gerhardt*, Brentius und anderer Bestätigen, und so befehle ich Dich Gott und dem Wort seiner Gnade auch in diesem Jahr wieder, daß er Ein Werkzeug Seiner Gnade und Gefäß Seiner Barmherzigkeit aus Dir machen wolle und in Dir das Natürliche Wiederstreben, gegen seine Gnadenzucht in Dir dämpfen wolle, was freilich leider die größte Kraft unserer verderbten Natur ist -.-.

Gesund sind wir Gottlob alle und dein Kl: Schwesterlein läuft jetzt sehr fertig. es Grüßen Dich Deine l. Geschwister allesamt herzlich so wie wir, Deine Dich mit 2. Thim. 2. Ganz u. N. Gesangbuch Nro. 113 Herzlichliebende Eltern

R.&. A. Lauxmann Stricker

8 - Brief aus Schöntal

Schönthal den 14 Jan. 1849

Theuerste Eltern! insbesondere lieber Vater!

Daß Du Dich in Deiner Hoffnung nicht täuschen werdest, das wirst Du sicherlich wohl glauben; aber als ich Deinen Brief las, so wußte ich nicht, wie oft ich ihn durchlesen sollte. Er ist für mich so tröstend u. so erquickend, daß ich dieses als das beste Weihnachtsgeschenk ansehen kann, das Du mir hättest schicken können. Du schreibst mir, ich werde das Conjugieren nicht verlernt haben, daß ist wahr, ich habe es jetzt schon in vier Sprachen gelernt, aber an dem Conjugieren, welches in der deutschen Sprache Du mir angibst, habe ich freilich noch Viel zu lernen. Jedoch ich will es faßen u. mir diese Wörtlein einprägen. - Auch im Äußeren bin ich nicht leer ausgegangen, einer meiner beiden Kameraden hat sein Christkindlein mit mir getheilt. Die Weihnachten haben wir, die Hälfte der *Promotion*, fröhlich verlebt, auch ich im Aufsehen auf den, der für Mich in die Welt gekommen ist. - Seit Weihnachten beginnt auch der Unterricht im Französischen u. wir bekommen Unterricht in dieser Sprache von Rep. Ottenbacher, in Hirzels ausgezeichneter Grammatik, die schon 15 Auflagen erlebt hat. -

Die vorige Woche war ich Lektor, dieses Amt werdet Ihr freilich nicht verstehen, u. ich kann es euch auch nicht so kurz erklären, vielleicht in der Vakanz, auf die ich mich ausgezeichnet freue; nur kann ich Euch sagen, daß es zeitraubend ist. -

In diesem Jahre hat es noch keinen guten Anfang genommen im Betreff des Verhaltens der *Promotion*, es hat schon 2 Noten abgesetzt, was uns gar nicht lieb ist. - Jetzt wird in der Kammer viel gesprochen werden über die Seminarien u. man vermuthet, die *Promotion* von Schönthal werde vereinigt mit der von Maulbronn nach Heilbronn kommen. Doch ist noch Nichts gewisses vorhanden. -

Der Brief der beigelegt ist, ist an's Wacker's Georg, der mir unlängst einen Brief schickte u. mir auch einige Notizen über Eure Verhältniße ..*(Loch im Brief, 2 bis 4 Wörter)*.. Schultheiße machen. - Doners (?) in Schönthal erwarteten ihn mit seiner Frau in den Weihnachten aber es war ihre Hoffnung vergebens. Dieß ist so ziemlich das Meiste was ich Euch zu schreiben habe; Ihr werdet mir mein schnelles Schreiben verzeihen, indem ich wirklich ziemlich eile. An Herrn Präzeptor ist schon vor 8 Tagen ein Brief abgegangen. Ich grüße Euch Alle als Euer dankbarer Sohn und Bruder Richard.

(Nota: Schreibet mir andermal Seminarist[1].

nehmt es nicht für ungut)

9 - Brief aus Schöntal

Schönthal den 9 Febr. 1849.

Liebe Eltern!

Dießmal schreibe ich an Euch, ohne vorher eine Nachricht von Euch erhalten zu haben. Mich bewog dießmal ein anderer Brief als einer von Euch: nämlich die Zeitung. Unlängst traf ich in der Zeitung auf einen Brief oder Bericht von Böblingen über einen Gegenstand,

---

[1] Auf die Briefadressen schrieb der Vater bisher "Siminarist" wie im Brief 2 zu sehen ist.

der mir so wohl von Eurer als von meiner Seite ein Grund seÿn konnte, Euch zu schreiben. In der Zeitung kam nämlich ein Bericht von Böblingen, daß in Böbl. u. in der Umgegend die natürlichen Pocken ausgebrochen seÿen, was mich trieb, nach Hause zu schreiben , um zu erfahren, u. zwar so bald als möglich, wie es im Vaterhause steht. Ich habe gelesen, daß alle Leute von 14 - 48 Jahren geimpft würden u. aus dem schließe ich, daß unser ganzes Haus außer mir sich daran zu betheiligen hat. So werdet ihr glauben, es seÿe nur bei Euch so, aber auch in Schönthals Umgegend wüthet diese rasende Krankheit. Um nun solche Ausbrüche, wie in Böblingen, u. Menschenopfer, wie ebendaselbst, zu verhüten wurde die ganze *Promotion* u. das ganze Seminar geimpft; ich bin bereits acht Tage geimpft u. es scheint kaum Etwas fruchten zu wollen, doch sagen kann ichs noch nicht.

Ein zweiter Artikel, der mich aber nicht so sehr interessirte, wie der erstere, ist auch: Ich las in der Zeitung, daß in Schönaich von einer bestimmten Anzahl Bürger ein Volksverein gegründet wurde, so möchte ich denn wissen, wer es etwa auch aus meiner näheren Bekanntschaft ist, der sich daran angeschlossen hat. -

Dieß ist eigentlich das Ganze, was mich bewog, Euch zu schreiben. Wichtiges für mich und für die *Promotion* ist Nichts geschehen. Ich erwarte täglich bei jedem Boten einen Brief von Euch; aber ich weiß es wohl Ihr werdet nicht so leicht an's Schreiben kommen wie ich an's Lesen dessen, was ihr mir schreibet. Die Ferien rücken jetzt schon mit jeder Woche näher heran, nur noch zehn Wochen! denke ich mich bei Euch, wenn es anders Gott nicht ander's lenkt.

Der Vater schrieb mir, das Agneslein könne schon laufen, dieß war ein Stoß mehr an das Verlangen nach Hause. Jedoch in Schönthal auch bin ich gern u. benütze meine Zeit nach Vermögen.

Grüße somit an Alle, die nach mir fragen, besonders an die Grosmutter, und den *Caspar*, an Wacker, Vater u. Sohn (letzerer möge mir auch bald schreiben) an meinen Herrn Präzeptor an meine Geschwister u. an Euch hauptsächlich theuerste Eltern von Eurem dankbaren, Euch innigst liebenden Sohn Richard.

10 - Brief aus Schönaich

Schönaich den 18 Febr: 1849.

Vielgeliebter Sohn!

Gnade und Friede in Christo! unserem Heilande!

Dein Schreiben vom 9. dieß haben wir am 15ten erhalten und daraus Deine Besorgnis für unser Haus ersehen und freut uns daß Du immer Gleichen Antheil an unsern Schiksalen nimmst, und Dein

Kindliches Gemüth daraus zu erkennen gibst. Was aber diese Pocken Krankheit anbelangt so ist bis heute in Schönaich noch keine Spur vorhanden, ich war am Neujahr in Maichingen auf Besuch, wo ich das erste mal davon hörte, dort waren nemlich 5. Häußer verwacht, in Magstadt 7. Häuser - von dann hörte ich nichts mehr bis am 26. Jan. die Tochter des Sekler (?) Wursters in Böblingen Starb, und war dazumal die einzig kranke an den Pocken im Stadtlein jezt sollen noch einige seÿn namentlich in der Rohrmühle, von dort an hies es werden alle von 14. - 48 Jahren geimpft, was aber noch bis heute unterblieb. in Schönaich selbst sind diesen Winter schon viel Leute gestorben, aber mehrtheils alte Schwache und lezter Zeit Kinder am Krampfhusten unser Agnesle war auch damit geplagt aber es ist wieder Besser. Von allen gestorbenen wird Dir am wichtigsten auffallen der jüngste Sohn von Peter Rebmann Philipps Sohn Jakob welcher 13. Jahr alt war

Was den Verein in Schönaich anbelangt so weiß ich Dir nicht viel davon zu sagen, ohne daß ich Bedaure daß ein Ort nur wegen solchen mißrablen Dingen in die Zeitungen eingetragen wird, so viel ich vernehme, sollen die alten Wühler wie voriges Frühjahr dabeÿ seÿn, mich wundert nur daß Unterlehrer Wacker sich Ihnen an die Spitze stellt, oder was er für Heil von daher erwarten will. Du bist von mir und meinen Brüdern und Glaubens Genoßen überzeugt, daß wir von anfang immer ermahnt haben wo wir konnten daß man sich nach Gottes wort halten sollte, sich vor Gott und dem König fürchten nicht um der Strafe sondern um des Gewissens willen weil dieser Stand den Beruf von Gott hat Recht und Gerechtigkeit zu handhaben den Bößen zu strafen und den Frommen zu schüzen, was auch bißher von Gottes Gnaden geschehen ist daß aber der Heutige Zeitgeist ein Mordgeist ist welcher alle Göttliche Ordnung gerne Umkehren und Blutvergießen anrichten möchte sieht man allzu Deutlich an den Mitteln welche er ergreift, Hohe Häupter zu stürzen, daß es ihm nun dieses Jahr Durch Gnädige Schickung Gottes nicht Gelungen ist mit Gewalt so wühlt er jezt Meuchlings mit Versprechungen im Finstern, so sollen im Lauf dieses Monats 2. Brief nach Schönaich Adreßiert wie wenn sie aus Philadelphia in Amerika kämen an Sailer Jehle und Gottlieb Rebmann gekommen seÿn welche Versprechungen enthielten nemlich 30000 fl. für den Kopf des Königs von Preußen 20000. für den König von Württemberg und so fortan. - Welche Brief aber schon im Ober Amt zugestellt sind. und es scheint daß dieser Teufel sein nest in Straßburg habe - Mein Lieber Sohn ich ermahne Dich zu folgen dem Ausspruch Pauli 1. Thimoth: 2, 1.2.3 denn diese Personen Brauchten wirklich den Göttlichen Schutz und Beÿstand am nöthigsten. Es Handelt sich hier nicht davon, daß die Regierung Fehler in ihrem Beruf gemacht hat, welche sie vielleicht beßer machen würde wenn sie es richten Könnte, sondern es handelt sich vom Stand und Beruf - und es fragt sich wenn dieser Gute Deutsche Mordgeist ans ruder käme was der Guts machen würde ich will immer Lieber von der Obrigkeit regiert werden welche einen ordentlichen Beruf hat, als von solcher die sich mit Gewalt reindrängt - . Davon für dießmal Genug, ein ander Mahl mehr. Daß Du geimpft wurdest habe ich vernommen was in deiner Jugend mit reichem Erfolg beÿ uns geschehen, wovon Du die Spuren noch trägst. Jung Georg Wacker ist vor einem Monat nach Enders Bach O/A Waiblingen zu H. Verwaltungs Actuar Koch gekommen wo er vergnügt ist. er wird Dir schon schreiben. - Wenn in unserer Familie etwas wichtiges vorfällt so werden wir es Dir sogleich zu wissen Thun, Du darfst ruhig seÿn. Ich erwarte nichts von Dir als daß Du fleißig Betest, Studierst und Deinen Lehrern folgest , und dem Dir in der H. Taufe geschenkten Gnaden Schaz fleißig Benützest fröhlich darinnen Lebest, die Lüste der Jugend fliehst so bist mir und Gott Lieb u. den Menschen werth. wir sind Gott seÿ Dank alle Gesund. Es grüßen Dich Besonders *Caspar*, Wacker, Völmle Die Groß Mutter u. a. mehr. Hauptsächlich Deine sämtliche Geschwister und wir Deine Dich herzlich Liebende Eltern mit 139. Psalm u... Neues Gesangbuch 512 te Lied

   -R. & A. Lauxmann

11 - Brief aus Schöntal

Schönthal den 9 März. 49.

Liebe Eltern!

Die Zeit der Ferien rückt nun schon sehr nahe heran und man sollte glauben, es könne einem Sohne fern vom väterlichen Hause Nichts lieblicheres begegnen vor einer solchen Zeit, aber auch eine solche Freude kann getrübt werden durch solches, das, obgleich auch vom Himmel herab, doch ein kindliches Herz verwunden muß. Mir treten nämlich, liebe Eltern, um Euch kein Geheimniß daraus zu machen, Nahrungssorgen, d.h. keine gewöhnlichen, in den Weg. Ich habe Euch schon längst geschrieben von dem Gelde, welches ich damals brauchte, nun möchte ich Euch wohl die ganze Rechnung von den Ausgaben schreiben, aber die Zeit der Ferien ist so nahe, daß, wenn ich je mit der Hülfe des Allmächtigen zu Euch komme, euch sie Euch schriftlich mittheilen kann. Ich kann Euch also nur im Allgemeinen sagen, daß meine Rechnungen außer Buchbinder u. dem was ich von Anfang dieses Monats an brauche, von 20 fl. ohne 10_fl. Taschengeld,

16 fl. 4 xr betrug. Da muß ich denn als gewiße Kosten schon hinzufügen 2 fl. 54 xr für ein paar neue Stiefel u. ein paar wird gesohlt. Dieß zeigte Hr. Rep. Zeller u. Ihr könnt Euch denken, wie ich da bestürzt war u. Euch gerade schreiben wollte. Ihr möchtet mir, wenn es nur irgend möglich wäre, etwas Geld schicken. Ich schrieb schon den Brief, vorher aber wendete ich mich zu meinem Vater im Himmel, der noch keinen verlassen hat, der auf ihn traut. Und wirklich! Gott hat mein gar in der stärksten Noth mit dem heftigsten Triebe gesprochenes Gebet erhört, wenigstens so daß ich einige Aussicht habe. Hr. Eph. *Roth* entfernte sich von hier um einer Versammlung in Stuttgart anzuwohnen, Hr. Pr. Eÿth war Amtsverweser u. weil es gerade schön Wetter war, hielt die *Promotion*, außer mir, einen von meinen Kameraden u. einigen Anderen, um die Erlaubniß an, eine eintägige Excursion nach Öhringen zu machen. Dieß geschah u. morgens begaben sie sich 6 Uhr auf den Weg, während wir, die da bleiben mußten, wegen Geldnoth ihnen nicht folgten. Hr. Eÿth wußte wohl, warum wir dablieben, aber er wußte auch , wie ihre Eltern zu Hause waren u. er ließ mich um ung. 10 Uhr auf sein Zimmer kommen. Er gab mir nun 1 fl. u. sagte, er wisse, daß ich sparsam seÿ u. wisse auch meine sonstigen Verhältniße. Und nun machte Herr Pr. Eÿth u. Hr. Pr. Mezger mit uns Nachmittags erst noch eine Excursion nach Forchtenberg u. hielten uns frei; so daß ich selbigen Tags nichts brauchte, als 1 cr., den ich einem Bettler gab. Die andern aber kamen hinkend nach Schönthal mit Zechen von 30 xr - 1 f oder 1 1/2 fl. So hat Gott mir aus meiner Noth Etwas herausgeholfen u. mit innigstem Danke gegen Gott muß ich zu ihm aufblicken.

Ich habe für jetzt 3 fl. 4 cr. in meiner Tasche u. bekomme noch 2 fl. Monatsgeld was ich da von ersparen kann, bekommt H. Rep. Zeller zum Auszahlen u. ich hoffe wenigstens mit meinem Gelde die Heimreise zu machen. Jedoch bestimmen kann ichs noch nicht, u. immer muß ich noch zu Gott aufsehen, daß er Alles wohl mache. So liebe Eltern! wurde Gottvertrauen belohnt u. ich kann mit der Bitte, für mich bei Gott zu bitten, meinen Brief mit nichts Anderes schließen, als: Gott hat es Alles wohl bedacht u. Alles, Alles recht gemacht, Gebt unserm Gott die Ehre!

Nebst einem Gruße an meine Geschwister u. Anverwandten
u. Eltern verbleibe ich Euer dankbarer
herzlichliebender Sohn Richard

Nota: Schreibt mir auch bald!

12 - Brief aus Schönaich

Richard Lauxmann in Schönthal[2]
Meinem L. Sohn!
Gnade und Friede in Christo Jesu unserem Heilande.

Lieber Richard!
in der Welt findet sich Zorn u. Unfriede! Dein Schreiben vom 9ten
dieß haben wir zu unserer größten Freude erhalten und daraus Deine
Verhältniße ersehen was uns nicht groß befremdet daß Deine Rechnungen so stehen wir können es Wohl räumen -. ich wollte Dir einige
Gulden senden, zwar nicht vom Überfluß, aber Elsäßer von Böblingen sagte, es wäre unnöthig das Porto davon zu bezahlen -. Wenn
Du ja nicht ganz ausreichtest, so könntest Du so viel entlehren, bis
Du aus den Ferien nach Schönthal wieder zurückkehrtest wo ich Dir
dann was Du brauchst mitgeben werde, sein Gottlob habe es mehr als
einmal thun müßen!. im übrigen freute uns Dein Brief sehr, weil wir
daraus sehen können, daß Deine H. Lehrer ein Genaues Auge auf
Dich und Deine Umstände haben. Mein L. ich bin gesonnen Dich in
Stuttgart zu treffen , so möchtest Du 8. Tage vorher mir Schreiben
wenn Du auf der Eisenbahn kommst, wo ich Dich dort abholen
werde ich denke Du werdest mit mehreren Deiner Promotion dort
ankommen, vielleicht wenn Du noch etwas Geld entlehnen müßtest
daß ich es dort Dir Gleich geben könnte, und Du Deine Bedürfniße
gleich dort zurückgeben kannst.
Wir freuen uns Dich zu sehen und alle Deine Geschwister zählen
Wochen und Tage bis Du kommst, wenn man das kleine fragt, wo ist
dein Richard - in Schönthal, ist die Antw.; liebst Du ihn - ja, wie viel
mal Tausend - was bringt er dir - baber (?) .. Weken (?): *(die letzten
beiden Wörter sind fast unleserlich und unverständlich)* u.s.w. solltest Du je
bälder auf der Eisenbahn ankommen so kannst Du mich beÿ H: Örtle
in der Haupt:Straße treffen, ich denke aber ich sei vor dir auf dem
Bahnhof -. was uns anbelangt so sind wir Gottlob alle gesund und
wohl. Das Geschäft geht wirklich etwas beßer doch ohne weitere
Aussicht, wenn die Polittischen Bewegungen nachließen so wird es
nach und nach beßer kommen, was wir in diesem Jahr im Geschäft
Schaden genommen haben thut uns sehr wehe, doch wollten wir es
gerne verschmerzen, wenn nur unsere Gewerbeverbesserer aufhörten
uns weiter zu helfen, und ließen den L. Gott walten, durch die -
welche er ins Regiment Gesezt hat, so würde es sich fein geben.

---

2   Poststempel vom 28. März 1849, Böblingen

J. G. Wacker junior. hat seinen Eltern Geschrieben sie sollen ihm Schreiben bis wann Du in Die Ferien kommst, er seÿ gesonnen Dich zu besuchen es geht ihm gut , er verstehe seinen Herrn und Heiland. - ich kann es über mein Herz nicht Bringen - ich muß Dich jedesmal ermahnen, daß Du möchtest Deinen Beruf im Auge haben, Gott fürchten und lieben, deine kindliche Zuflucht zu ihm nehmen in Allen Umständen, ihm Vertrauen, auf seine Väterliche Regierung u. Vorsorge täglich beherzigen, ihm Deinen Leib u. Seele täglich befehlen, Deinen Catechismus Stündlich rezitieren - mit anwendung auf Dich selbst, namentlich des 2tn Hauptstücks und dießen 3 Haupt Artikel und das Mein, Mir, u.s.w. auf Dich anwenden - Deinen Lehrern folgsam seÿn, Sie ehren, Deinem Geschäft fleißig zu obliegen gegen Deine Collegen freundlich und Liebereich gegen Die rohen und ungezogenen ernsthaft, gegen die Sünden und Unarten feindlich, aber gegen die Person freundlich, mit einem Wort, als Gottes liebes Kind, vorsichtig wandeln, daß Du dem Reich Gottes eine Zierde bleibest - so wird Dich der H. Vater führen auf Wegen, die Zwar Deinem Haußmann dem alten Adam nicht alle Zeit schmecken werden, - doch dem Geist selig und Gut - Die Wege sind oft krumm und doch Gerad des magst Du dich versehen. und wenn was Guts aus Dir werden soll, so dürfen Dich die Mittel welche Gott Braucht nicht Befremden, der Samen auf dem Feld bekommt Sturm und Regen Sonnenschein und Frost und eben dadurch wird er zu etwas Guts - mit lauter Sonnenschein verbrennte er, mit lauter Regen verfaulte er. Darum. Befiehl Du Deine Wege. 364. Neues Gesangbuch u. denk oft an Deinen Denkspruch vom H. Pfarrer - welcher H. sich Besonders freut Dich zu sehen Er Befahl mir Dich von seinetwegen zu grüßen.

Es Grüßet Dich die Großmutter - Caspar, Wacker, *(es folgt ein unleserlicher Name, vielleicht wieder "Völmle", siehe Brief 10)* u.a.m. Deine sämtliche Geschwister u. wir

Deine Dich Herzlich liebende Eltern R.&.A: Lauxmann
mit Psalm 73 H. u. K.

13 - Brief aus Schöntal

Schönthal den 7. April

Liebe Eltern und Geschwister!
Der Tag der Eröffnung der Ferien naht nun immer mehr heran u. ich habe Zeit, an die Heimreiße zu denken. So will ich denn Euch aufs Gewisseste, so weit ichs selbst weiß, schreiben, wie ich in Stuttgart ankomme. Nach der Hausordnung ist es bestimmt, daß man frühestens 4 Uhr Morgens abgehe, es kann jedoch durch eine Bittschrift der

Promotion bewirkt werden, daß man bälder gehen darf. Da es nun nach Heilbronn 7 - 8 Stunden sind und man unterwegs auch Eine Stunde zum Ausruhen u. Einkehren braucht, so kann man gerade noch mit dem Bahnzug nach Stuttgart kommen, der 3/4 4 in Heilbronn abfährt u. so ungefähr 2 Uhr Nachmittags in Stuttgart ankommt. Also um 2 Uhr kann mich so der Vater abhohlen. Es ist beinahe die ganze Promotion, ohngefähr 30, auf diesem Weg. Diese Tage, die wir hier noch zubringen, sind gerade nicht so freundlich, als man denken dürfte, als den Ferien nahe. Ein Examen erwartet uns, doch die Hälfte ist schon überstanden, das schriftliche.

Die Charwoche mit dem Charfreitag u. dem Hl. Abendmahl, das wir genossen, hat vermuthlich bei einem Manchen einen tiefen Eindruck gemacht, doch diese Sachen will ich aufsparen, wozu es viele Zeit in den Ferien geben kann.

Einige Sachen, die unterdessen vorgefallen sind, kann ich Euch nicht schreiben, da sie Seminargeheimniß sind. So viel kann ich Euch schreiben, daß mich selbst es nicht betrifft.

Ich schicke Euch hier ein Päckchen, daß meinen grünen Rock, meine schwarzen Hosen, die man nicht lange wird halten können, ich habe schon zum Wenigsten einen halben Gulden darangerückt, meine weiße Weste, ein Programm, über das ich Euch schon Auskunft geben werde, meinen Schal, (den ich hier noch brauchte) u. 3 Hemden. Rechnungen u. sonst noch andere Sachen muß ich selbst mitnehmen. Mehreres brauche ich Euch nicht zu schreiben. Euer dankbarer Sohn u. geliebter Bruder Richard

14 - Zeugnis

Zeugnis - Seminar Schöntal - 18. April 1849 – Siehe Anhang!

15 - Brief aus Schöntal

Schönthal d 16: Mai 1849

Liebe Eltern!

Meinem Versprechen zufolge berichte ich Euch, daß ich gut nach Schönthal gekommen bin. 3 Min. vor 8 Uhr war ich in Heilbronn, um 9 Uhr n Nekarsulm, wo ich einkehrte u. e. Schp. Bier u. 1 Brod verzehrte, um 12 Uhr gieng ich aus Neustadt fort u. um 1 3/4 Uhr kehrte ich in Kochersteinfeld ein, wo ich 1 Schp. Wein um 3 xr u. 1 Brod verzehrte. Ich gieng nach 1 Stunde weiter u. 1/2 Stunden vor Schönthal erreichte mich Hr. Rep. Zeller, der vor dem Omnibus vorauslief u. bald waren wir dem Omn. vorauß, in den ich dann einsaß u. hinabfuhr. Das Messerchen habe ich von Privathospes Hauff erhalten u. auch das Briefchen. Meinen Ranzen habe ich von Heilbronn bis Schönthal getragen, obgleich er für mich sehr schwer war. Ich schicke Euch hier den Brief an Wacker u. den von s. Vater mit, den wir in Stuttgart vergaßen; wenn Ihr ihn nach Böblingen oder nach Stuttgart thut, kostet Euch ja Nichts. Weiter habe ich Euch nichts zu schreiben, ich bin an meinem Platz geblieben, der nur etwas ungeschickter für mich ist, als er war; das Geräth ist das nämliche, aber mein Pult u. das Andere steht an Lamparters Platz. Möge Gott, daß Ihr mir gute Nachrichten wegen Christian so bald als möglich geben könnt. Ich verbleibe

Euer dankbarer Sohn Richard

16 - Brief aus Schöntal

Schönthal den 10 Juni.

Liebe Eltern,

Ich muß nun zur Feder greifen, um ohne Antwort auf meinen Brief, den ich am 18 Mai, also in der ersten Woche meines Hierseÿns geschrieben habe, einen Neuen an Euch zu schreiben. Ich kann Euer Stilleseÿn eigentlich nur dadurch entschuldigen, daß Ihr ihn vielleicht nicht bekommen habt. Habt Ihr ihn nicht bekommen, so müßt Ihr natürlich auch in großer Sorge um mich gelebt haben, wie ich um die Verhältniße zu Hause (Christian!). Ich kann euch nur beruhigendes schreiben, besonders, daß ich in Schönthal gut angekommen bin. Ich bin wieder in meinen Geschäften ganz einheimisch, hatte zwar einiges Unwohlseÿn aber es war nicht bedeutend. Ich möchte nur auch eine Antwort wegen Christians, den ich jetzt so lange vergessen, d. h. Nichts von ihm wissen muß. Weiter habe ich nichts zu schreiben, mein Federmesser habe ich durch Privathospes Hauff erhalten. Grüßet mir alle Gläubigen, auch Herrn Pflomm und Herrn Pfarrers.

Ich grüsse Euch alle u. meine Geschwister
u. verbleibe Euer Euch dankbar liebender Sohn Richard.

17 - Brief aus Schönaich

Herrn Richard Lauxmann in Schönthal
Meinem vielgeliebten Sohn in Christo Jesu!

Schönaich, den 10 Juni 1849

Gnade und Friede in Christo Jesu unserem Heÿland!

Herzlich geliebter Sohn! Aus Deinem Schreiben vom 16. v. m. haben wir zu unserer Freude vernommen daß du gesund und wohlbehalten in Schönthal angekommen bist. Du wirst freÿlich schon einige Zeit auf ein Schreiben von uns gewartet haben - aber ich konnte nicht bälder schreiben, - beÿm Christian nahm die Krankheit noch 8 Tag lang zu so daß wir völlig glaubten er werd auch[3] sterben; doch besserte es sich beÿ ihm so, daß er wie wohl sehr abgezehrt, jezt wieder beÿnahe den ganzen Tag auf seÿn kann - er wußt nichts davon daß Du wieder fort nach Sch: bist - erst als er etwa 10. Tage besser war fragte er warum kommt der R: so lang nicht, als wir ihm sagten Du seÿst in Böblingen b. H. Pflomm. und wir hatten Mühe ihm zu bedeuten daß Du erst im Herbst, wenn es reife Aepfel und Birnen gebe, wieder kommst, das Blechene Federrohr fiel ihm in der Hize so oft ein, daß er viele Zeit mit demselben zubrachte, der R. Beschreibe ihm solches - .aber jetzt hat er es vergessen, er ist wie all solche Kranke sehr dificil und wunderlich doch bessert es sich beÿ ihm zusehens -

Du wirst Dich wundern wenn ich Dir schreibe, daß der Johannes des Vetters Mich: Sohn, seine lezte Arbeit an Dir auf dieser Welt verrichtete, als er Dein Jäkchen aus der Hand legte so begab er sich zu Bette, von welchem er nimmer aufstand, und das *Nervenfieber* machte nach 20. Tagen am 6ten dies seinem Leben ein Ende am 8ten wurde er begraben, er war nicht ganz 20. Jahre alt.

In dieser Woche wurden noch 2. Erstgebohren erzogene Kinder beerdigt an der gleichen Krankheit, Joh: Adam Lutz erstgebr Sohn Philipp : 13. Jahr alt. Bott (?) Pöllmelers (?) Tochter 10. Jahr alt. es gibt noch mehr solche junge Kranke hier -. welche zum Theil wieder genesen.

Du kannst also an diesen Beispielen sehen daß es gut ist, im Glauben an Christum sich beÿzeit mit dem Todt sich bekannt zu machen und seÿ man auch noch Gesund, ist oft der Todt vor der Thür, und heißt den jungen und starken sowohl, als die alten und schwachen, mit ihm kommen, aber weil Christus dem Tod die Macht genommen so ist dem Gläubigen dieser ein lieber Bote und nicht so fürchterlich als der natürliche Mensch ihn dafür hält - welches die Worte jenes Studenten welchen H! Lutherus einst Besuchte, bezeugen, als ihn Luther fragte, wenn du jezt sterben sollst, was willst du unserem Herrn Gott bringen - A: alles Guts - was dann mein Sohn, so doch nichts guts an uns ist. Ich will ihm Bringen ein zerstoßen und zerschlagen Herz mit Christ: Blut bespringet - . fahre hin mein Sohn, sagte Luther - du wirst wohl zu Hofe kommen p.p. in dieser Krankheit aber kann man dieser art sich nicht besprechen weil diese den Menschen das Bewußtseÿn nimmt, doch ruht unsere Seeligkeit auf dem Blut und Todt Christi,

3   Schwesterchen Agnes, * 08.07.1847 +-27.04.1849 Während Ostervakanz..

und nicht auf unserem reden und Freudigkeit im Todt - zwar ist beÿ einem vernünftigen Freudigen Bekenntniß im Letzten für die umstehenden ein großer Trost und Beruhigung - aber die Gewißheit seines Glaubens und Seeligkeit beÿ Gesunden Tagen ist das einzige Mittel im Todt sich des Verdiensts Christi mit Freud zu Getrösten.

Ich ermahne dich daher mein l. S. daß Du mit Fleiß Deinen Stand und Beruf fleißig im Auge behaltest, und als ein Gläubiges Kind Gottes in Deinem Wandel zugehst, daß Du von dieser Welt nicht - sondern nur in derselben bist, als ein Werkzeug göttlicher Gnade u. Barmherzigkeit, dich im Gebet dem Schuz Gottes fleißig in die Arme legst, und ihn um Behaltung und Bewahrung vor Sünden in dieser Letzten gefährlichen Zeit anrufest - und uns bald wieder von deinen Verhältnißen benachrichtigen wollest -

wir hoffen du werdest unter dißen gesund seÿn - Wir sind gottlob sonst ziemlich Gesund, auch haben wir erfahren daß mein Bruder Peter in Philadelphia in Nord Amerika verheirathet seÿ und es gut habe -.

Schloßer Rebmann bittet dich nebst seinen Geschwistern ihrem Bruder Johannes R: Schneider in Niederhall wenn es beÿ dir seÿn kann persönlich zu besuchen, sie haben ein Schreiben über den Brief welchen Du ihm übermacht hast erhalten und sich sehr gefreut -

wir hoffen auch Du werdest deinen Herrn Lehrern folgsam, in deinem Geschäft fleißig, gegen Deine Collegen freundlich und gefällig, und gegen alle, mit denen Du in Berührung kommst so seÿn, daß sie erkennen, daß Du Deinem Stande mit Deinem Verhalten keine Schandthaten zuzufügen gedenkest, auf daß wir Eltern uns freuen mögen und nicht Bedauern dürfen uns ein so großes Opfer für Dich aufgewendet zu haben, denn wir sind als gewerbsleute in diesen Zeiten in die größte Brodlosigkeit gesezt, jedoch nicht ohne Gottes Liebes Rath. dies Glauben wir festiglich. . - .In dieser Hoffnung Grüßen Dich - Deine Großmutter - Deine sämtl. Geschwister und wir Deine Dich Herzl. Liebende Eltern -

R. Lauxmann und A. Lauxmann

18 - Brief aus Schöntal

Schönthal den 8 Juli 1849

Liebe Eltern!

Ich muß Euch dießmal schreiben, weil ich was besonderes habe, wo ich nicht auf einen Brief vorher warten kann, es sind nämlich von Allen Turnkleider angeschafft worden, was von mir auch verlangt wird. Dieß ist nun ein schwieriges Ding: es fragt sich zuerst, ist es denn ganz nothwendig u. warum? Das Erste muß ich dadurch beantworten: es ist von Herrn Rep. Ottenbacher und auch den übrigen Lehrern verlangt worden, daß man Turnkleider habe. warum? wegen des Turnens u. auch ist überhaupt nicht zu leugnen, daß Turnkleider im Sommer besser sind, als ein Rock etc. Es ist mich schwer angekommen, wie Ihr Euch denken könnt darum heim zuschreiben. Nun ich könnte vielleicht einen Ausweg machen. Wenn ich die Turnkleider im Sommersemester u. im Anfang des Wintersemesters habe, so kann ich meine jetzigen Werktagskleider im Winter brauchen u. habe nicht nöthig, mir im Herbst neue Kleider anzuschaffen. So schlage ich denn vor: Ihr solltet Turnzeug zu einem Wams und Hosen kaufen bei Herrn Pflomm, u. entweder wenn Ihr irgend ein Maaß von meinen Kleidern in den Händen habt, es machen lassen, was mir das Liebste ist, wenn es z. B. von Stierle in Böblingen gemacht würde, oder im Nothfall hieher ungemacht schicken u. mir einen Conto von dem Turnzeug und dem Macherlohn schicken, den ich dann euch wieder mit dem Geld übermache. Nothwendig ist es: ich allein habe noch keine Turnkleider. Was meine sonstigen Verhältnisse betrifft, so bin ich wohl und spiele bereits Choräle zur Violin: der Herr Amtsverweser wird aber nicht hier bleiben. Ich freu mich sehr, günstige Nachrichten, im Betreff Christians zu bekommen. Ich grüße Euch Allesamt u. hoffe auf schleunigster Übermachung des Verlangten, das Euch ja nichts kostet u. ich es einmal haben muß, so gerne ich es umgeändert wüßte: also ich habe es schon lange hinausgeschoben, auf baldiges Übermachen hofft u. wartet Euer dankbarer Sohn Richard

19 - Brief aus Schönaich

Herrn R. Lauxmann in Schönthal!

Schönaich d. 8. Julius 1849.

Meinem in Christo Jesu Herzlich Geliebten Sohn!

Gnade und Friede in Christo unserem Heilande!

Vielgeliebter Sohn!

Dein Schreiben vom 10ten d. M. haben wir richtig erhalten und daraus Vernommen daß Du wieder in Deinem Geschäft vergnügt Bist, auch Gesund, was uns so ziemlich Beruhigt,

auch wir sind Gott seÿ Dank Dato alle Gesund und Wohl was wirklich hier etwas seltenes ist, beÿ großen Familien , indem das Gallenfieber fast alle große Familien heimsucht. Dem Vetter Christian ist seine älteste Tochter Anna Maria auch daran gestorben und vor 14. Tagen begraben worden, sein Christian ist so krank, daß man an seinem Aufkommen zweifelt, und liegen noch 2 Kinder beÿ ihm-

Diese Krankheit überfällt die Leute so schnell, daß sie vorher nicht das geringste ahnden. unser Nachbar Joh: Jak. Rebmann hat 2. Töchter welche sich vor 17. Tagen zugleich daran Gelegt haben welche beÿde so viel es scheint doch wieder aufkommen könnten Doch läßt es sich noch nicht bestimmen Die jüngste Dorothea, welche unsere Versammlung so mit Ernst und Eifer schon etwa 1½ Jahr besuchte steht in solcher Glaubens Freudigkeit und gewißen Hoffnung des Ewigen Lebens daß sie mit Vergnügen aus dieser Welt scheiden, und die Welt mit dem Himmel vertauschen möchte, in der Hize wo es oft mühe hat ihre Sinne zu sammeln, spricht sie viel von der Freude im Ewigen Leben, wenn aber die Hize etwas nachläßt und sie ihre Gedanken sammeln kann, so spricht sie mehr von Glaubensschwachheit, vom Mangel am Eifer zum Gebet, vom Kampf gegen die Sünde, von der Liebe zu Gottes Wort von der Ergebung in Gottes Willen, und es ist ein Großes Vergnügen ihr zuzuhören wie alles beÿ Ihr in Göttlicher Heils Ordnung steht, wie sie zur Buße gekommen, wie sie im Glauben Christum gefaßt als den Sündentilger, wie sie auch ein Göttliches und Heiliges Leben zu führen den festen Vorsatz faßte, nicht aus eigener Kraft, sondern Aus Liebe und Dankbarkeit gegen den gütigen Gott der ihr alle Sünden aus Gnade vergeben - . und wenn sie wirklich sterben sollte so schmeckt sie den todt nicht, weil sie mit Verlangen darauf wartet beÿ ihrem Heiland zu seÿn -. sie ist eine gute Lehrerin für ihr Haus den wer sie sieht und hört, hat den Wunsch auch so zu sterben und im glauben zu sagen mit ihr, *Den sez ich Dir zum Bürgen ein, wenn ich soll vor Gericht, ich kann ja nicht verlohren seÿn in solcher Zuversicht,*

so mein lieber Sohn ist es eben gut wenn man an seinen Schöpfer in der Jugend gedenkt. was ich auch von Dir hoffe, und mit sehnlichem Gebet Tag und Nacht beÿ Gott anhalte daß er Wolle Ein Werkzeug seiner Gnade und Gefäß seiner Barmherzigkeit aus Dir machen, und dich in dieser Lezten seelengefährlichen Zeit bewahren vor allem Greuel der so häufig auch in der heutigen Jugend ist. - Hoffe auch Du werdest selbst fleißig beten und nur dann hoffe ich auf einen segen von Deinem studieren -.es ist ein großes Übel unserer Heutigen Zeit daß man alles Mögliche ausstudiert und ausforscht und die Gelehrsamkeit auf das höchste zu treiben, aber ohne Gebet und Gottes Furcht, was man wohl sieht in den wirklichen Zeiten verhältnißen, daß mancher gelehrte seinen Stand und Beruf ganz vergißt und hintansetzt, und politisiert die weil im Bodenlosen herum und bringt sich selbst in die größte Noth und Elend und die welche ihm anhangen, und räth sie irgend anders her als daß sie sich weiße genug dünken Die Dinge in der welt zu regieren ohne Gott --.

Darum Lieber Sohn! bete fleißig Studiere fleißig, sei Deinen Lehrern folgsam, und ein gutes Beÿspiel deinen Mitcollegen, und Laß sich deinen Vater u. Deine Mutter über dich freuen, freue Dich auch selbst in Deiner Jugend, im Herrn allewege, laß Dir Gottes wort lieb seÿn und Deinen Größten Schaz, so wird es in den Wißenschaften und anderen Guten Kenntnißen nicht fehlen, Schreibe uns auch Bald den wir sind begierig wie es beÿ Dir steht. grüßen Dich alle sämtlichen Geschwister, besonders der Christian, er ist wieder gesund und wohl auf und recht stark, es grüßet Dich besonders Deine Mutter und bittet Dich sie nie aus dem Andenken zu laßen mit dem Lied. Neues Gesbuch 359. Ich Dein Vater grüße Dich mit Psalm 119, 9
Deine Dich liebende Eltern R. & A.. Lauxmann.

20 - Brief aus Schönaich

Schönaich den 22 Juli 1849.

Richard Lauxmann in Schönthal!
Gnade und Friede in Christo Jesu unserem Heiland!
Herzlieber Sohn!

Dein Schreiben vom 8ten Dieß haben wir am 12ten erhalten und wunderte mich daß wir dieses Semester so genau zusammen treffen mit Schreiben indem ich unter gleichem Datum Dir so ein Schreiben zusandte welches du nun hoffentlich in Händen haben wirst!

und sende Deinem Verlangen zu folge Dir ein Turnkleid, welches ich durch H. Stierle machen ließ -. Das Wams wird Dir wahrscheinlich etwas groß seÿn, doch sagt Stierle es gehe beÿm Waschen etwas ein und Du wirst es diesen Sommer wahrscheinlich nicht mehr zerreißen.

Ich kann nicht umhin Dir beÿ dieser Gelegenheit eine Väterliche Ermahnung beÿzufügen -. Du weißt daß ich körperliche Uebung nicht als ganz nutzlos betrachte, - indem auch der Leib seine Uebung haben muß, wenn nicht der Geist unter unausgeseztem lernen erliegen soll, - aber oft bedaure ich, daß diesen Dingen heutzutage oft allzuviel Werth beÿgelegt wird, und viel dazu hilft daß beÿ manchen die Hauptsache vernachläßigt wird - . bitte Dich daher, daß Du Dich auch in diesem Stück der worte Pauli an seinen Thimotheum im 1ten Brief Cap 4, 7.8. erinnern werdest. *Uebe Dich selbst aber in der Gottseligkeit, denn die leibliche Uebung ist wenig nütz. aber die Gottseligkeit ist zu allen Dingen nutz* u.s.w.

Ich bedaure oft daß Gelehrte Männer welche bestellt sind die liebe Jugend zu unterrichten und sie in der Gottseligkeit und anderen guten Künsten und Wissenschaften zu belehren, und mit gutem Beÿspiel vorauszugehen, dieses aus dem Auge verlieren, und als Politische

Verbesser und Heilbringer! auftreten, im Schlapphut und Schnurrbart das Gewehr an der Seite einhergehen, dem armen Volk vom Staatshaushalt und dergleichen Dingen Vorträge machen, und dieweil die liebe Jugend Versäumen, oder solcher sogar Grundzüge beÿbringen, welche ihnen ihr Lebtag schädlich sind, deshalb schäze ich mich Glücklich daß Du nach Schönthal gekommen bist, indem ich von Dir weiß daß es Deinen H. Lehrern darum zu thun ist, nicht nur Gelehrte und Gebildete sondern auch Gottselige Zöglinge aufzuziehen!

Bitte Dich also daß Du beÿm Turnen vorsichtig seÿn möchtest, daß deinem Körper kein schaden zugefügt wird, indem ich es nur für gut halte sofern es zur Erholung dient - . Es freute mich daß Du Musik lernst denn es macht geschickte Glieder, erheitert das Gemüth und ist eine edle Gabe Gottes in diesem armen mühseligen Leben, dient zur Erholung und schärft den Verstand -. bitte dich auch im Umgang Vorsichtig zu seÿn, und dich nur zu frommen gutgesinnten Zöglingen zu halten - .

Daß Du mir schreibst ich solle Dir einen Conto mitsenden achte ich ohne Noth, es ist mich nicht so hoch kommen als ich glaubte indem H. Pflomm billig rechnete und auch Stierle mir samt Knöpf 1.f rechnete, wenn Du von Deinem Taschengeld etwas entbehren kannst - , so könntest Du deinen alten Kleider welche Du nicht mehr trägst, zusammen einpacken und uns für den Georg zusenden und das Geld darein Thun in dem wir auf einer berichtigung vom Empfang sogleich hoffen, jedoch darfst Du Dich nicht über Vermögen entblößen -.

Was unser Geschäft anbelangt so müßen wir zufrieden seÿn, indem unser lieber Gott noch immer so viel beschert hat daß wir uns durchschlagen, und wenn Mühe würde so glaube ich daß es wieder gut gienge. - . beÿ manchen Leuten ist die Armuth und Brodlosigkeit sehr groß -. wir haben eine Schöne Erndte zu hoffen und man fangt bereits an Roken zu schneiden ich möchte Wünschen daß Du nun auch unser Korn sehen würdest Du würdest Dich wundern auch bekommen wir einen guten Theil Obst und es gibt manchen Baum welcher so voll steht als anno 47. -

Was unsere Gesundheit belangt so befinden wir uns sämtlich wohl, der Christian Blüht wie eine Rose. beÿm Vetter Christian sind alle Kinder krank und dürfte noch einige Verlieren welche sehr krank sind des Vetter Mich: Kinder sind wieder besser - . Die Groß Mutter ist Gesund. - Hoffen daß auch Du Gesund seÿn werdest - . und bitten Täglich beÿ Gott daß er ein Werkzeug seiner Gnade und Gefäß seiner Barmherzigkeit aus Dir Machen Wolle - . und Vermahnen Dich daß Du Dir Gottes Wort Deinen <u>Größten u. liebsten Schaz sein lässest</u> denn dieses bleibet in Ewigkeit Güßen Dich sämtlich mit Psalm 19 .

Deine Dich h. liebende Eltern u. Geschwister. R. & A. Lauxmann.
Nota soeben habe ich erfahren daß Joh: Georg Wacker Von
Strümpfelbach nach Winterbach beÿ Schorndorf <u>komme</u>.

21 - Brief aus Schöntal

Schönthal den 28 Juli

Liebe Eltern!
Das Päckchen mit den Turnkleidern habe ich richtig bekommen u.
freue mich wenigstens ziemlich gute Nachrichten bekommen zu
haben. Die Kleider stehen mir sehr gut u. nur die Hosen sind Etwas
weit. Ich schicke Euch hiemit 3 fl 45 cr von meinem bisher Ersparten.
- Während des Anfangs dieses Semesters ist Sem. Hospes Schiller
fortgekommen, wir sind also nur noch zu 38. - In der vorigen Woche
bekam ich von Herr *Ephorus Roth* seine griechische Geschichte, ein
Buch etwa in dem Umfang wie die Tischreden zum Geschenk, welches ich einbinden lasse, was natürlich Etwas kleiner wird. Es bekam
eines auch noch mein Kamerad Hafenbrack u. Carl Helber. Ich
schicke Euch meine alten Hosen, Rock, Weste, auch mein Jäckchen
das ich bei meiner Turnjacke u. Schlafrocke nicht mehr brauche u.
Georg wird es wohl brauchen können. Wir bekommen in den nächsten 8 oder 14 Tagen als Musiclehrer Unterlehrer Wurst von Ludwigs-
burg- Das Turnfest wird, nach dem der Turnplatz, man darf wohl
sagen, neu gemacht ist, in der nächsten Woche gefeiert werden. - Mit
den Studien geht es bis jetzt ziemlich gut. -
Es grüßt seine Geschwistrig und besonders seinen Christian, u.
Euch, theuerste Eltern, herzlich liebender Sohn
Richard.

22 - Brief aus Schönaich

Herrn R. Lauxmann Seminarist in Schönthal

Schönaich d. 26. August 1849

Meinem Herzlich geliebten Sohn!
Gnade und Friede in Christo Jesu!
Vielgeliebter Sohn!
Dein Schreiben samt dem Päckchen vom 28. v. M. haben wir rich-
tig erhalten und hat sich darin alles vorgefunden was Du in Deinem
Schreiben bemerkt hast, ohne das jäckchen und ich denke, Du wer-
dest es erst nachher überlegt haben daß Du es auf den Winter brau-
chen könntest, denn das Päckchen war unversehrt - . Daß es mit den
Studien gut geht freute uns, auch das Buch das Dir der Herr *Ephorus*
schenkte ist ein Beweiß daß Deine H. Lehrer Dir geneigt sind.

Dieses wird wohl das lezte mal seÿn, daß ich Dir vor den Ferien schreibe im Leiblichen verhältniß weiß ich Dir nichts neues zu schreiben, eher daß wir eine Gute Ernde gehabt haben welche sehr reichlich ausgefallen ist - . so daß wir auf das ganze Jahr gut essen haben. - Obst bekommen wir auch hinlänglich - . Dießmal wurden die Worte des 65. Psalms, Vers 10 - 14 beÿ uns erfüllt - . Gesund sind wir allesamt und danken dem Vater im Himmel dafür da beÿ uns so manche Familie dieses Theuere Gut diesen Sommer entbehren mußte.

Heute haben wir uns an dem der Gläubigen Seele so Theueren Liebesmahl des Herrn recht ergözt, und wieder unseren Glauben Gestärkt, welcher beÿ gegenwärtiger Zeit oft schwach genug wird, da alle kräfte der Finsterniß auf unsern Glauben zudringen, doch fürchten wir uns nicht wenn gleich die Welt untergienge - .....

Wir leben doch wenn es gleich so schlecht in der Welt aussieht in einer recht glücklichen Zeit, weil uns der Liebe Gott sein Theures Evangelium so rein und reichlich geschenkt hat, und auch den Glauben an seinen l. Sohn unsern H: Jesum in unserem Herzen durch seinen Geist angefangen, daß wir uns die worte des 3ten Hauptartikels in unserem Catechismus auf uns anwenden können - Ich Glaube daß ich nicht aus eigener Kraft an Jesum meinen H. Glauben u. s. w. Über dieses hätte ich viel mit Dir zu reden, u. freue mich auf die Ferien - . -

Unterdessen ermahne ich Dich daß Du deine Studien mit fleißigem Gebet treiben mögest da Du wohl weißt daß an Gottes Segen alles Gelegen ist - und mit jenem berühmten Maler auf die Ewigkeit malen wollest, Du wirst mich wohl verstehen was ich damit meine: Den alle Weißheit und wissenschaft wird Dir erst zum Segen gereichen wenn Du Dir Selbständige Weißheit Dein Eigen nennen kannst,

auch mahne ich Dich an das Federrohr für den Christian welcher es oft mit Freuden berührt daß er von seinem Richard ein Federrohr bekomme - . auch wenn Du Stiefel brauchst so behilf Dich bis Du zu uns kommst ich habe mit Ph: Balz geredet welcher Dir sehr saubere und gute machen wird - .

Überlege auch recht was an Deinen Kleidern auf das Wintersemester nöthig ist, und schreibe uns vorher an welchem Tag du kommst wo Dir jemand von uns in Stuttgardt Dich abzuholen dort sein wird.

In Hoffnung, daß Du gesund sein werdest und bald beÿ uns seÿn, grüßen Dich Deine sämtlichen Geschwister, die Groß Mutter und wir.

Deine Dich H: Liebende Eltern mit dem 4ten Cap der Sprüche Salomons und dem 435. Lied des neuen Gesangbuchs

R. & A. Lauxmann

23 - Brief aus Schöntal

Schönthal d. 2. Sept. 1849.

Theuerste Eltern!

Nicht mehr vier Wochen, so bin ich bei Euch: was brauche ich da noch Vieles zu schreiben, wo ich bald mit Euch reden kann. Zwar sind noch die Prüfungen im Wege, die nicht zu den heiteren, erfreulicheren Tagen für einen Seminaristen gehören, doch sie gehören zu unserem Berufe, wie kaum vor zwei Tagen, da das erste *Landexamen* aufgehoben ist, die sich die ums 2te *Landexamen* bewerbenden, Stuttgart verlassen und das Ergebniß noch nicht kennen gelernt haben. Man gedenkt jedes mal auch an die früher überstandenen, u. nach u. nach 3 Jahren zu überstehenden Gefahren der Prüfungen. Der Tag, an dem wir von Schönthal abgehen, ist der Geburtstag Sr. Maj. des Königs, der 27 September, aber nicht Morgens, sondern nachdem zuvor *Ephorus Roth* eine Predigt gehalten hat; so daß wir Etwa um 10 Uhr abgehen können. Ich laufe zu Fuß, wobei ich jedoch mein Gepäck den Boten zu übergeben gezwungen bin. Der Fahrtenplan vom Sommer enthält eine Abfahrt von Heilbronn um 4 Uhr 45 Min. u. mit dem Güterzug 6 Uhr 45 Min. Während ich, wenn ich zu Fuß gehe, nicht zum ersten eintreffen kann, würde ich mit dem 2ten nach Stuttgart fahren, wo ich jedoch erst um 8 Uhr 45 Min. ankommen würde, also je nachdem ziemlich spät. So wird es wohl nicht möglich seÿn, daß jemand auf mich wartet; ich setze aber den Fall, es warte Jemand auf mich, so könnte er sich natürlich auf dem Bahnhof befinden. Es wäre mir freilich erwünscht, wenn jemand käme, denn ich gienge gern noch nach Schönaich selbigen Abend. - Das Federrohr u. Federmesser u. das Versprochene ist mir zwar noch in gutem Andenken, aber, da ich mit den Zeiten dieser Tage so bedrängt bin, so werd ich es schon in Heilbronn besorgen müssen, wenn die Zeit reicht. Unbefriedigt sollen Christian u. die anderen Geschwistrige nicht seÿn. Ich sehne mich nach Hause mehr als das letzte mal, ich werde wohl auch mit Gottlob Elsäßer u. Gottfried Binder zusammen zu kommen Gelegenheit haben. Es grüßt seine Großmutter u. seine Geschwister u: Euch, seine theuersten Eltern Euer dankbarer Sohn Richard.

24 - Zeugnis

Seminar Schöntal - 22. September 1849 – Siehe Anhang!

Schönthal den 28. Okt. 49.

Liebe Eltern!

Ich greife zur Feder, um Euch, wie versprochen, zu benachrichtigen, daß in Schönthal gut angekommen bin. In Heilbronn übergab ich mein Päckchen im Wirthshause zum Anker, wo der Schönthaler Bote einkehrt, kaufte noch Einiges ein, und gieng zur Stadt hinaus! Ich gieng bis Neustadt, war aber schon sehr müde u. wollte deßwegen fahren. Da es aber kein Gefährt gab, und der Omnibus zu theuer war, gieng ich noch mit Kiefer, Hauff, Stern und Jäckh nach Kochersteinfeld. Am ersten Wirtshaus angekommen, sahen wir zwei Wagen, wir gingen hinein und drin war der Sohn des Pächters vom Hallberg (3/4 von Schönthal) , er sagte, wir könnten mitfahren bis Neuhof (1/2 St. von Sch.), wenn wir seinem Knechte ein ordentliches Trinkgeld gäben. Dieß versprachen wir gerne, und saßen hinauf, gaben dem Knecht ein Jeder 12 cr. u. von Neuhof an giengen wir zu Fuß hinunter. - Herr Prof. Metzger hat sich mir angeboten, eine Bibel kommen zu lassen, u. ich mochte es nicht verweigern. Bei der Bibelanstalt bekommt mans zu einem noch niedrigeren Preis, als Du glaubst. - Mein Päckchen muß liegen geblieben seÿn, den am Samstag vor 8 Tagen kams nicht, u. ich wäre sehr in der Noth gewesen, hätte ich nicht Denzel zum Waschen 3 Hemden übergeben; am Mittwoch kams wohlbehalten . Schicke somit zwei Waschtücher. - Im Übrigen ist mir die vergangene Woche sehr langsam herumgegangen. - Ich bin ganz wohl, nur daß ich auf der Brust einen Catarrh habe, weswegen ich mich warmhalten muß. Hoffe mein Brief werde Euch insgesamt wohl antreffen.

Grüßet mir auch Herrn Pfarrers und die Großmutter, und seid Alle gegrüßt, Eltern und Geschwister, von Eurem dankbaren, liebenden Sohn u. Bruder Richard.

26 - Brief aus Schönaich

Richard Lauxmann Seminarist in Schönthal

Schönaich, den 24. Nov. 1849

Mein vielgeliebter Sohn in Christo Jesu

Gnade und Friede in Christo

Vielgeliebter Richard!

Dein Schreiben vom 28. V. Mon. haben wir richtig erhalten, und daraus ersehen daß Du wieder Gut nach Schönthal gekommen bist, auch gesund seÿst und wir hoffen Du werdest auch noch Gesund seỹn -. Ich hätte Dir bälder geschrieben aber ich wurde etlch mal verhindert - auch hat sich beỹ uns in Familien Verhältnißen nichts neues ereignet das vor Dich Intereße hätte -. aber deßen ungeachtet geht kein Stund vorbeỹ da Du nicht unter uns im Andenken und im Mund und Herzen gerührt würdest , insonderheitlich liegst Du mir sehr nahe am Herzen in dieser letzten Greulichen Verwirrten und Seelengefährlichen Zeit, wo sich alle Macht der Finsterniß regt um den lieben Herrn Christum vom Thron zu reißen daß er ja nicht über sie Herrsche -. -.

Mein Lieber Sohn ich habe Dich <u>Insonderheit</u> zu seinem <u>Dienste</u> gewidmet und bete Tag und Nacht zu <u>meinem L. Vater</u> daß er ein Werkzeug seiner Gnade aus Dir machen wolle -. und Dich Bewahren daß Du ja nicht Weißer werdest als sein geoffenbartes <u>Wort</u> welches Heutzutage so oft unter den Gelehrten der Fall ist und hat der selige *Rieger* schon gesagt der Teufel seỹe zu des Herren Jesu Zeiten noch feiner gewesen als Dato, Jesum habe in doch mit der <u>Schrift</u> versucht aber jezo hieße es was <u>Schrift</u> die l. Bibel ist ein einfältig Buch ein Gescheider kehrt sich nicht darum, was würde er jezt sagen wenn er unsere Zeiten erlebt hätte. -. nun lieber Sohn es seỹe dem wie ihm wolle -. so ist doch kein ander Leben ist doch kein ander Licht, ist doch sonst kein Gnade nicht, kein Weg zu Gott zu kommen, kein Hoffen für die Frommen kein Retter im Gericht und all dieße Weißen sind von Anfang bis jetzt zu Narren Geworden und es ist ungleich streiten (wie Luther sagt) wenn die <u>Töpfe</u> mit dem <u>Felsen</u> streiten, denn je größer die Töpfe Bäuche haben, Desto bälder zerschellen sie, fällt aber der Fels auf sie so werden sie zermalmt, und dieses habe ich Sorge werde <u>Bald</u> geschehen -. <u>Du aber</u> weil Du von Kind auf die H. Schrift weißt - u. s. w. Bleibe in dem Das Du gelernt hast und Dir <u>Vertrauet</u> ist, und ich Hoffe Du werdest neben deinem Studieren doch auch Deine Schazkammer fleißig Benützen denn, das Schäze sammeln ist ja in der Heutigen Zeit so allgemein geworden, daß jeder danach jagt etwas zu erwerben -. so hoffe ich wenigstens Du werdest wenigstens nicht zu faul oder ja gar zu satt seỹn, den durch Christum Dir erworbenen Schaz zu ergreiffen, und im glauben Dir zuzueignen, wo ich denn auch von Dir zu vernehmen hoffe was Du in Deiner Schazkammer gefunden hast -. Den ich habe schon oft eitle Menschen gehört welche auf dem Nägelein, her erzählen können was sie Besizen welche Güter und Schäze sie haben, und so kann ich mir den Spruch Davids wohl erklären ich <u>Glaube</u> darum Rede ich. - das Perllein muß gefunden seỹn soll <u>Es</u> das Herz erfreun, und so leben wir doch in einer recht Goldenen Zeit; ob sie wohl äußerlich recht Trübselig ist weil die Gnadenstimme des Evangeliums noch geht -.

Hoffe auch Du werdest Dich des Evangeliums unter Deinen Collegen nicht schämen weil es eine Kraft Gottes ist, selig zu machen alle die so daran Glauben, welches auch ich <u>Gottlob</u> an meinem Herzen erfahren habe und sage mit dem s. Hiller *wäre <u>Jesus</u> nicht <u>Mein</u>, ich möchte nicht seÿn -*.

Doch hat mit diesem mein Studium nicht aufgehört, sondern ich Studiere Täglich an 3 Wörtlein -. sie heißen <u>Wollen</u>, <u>Werden</u>, seÿn, und so bald ich damit fertig bin -. so will ich es Dir l. Sohn <u>sogleich sagen</u>, denke aber vorher noch etliche mal mit Dir zu reden, so ich lebe und hoffe Du werdest selbst auch Dato davon Studieren -.-. und bitte Dich so bald Du damit fertig bist mir sogleich das Facit zu schreiben damit ich auch den Vortheil Lernen möge,

beÿ den meisten Gelehrten heißt es namentlich in ansehung der Bibel, ein Buch einmal Gelesen -. genug Studiert - und haben <u>nöthigere Sachen zu Studieren</u>, wie sie den Stat anordnen helfen, und Politische angelegenheiten auskritteln - oder wenn einer recht fromm ist, - wie er <u>Christum</u> und <u>Belial</u> zusammen <u>flicke</u> aber es ist beÿ Beiden Biß daher Beide Stich und Draht verlohren gewesen, und was sie ausgerichtet haben kann mit Händen Greiffen, man Braucht kein Licht dazu Dieses alles kommt daher weil sie den Artikel von Christo haben fahren laßen, und der Wahrheit nicht gehorchet, daß sie selig würden so müßen sie die Lügen glauben und des Teufels Dreck anbeten. -. wir aber wollen beÿ dem Herrn Christo bleiben so wird alles andere recht werden, den Luther hat schon gesagt, ich habe gesehen und erfahren daß wo dieser Artikel von Christo steht, so stehen alle anderen gut und folgen dem nach -. wiederum wo dieser fällt daß alle anderen mitfallen und eitel Irthum und Sünde folgt - so ist meine Väterliche Ermahnung Du möchtest doch Deinen Taufbund Täglich erneuern im Gebet fleißig anhalten, Dir Gottes Wort Lieb seÿn laßen so wird es auch in Deinen Studien gut gehen -- denn die Gottseligkeit ist zu allen Dingen nütze -. und ich werde nicht nöthig haben Dir zu befehlen wie Du Dich im Äußerlichen verhalten sollst - . -. Den David sagt Psalm 119, 9 *Ein Jüngling wird seinen Weg unsträflich gehen, wenn er sich hält nach Deinen Worten* u. Psalm 19, 8. 9. 10. 11. 12 . ^{s.o.!}) -. so lieber R. ist der Glaube doch was rechts gewißes, weil man <u>Worte Gottes</u> hat daß man sagen kann -: Laßt Glaubensfeinde raunen, was eigner Sinn geträumt - u.s.w. Zwar! Die Welt will alles Wissen und forschet ohne Ruh, und drück doch so geflißen das Aug vor Jesus zu. -. -. Die Welt verstopft ihr Ohr dem Herren, sein Wort dünkt ihr nicht klug, Ein Christ hört aber nichts <u>so gern</u>, und hört es <u>nie genug</u>. Das was man liebt, das sieht und hört man gern. Davon man singt und sagt nun gerade und daß sich niemand wundern warum Gläubige so gar nicht satt werden können, ihrem Herrn Christo in Liebe anzuhangen, von Ihm zu hören, von Ihm zu sagen, denn die Liebe Gottes ist ausgegossen in ihr Herz durch den Heiligen Geist der ihnen gegeben ist, daher kommt es auch daß sie von den weißesten und frömmsten in dieser Welt als Narren angesehen werden, weil sie mit der Welt sich nicht gleich stellen auch in den frömmsten schönsten und Weltberühmten gemahlten guten Werken, und allgemeinem Welt und Lügenglauben und irrigem Christenthum sondern von Ihrem Herrn Jesu und deßen Verdienst so viel Wesens machen, und dem Glauben an denselbigen alles zuschreiben, und sich der Seeligkeit in diesem Leben und einer gewißen Hoffnung des ewigen Lebens rühmen -. -. Doch die Welt mag sagen was sie will, so lange dieser artikel in Gottes Wort gegründet bleibt u. wir mit Glauben daran hangen so ist der Name des Herrn ein festes Schloß -. Der Gerechte lauft dahin u. wird beschirmt - Daß Dir H. Profeßor Metzger selbst eine Bibel besorgen will, freut mich, weil ich daraus erkenne, daß Deine Herren Lehrer aufmerksam auf Dich sind - . - Daher hoffe ich um so mehr, daß Du auch auf Sie aufmerksam seÿn werdest und so befehle ich Dich Gott und dem Wort seiner Gnade und lebe der Hoffnung daß es dir an Leib und Seele wohlgehen werde und warte auf ein Baldiges Schreiben von Dir da es sich beÿ mir etwas zu lange Verzögert hat

Gesund Sind wir allesamt ausgenommen die Großmutter welche ein geschwollenes Knie hat was ihr viel zu thun macht -

Der Christian kann Beÿnahe das Alphabet ganz und ich werde daran seÿn daß er noch bis Weihnachten lesen lernt er ist so weit als die Schüler welche im Frühjahr die Schule besuchen und ich habe im Sinn ihn bis Frühjahr in die Schule zu schicken - . unterdeßen Grüßen Dich Deine sämtlichen Geschwister -Deine Großmutter

Und Wir Deine Dich Herzlich liebende Eltern R. & A. Lauxmann

27 - Brief aus Schöntal

Schönthal d. 2. Dec. 1849.

Liebe Eltern!

Beim Beginne des neuen Kirchenjahrs und nach dem Genusse des Hl. Abendmahles setz ich mich nieder, um Euch zu schreiben. Dasselbe wurde heute mit einer kräftigen Predigt Pfarrverwesers Günther eröffnet, mit den Worten des Apostels: Röm. 14, 17 - 19. Dieser Mann ist überhaupt sehr thätig u. eifrig auf der Kanzel, noch eifriger, könnte man sagen, als Klett. Dann theilte beim Hl. Liebesmahle des Herrn H. Pr. Eÿth das Brod, Pfarrverweser Günther den Kelch unter die Gemeine aus. Wir bereiteten uns auf das selbe, was ich von mir wenigstens sagen kann, gewissenhaft vor u. dasselbe wird mir nicht zum Fluche gereichen. -

Bei uns hat sich in Betreff unserer Studien eine bedeutende Veränderung zugetragen. Der königl. Studienrath hat verordnet, daß kein griech. Argument mehr zu liefern seÿ, u. daß somit die Stunden am Samstag Mittags zu etwas Anderem verwendet werden sollten. Nun hat man dafür eine Stunde Neues Testament mehr, u. muß jeden Tag einen Bibelspruch lernen. Wie auch doppelt so viele Deklamationsstunden. -

Meine herr. Bibel ist schon lange angekommen u. sie thut mir gute Dienste. Sie kostete 2 fl. 3 cr. (?)

In Betreff der Weihnachtsvakanz, hätte ich Euch beinahe einen Besuch von 9 Tagen machen können. Wir haben nämlich eine Bittschrift an den Studien Rath gesendet um Verlängerung der Vakanz vom 22. - 31. Dez. Ich selbst unterschrieb, verfaßte u. schrieb sie, weil ich glaubte, wir bleiben doch da, u. wir zurückbleibenden wollten den Anderen nicht im Wege stehen. Der H. Eph. u. die anderen Lehrer aber erklärten, sie könnten sie nur unterstützen, wenn Alle fortgiengen. Dieß war natürlich großes Hinderniß u. ich blieb natürlich dabei nicht zu gehen. Da machten sie mir den Vorschlag, das Geld zur Reise zu bezahlen, u. selbst der H. Eph. wollte das Seinige beitragen. Ich gab nun unter dieser Bedingung meine Bewilligung. Aber vor 8 Tagen kam eine Antwort vom Studienrathe, u. nach dieser kann man nur vom 22. bis 28. ausbleiben, u. ich bleibe mit noch Einigen in Schönthal. Manche glauben, es werde uns sehr langweilig werden, jedoch ich bin ja nicht allein, u. wenn ich nur wieder so einen Brief von Dir bekomme, so sind meine Weihnachten nicht ohne Segen.

Es freut mich sehr von Christian so gute Nachrichten bekommen zu haben, ich lasse ihn herzlich, so wie alle meine Geschwister grüßen. Grüßet auch meine Großmutter u. alle näheren Bekannte u. Verwande. Ich verbleibe Euer treuer Sohn Richard.

28 - Brief aus Schönaich

Herrn Richard Lauxmann in Schönthal!

Schönaich d. 16. Dec : 1849

Meinem H: Geliebten Sohn in Christo Jesu!

Gnade und Friede in Christo Jesu unserem Heilande!

Vielgeliebter Sohn!

Dein Schreiben vom 2$\underline{\text{ten}}$ Dieß haben wir erhalten, und daraus ersehen daß Du uns beÿnahe besucht hättest auf Weihnachten, das würde uns sehr gefreut haben, - da aber die Reiße so weit ist und Kösten verursacht, so achte ich es besser Du bleibst an Deinem bestimmten Orte, und ich denke es werde Dir die Zeit nicht lang werden, wenn Du die Menschwerdung Jesu Christi genau und fleißig betrachtest denn in derselben findet eine Gläubige Seele so viel Vergnügen und Freude, daß Sie alles Zeitliche Vergißt und ihr Zeit und Stätte, wo sie sich befindet zum Himmel wird wenn sie auch mit Jakob das Haupt auf einen Stein legen müßte, - was beÿ Dir jedoch nicht der Fall ist.

Ich Habe, seÿd ich Gläubig geworden, schon 26 mal diese Feÿertage mit vielem Vergnügen und Himmlischen Freuden gefeÿert. u. wenn gleich die ganze Welt das Christenthum für einen Stand von lauter Leid und Kopfkränkeleÿ betrachtet, so sieht ein Gäubiger Christ in dem Lichte des Worts Gottes sie für eine betrogene an, welche ihre Freude in Weltlichen Dingen und eitlen Vergnügungen sucht - aber dem Mistkäfer ziemlich gleicht der sein Vergnügen im Misthaufen findet. uns bleibt immer so wie der seelige Hiller singt: *Wer sich in die Welt zerstreuet, und sich nicht in Jesu freuet, hat die <u>Wahre Freude</u> nicht, weil das Herz ihm widerspricht.* u. Neues Gesangbuch Nro 35. nachzusehen -

Was würde in unserer Zeit ein Heiland, welcher die Menschen aus ihrem Leiblichen Elend, und Schulden befreÿen könnte, für Freude Machen -. Das macht weil sie ihr Elend fühlen - aber wer sich von Gottes Wort sagen läßt, wie unser Zustand Von Natur ein so Elender ist, daß wir durch den Fall unserer ersten Eltern in die Sünde, und durch die Sünde in den Zorn Gottes unter die Gewalt des Teufels des Todes und der Hölle gefallen sind und uns nicht anders hätte geholfen werden können wenn sich Gott nicht unser erbarmt hätte, und seinen l. Sohn gesandt, arm und in Knechts Gestalt auf daß wir durch seine Armuth reich würden -. beÿ dem ist wahrlich die Freude auch nicht klein - . laut den Worten des Engels an die Hirten Luc, 2, 10. aber nur denen ist es eine Große Freude, die auf die Erlößung von ihren Sünden Warten. und ich bin überzeugt daß auch Du Dich nicht für so gut und fromm achtest daß Du dieses Heilands nicht bedürfest und auch Du unter die Zahl derer Gehörst, welche mit David Psalm 51, 7 sagen müßen: siehe ich bin aus sündlichem Samen gezeuget. Wenn Du mit diesem und dergleichen Betrachtungen deine Weihnacht Feÿertage zubringst, so wirst Du nicht viel lange Weile bekommen -

Ich hätte Dir gerne auch ein Weihnacht geschenk gemacht -. aber eßerliche Kleinigkeiten wie wir es beÿ unseren Umständen haben und Deinen anderen Geschwistern geben, würden ja mehr kosten als sie werth sind, und Dir auch keine sonderliche Delikadeßen seÿn, auser daß es von Elterlicher Hand käme, Du wirst Dich wie ich hoffe auch nicht gekränkt finden wenn gleich Deine Collegen neben Dir mit vielen großen Geschenken beehrt werden -. bedenkend daß nicht der Willen, sondern das Vermögen Deiner Eltern, die Ursache ist. - Schließlich wünschen wir Dir daß Dir in dem kommenden Neuen Jahr die alle Morgen neue Güte Gottes immer neu bleiben möchte auch einen Neuen Muth und Fleiß zu Deinen Studien, u. Deiner H. Lehrer zu halten und einen neuen Dank für alle alte und Neue Wohlthaten Die Dir von Deinem l. Gott und Heiland wiederfahren sind. und Grüßen Dich mit Psalm 103 und neues Gesangb. Nro 105. Deine Dich H. L. Eltern u. Geschwister nebst Großmutter - R. & A. Lauxmann.

Nota, im leiblichen sind wir gesund was wir dir auch wünschen, neues weiß ich nicht viel.

29 - Brief aus Schöntal

Schönthal d.1. Jan. 1850.

Theuerste Eltern!

Glück u. Segen zum neuen Jahre!

Beim Beginne dieses Jahres schreibe ich an Euch, und was soll ich sagen. "Alle gute u. alle vollkommene Gabe kommt von Oben herab" und nächst ihm stehet Ihr, denen ich Alles was ich bin u. habe verdanke. Liebe Eltern! der Anfang dieses Jahres wird mir so schwer, ich erinnere mich noch so gut des Jahresschlusses 1848, ich weiß nicht, was ich Euch damals schrieb, aber das weiß ich genau, daß jene Predigt Herrn Pf. Klett so viele gute Entschlüsse in meiner Brust reif gemacht hat, u. "ach wiederum ein Jahr verschwunden" sang man gestern Abend in der Kirche, u. "mein Vater, sie sind nicht zu zählen, die Sünden dieses Jahres, nein!" u. "mein Vater, sie sind nicht zu zählen die Gnaden dieses Jahres, nein!" Mein Innerstes erbebte u. stilles Flehen stieg zum Himmel: "Vater, gedenke nicht der Sünden meiner Jugend u.. meiner Übertretung, gedenke aber meiner etc." u. unvergleichlich froh vom Himmel herab: "Joh. 3, 16 Also hat Gott etc." Diese meine Gedanken habe ich auch vor Georg Wacker ausgeschüttet, an den ich einen Brief beilege. Ich wußte den Namen seines Prinzipals nicht, ich meine Hagenlocher, aber Briefe mit ungewißen Namen aussenden ist nicht räthlich.

Euern Brief habe ich erhalten. - Über Weihnachten blieben nur 11. hier, ich brachte sie vergnügt zu. Daß natürlich es auch ein Verlangen nach Hause war, was mich hier beschäftigte, könnt Ihr Euch wohl denken. Am zweiten Feiertagabend waren wir bei Herrn *Ephorus*. -

Am letzten Samstag kam eine Schachtel durch den Boten an mich. Ich war auf Nro. 4 u. als mirs einige sagten wollte ichs nicht glauben. Endlich gieng ich auf meine Stube. Ich erkannte sogleich, daß es nicht von Hause kam, u. wunderte mich, da das Eßlinger Postzeichen darauf stand, woher dies kommen möge. Ich machte auf, aber kein Brief u. nichts, das mir den Namen des Sendenden gewießen hätte war zu sehen. Es war verschiedenes Backwerk darinnen. Endlich kamen wir durch die Schrift der Adresse darauf, daß es von einem Stubengenossen F. Stumpf seÿ, u. dieser verrieth durch sein Stillschweigen bei der ganzen Sache sich selbst. Daß ich ihm sehr dankbar bin , werdet ihr euch denken können.

Dieses ist das Neuste, was mir begegnet ist. Grüße an alle Freunde u. Bekannte von Eurem dankbaren Sohn Richard

NB. Der Vater möge die Adresse von Wacker vervollständigen u. bei der nächsten Gelegenheit ihn frei übersenden.

30 - Brief aus Schönaich

Herrn R. Lauxmann in Schönthal:
Meinem Vielgeliebten Sohn in Christo Jesu!
Schönaich, den 20. Jan: 1850.
Gnade und Friede in Christo Jesu!
Vielgeliebter Sohn!

Dein Schreiben vom 1 sten Dieß haben Wir zu unserer Freude erhalten, und daraus ersehen, wie der Geist Gottes aus Veranlassung der Feier des Jahreswechsels seine Kräftige Rührung an Deinem Herzen erneuert hat, und Dir sowohl Deine Sünden als auch den Trost gegen dieselbigen vorgestellt. Was unserer Heilsordnung völlig entspricht. Denn das erste ist Erkentniß unserer Verderbten Natur und des Greuels der Sünde in Gottes Augen und nur dieß erweckt im Herzen ein Verlangen nach einem Heiland und Arzt, und dieser ist Gottes eingebohrener Sohn Joh: 3,16 .. - . Dabeÿ aber l. Sohn kan ich nicht umhin , Dich darauf aufmerksam zu machen, daß Du nicht aus eigenen Kräften Deine Bekehrung anfangst, sondern hierzu Gottes Wort und andere Gläubige Kirchenlehrer zu Rathe ziehest, namentlich Sankt Paulum, und Luther, *Scriver* und *Arndt*. Siehe hiervon Deine *Schatzkammer* nach das 9te Capittel von Seiten 117. bis 131. und das 4te Cap. vom Glauben 271. und betrachte besonders die 6. ersten Punkte bis 279. wiewohl es der Mühe werth ist das Ganze Cap. bis 300. Dir wohl bekannt zu machen. bitte Dich Diese Kräftige Rührungen d. H. Geistes nicht in Jugendlichem Leichtsinn zu übergehen und dahin streichen zu lassen - sondern folgsam den Göttlichen Trieben -.

Aufzusizen wenn Dein Gnadenwagen vorbeÿ fährt.

Denn wenn man diese Rührungen unbenutzt vorbeÿ läßt so ist mann nicht versichert wenn sie wiederkommen und geht oft nach den Worten Christi - viele werden danach trachten wie sie hinein kommen und werden es nicht Thun können - . Darum Heute da Du seine Stimme hörst so verstocke Dein Herz nicht. . - . und so Was von einer Glükseligkeit ist es, An seinen Schöpfer in der Jugend Gedenken -. Ehe der Satan und seine liebe Getreue Braut, Die Welt einem Große Schmarren in das Gewissen gehauen, an denen Man sein Lebenlang zu seufzen hat. Es pressen einem oft die Jugendsünden manchen Angstschweiß aus -. welches ich genugsam erfahren habe - .

Aber auch - . O was von Freude verursacht es, wenn man den rechten Arzt für diese Schäden Gefunden und sich seiner Lieben Taufe zu getrösten weiß, besiehe hier von Deinem Catechismo den ersten Abschnitt von der Taufe, und Schazkammer Pretorii das 3. Cap. 202. bitte Dich dieses Cap in Täglichen abschnitten zu lesen wie Du Zeit dazu machen kannst - Daß Dieß Deinem Studium Keinen Abbruch thut bin ich überzeugt - . sondern es nüzt vielmehr daß man mit Freudigem Muth seinen Beruf Treibt - und Gott gibt Gnade daß man es viel leichter und beßer faßt, als wenn das Herz mit Eitelkeiten angefüllt ist -. o! ich hätte viel hievon mir Dir zu reden aber ich muß mich für Dießmal mit Dießem begnügen - . Das Jahr haben wir gegen Gott mit vielem Dank beschlossen, und sagen müßen ich bin zu gering aller Barmherzigkeit und Treue die Du an uns Gethan hast - . ob er uns gleich mit einem Hauskreuz belegt hatte - Dein Bruder Michael nemlich war am Christfest Morgen in der Kirche und kam mit einem Heftigen [4]...........ch Hause, wo wir sogleich Fieber vermutheten w ....war, er legte sich zu bette und das Schleimfieber nahm sehr überhand, so daß es in etlichen Tagen Nervöß[5] wurde, und wir glaubten wir werden schnell in Trauer versetzt werden, am letzten Abend des 49sten Jahres als man in der Kirche war, rief er mich ans bett, ich fragte was er wolle -. in Himmel. - war die Antwort - ich sagte: da siest du ja deinen R. nicht mehr - . hat nichts zu sagen - . - . soll ich ihm nichts mehr schreiben von dir - . o ja - was denn -. Er soll nur im Glauben an Heÿland sein und bleiben - so sehen wir einander in der Ewigkeit wieder - Dies redete er mit Guter Vernunft, ob er sonst wohl nicht viel von sich selbst wußte . - . aber es gefiel dem l. Gott die Mittel zu segnen, und er ist jezt schon wieder so, daß er beÿ Tag auf seÿn kann, es schmeckt ihm auch das

---

4   Die im folgenden punktierten Linien sind durch Siegel ausgerissen
5   *Vermutlich:* daß es zum Nervenfieber (= Typhus) wurde.

Essen und bessert sich jeden Tag - . im Übrigen sind wir allesamt Gesund und hoffen daß Du auch Gesund seÿn werdest - wichtig. Todesfälle Haben sich in kürzester Zeit 2. Ereignet. Peter Rebmanns Phi Sohns jüngste Tochter am *Nervenfieber*. und Chr: Brodbek beÿ der Schule an der Gesichtsrose und Hirnentzündung, dieser der erste in diesem Jahre - . Deinen Brief an Wacker hat sein Vater welcher gerade an ihn schrieb gleich den 6. an ihn durch Einschluß überschikt. mit Täglicher bitte zu Gott für Dich, Grüßen wir Dich Deine Dich Herzlich Liebende Eltern Und Geschwister u Großm. R. & . A. Lauxmann
Psalm 90 und neues Gesangbuch 310 .-.

31 - Brief aus Schöntal

Liebste Eltern!
Euren Brief vom 20sten Januar habe ich erhalten. Ich hätte Euch schon bälder geschrieben, aber ich hatte keinen Stoff und keine Zeit - Daß Michael sich bessert kann mich natürlich nur freuen, ich bin gesund. - Im Lehrsaal geht es gut, ich finde Vergnügen an meiner Arbeit. - Ich habe mir ein Tagbuch angelegt, in dem ich jeden Tag meine Empfindungen u. was ich gethan kurz aufschreibe. Man wird, glaube ich, auf diese Weise mehr in Schranken gehalten, wenn man jeden Abend Rechnung von seinem Thun abzulegen hat. - Professor Mezger könnte uns vielleicht eine Zeitlang entrissen werden, da er sich um die Abgeordnetenstelle bewirbt. -
Unsere beiden Repetenten kommen vielleicht mit Ende dieses Semesters ganz fort. - Mit Pfarrverweser Günther sind wir in Schönthal sehr zufrieden. Wir waren neulich auf einem Spaziergange nach Ernsbach, wo er uns auch begleitete. - Das Wichtigste in Schönthal habe ich Euch geschrieben, ich schließe mit der Versicherung an den Vater, daß ich die Anregungen im Anfang des Jahrs, so viel in meinen Kräften steht, im Verlaufe des Jahres nicht verlorengehen lassen werde.
Ich grüße meine Geschwister, die Großmutter u. Euch, theuerste Eltern. Euer dankbarer Sohn
Richard.

Schönthal d. 10. Febr.

Schönthal den 17. Febr.

Liebe Eltern!

Seit meinem letzten Briefe ist es schon lange Zeit, und die Vakanz ist nahe, so muß ich an Euch, vielleicht in diesem Semester zum Letztenmale, schreiben.

Dieses lange Semester ist seinem Ende nun nahe und doch will es mir, freilich nur in gewißer Beziehung, zu bald kommen. Ich habe mich freilich im Einzelnen angestrengt, u. werde dieß auch am Reste vollends thun, aber mein Zeugniß sollte immer besser werden, u. nach ausgestandener Angst wird man erst in Wochen unangenehm überrascht. Ich will das Beste hoffen! Wie es mit meinen Geldsachen steht, kann ich genau schreiben. Herr Repetent Zeller hat 13 fl. 43 cr. ausgegeben, also bleiben 6 fl. 7 cr. Von meinem Monatgeld werde ich 2 fl. übrig haben, also wäre alles mein Geld 8 fl. Da kann freilich noch einiges davor (von ersterem) gehen, doch bleibt mir, wenn ich die Reisekosten wegnehme, noch Etwas übrig. Im Sommersemester kann man freilich mehr ersparen, da besonders die Lichter Einem im Winter bedeutend kosten u. dießmal auch ein 5 fl. Sportel d.h. eine hebr. Bibel zu 2 fl. 30 cr. u. vorausbezahltes Monatgeld 2 fl. davongegangen sind. Ich will auch meine Sprüche mitnehmen, damit der Vater sehen kann, was für einen Erfolg wir für das griechische Argument haben.

Ich möchte Euch nur bitten, mir in Eurem nächsten Brief zu schreiben, was ich mitnehmen soll, daß ich nichts dahinten lasse u. der Vater mir schreibe, was ich den Geschwistern bringen soll. Ich werde wahrscheinlich zu Fuß gehen nach Heilbronn,

doch gewiß ist es noch nicht, denn man muß sich nach den Umständen richten. Den Tag weiß ich noch nicht genau, vielleicht oder wahrscheinlich am 23 Apr. Dienstags, aber die Confirmation könnte noch Etwas ändern, wenn man eine Bittschrift machen würde, bälder Heimgehen zu dürfen.

Mein Gepäck muß ich natürlich nach Heilbronn per Boten schicken, wenn ich zu Fuß reise.

Viel weiß ich nicht mehr, was nicht ganz nothwendig ist, kann man ja zu Hause in der Vakanz verhandeln. Ich grüße somit Euch alle, Geschwister u. Großmutter u. Euch, geliebte Eltern.

Euer dankbarer Sohn und Bruder
Richard.

33 - Brief aus Schönaich

Richard Lauxmann in Schönthal!

Schönaich, den 18. März 1880

Gnade und Friede in Christo Jesu!

Vielgeliebter Sohn!

Dein Schreiben vom 10. Februar haben wir am 21. erhalten und daraus kürzlich Deine Verhältniße ersehen daß Du Gesund bist - und im Lehrfach bey Dir Gut gehe das ist unsere Freude - . Doch was unser Hauptpunkt ist - wünschen wir daß es auch Deiner Seelen wohl gehe - . Das heißt daß Du Dich freuen mögest in Deinem Heil und Fröhlich seyn in Deinem <u>Gott</u> -. Jesaias 61, 10. Denn nur auf diese Weise Geht Dein Studium recht, und ist Dir ein Vergnügen daß Gottes Weißheit so mancherlei Gaben und Sprachen und Künste (auch nach dem Sündenfall) den Menschen gegeben hat - Denn die <u>Gottseligkeit</u> ist zu allen Dingen nütze. - Man sieht aber auch im Gegentheil wie unser Herrgott das Erkenntniß Seines Sohnes, so manchen frommen und Gelehrten Verborgen hat -. Welche immerdar lernen und nie zum Erkenntniß der Wahrheit kommen können -. Ich freue mich daß Dich die Reihe der Jahre nach Schönthal getroffen hat - denn ich Glaube Deinem früheren Zeugniß daß es Deinen Herrn Lehrern nicht nur darum zu thun ist Gelehrte Zöglinge aufzuziehen - sondern auch Gottselige - . Ich habe kürzlich vernommen daß dem Seminar Urach vorgeworfen wurde daß die Dortigen Zöglinge mit Democratischen Broken Aufgefüttert werden - wogegen sich aber das dortige Ephorat Ausdrücklich verwahrt haben soll - .

Mein Lieber Sohn es ist für Eltern etwas sorgliches wenn man ein Kind diesem Stande widmet -- weil man stets in Sorgen leben muß, daß da wo der erste Grund gelegt werden soll, zu einem Gläubigen getreuen Werkzeug der Kirche Gottes - der Grund untergraben - das Wort Gottes durch allerley Vernünftige Einwendungen in Zweifel gezogen , und so das Junge Zarte Pflänzlein Zu einem Wilden Dornstrauch, statt zu einem Weinstock geräth -. Woher unsere Gegenwärtige Zeitverhältniße kommen - kann man gar deutlich sehen, wenn man nur ein klein wenig Die Werkzeuge ansieht welche sich dieses Treibens annehmen -. Es sind meistens Leute welche in niederen und Hohen Schulen viel weißer geworden sind - als das Einfältige Buch die Bibel - welche nur für den armen Pöbel gehört -. Doch Gehört es Gottlob auch für <u>uns</u> - . Daß es aber doch <u>Gottes</u> Wort ist, bezeugt dieß Geschmeiß am allerdeutlichsten und ich habe Sorge diese Verachtung des Worts Gottes - stoße dem Faß den Boden gar aus -. Daß über der Einigmachung von Deutschland, - dasselbe zu Grunde gehe

- und wir können uns nicht beklagen, daß uns unser Herr Gott mit
der Rebublik straft - denn wir sind schon lange gegen ihn Republika-
ner geworden - wir wollten nicht daß er über uns Herrsche - und
waren viel weißer als Er -. Das Reich der Finsterniß Haben wir seÿd
1840 als eine Republik zu Theuerst in der Taufformel haben müßen -
und ich ärgere mich jedesmal so oft ich ein Kind Taufen höre, wenn
es heißt: entsaget ihr dem Reich der Finsterniß - u.s.w. ich fragte
einmal eine Amtsperson welche die Taufe gerichtet hatte woher doch
komme daß man dem Fürsten dieses Reichs nicht mehr entsage, weil
viele Geistliche die Persöhnlichkeit des Teufels nicht Glauben -. nun
so ists eine Republik sagte ich -. und ist die Lehre vom Teufel in
Gottes Wort unrichtig, so ist auch die Lehre von Gott unrichtig und
dasselbe ein kluges menschenfündlein den armen Pöbel damit im
Zaum zu halten, welches er mir zwar ausreden wollte, aber sehr kale
Gründe dazu benuzen mußte. - mein l. Sohn laß Du dieses Thörichte
Wort Dein Ein und Alles seÿen - 1. Cor: 1, 18 - bis 31, Vers -. Davon
wenn wir zusammen kommen weiter -. Da diese Zeit bald kommt so
freue ich mich nebst der Mutter und Deinen Geschwistern -. Durch-
siehe auch Deine Kleider genau was Du nicht Brauchst, was zu bessern ist Das bringe mit - auch die Fleken zum Fliken welche dir übrig
geworden sind - in Deinem lezten Schreiben hofften wir, werde uns
die Nachricht zukommen daß Dir ein kleines Stibendium zugewendet
worden seÿn werde - dieß vernahmen wir durch H. Decan Rapp -. aus
einem Schreiben von H: *Ephorus Roth*. Was uns betrifft sind wir sämtlich Gesund - und hoffen Du werdest es auch seÿn. Schreibe uns auch
wann Du kommst so will ich Dich in Stuttgardt abholen - Unterdeßen
grüßen wir Dich sämtlich Deine Dich Herzlich liebende Eltern und
Geschwister.

Psalm 1 u. Hebr 10, 38, 39.

Schriebs Dein für Dich Treu besorgter Vater R. Lauxmann

34 - Zeugnis

Seminar Schöntal - 17. April 1850 – Siehe Anhang!

35 - Brief aus Schöntal

Schönthal, den 19 Mai

Liebe Eltern!

Als ich mich von Vater auf der Eisenbahn trennte, war ein Theil
meiner *Promotion* im nämlichen Wagen. Ich u. Kiefer, Hauff, Otto
Maÿer und Hallberger blieben uns auch auf dem Wege von Heilbronn

nach Schönthal bei einander. Die Hitze u. Länge des Weges machte uns bedeutend müde, so wie man es nur von Einem verlangen kann zu wissen, der selbst schon solche Wege gemacht hat. Wir kamen aber in Schöntal glücklich an, u, ich bin auch gesund bis jetzt. Hr. Eÿth hat provisorisch die Leitg. der Ephoratsgeschäfte übernommen u. Herr *Ephorus* wird wohl in dieser Woche abziehen. Über die Ernennung eines *Ephorus* u. in Betreff der andern Sache kann ich Euch gar Nichts schreiben. - Ich habe bei Hauff zwar nicht, aber bei Hafenbrack, der auch die Mannheimer Ausgabe von Livius hat, noch gesehen, wie sie ist: sie mag in Beziehung auf den Text selbst nicht so gut seÿn als die von Drackenborch, aber sie hat noch einen bessern Druck. Also wäre es jedenfalls besser gewesen. Jedoch hat es Liesching sein Abnehmer des Alschefskÿ noch ärger gemacht, du weißt, Vater, ich habe Dir gesagt, es seÿ die beste Ausgabe; Er forderte ihnen, als sie zu ihm kamen, 2 fl 30 - 48 cr also nur Weniges mehr als die meinige gekostet hat. Er hatte aber keine vorräthig u. schimpfte nur über Steinkopf, daß der 4 - 5 fl. gefordert habe, er versprach ihnen, ihn nachzuschicken. Gestern brachte nun der bote dieselben, mit einer Rechnung von 4 fl. 20 cr. u. dazu noch blos 2 Bände, während es 3 sind. Der 3te ist noch größer als die beiden ersten, also käme das Werk auf 7 fl. (!) Sie sind sehr ungehalten und schicken ihn wieder zurück. -

Daß Herr Repetent Ottenbacher, der den Schiller zu geben hat, doch auch in einiger Beziehung mit Dir übereinstimmt, kann ich Dir zeigen aus Äußerungen in seiner Predigt: Er behauptete wohl mit Recht beinahe mit Deinen Worten: "Im Gegensatz vom Göttlichen Geiste der Pfingsten werden die durch wegen des Geists gepriesenen Männer dieser Erde immer durch Geister Anderer herabgesetzt u. nachgewießen, daß ihr Ding unvolkommen gewesen seÿ; u. in den Himmel erhobene Gedanken der Menschenkinder sinkend in den Strom der Vergessenheit u. Vergangenheit hinab." - Montg. Abend. Heute Abend beim *(Peeriwin ? unleserliches Wort)* hält Herr *Ephorus* seine Abschiedsrede. Wir haben uns doch jetzt Alle eine Karte Württembergs von Groß anschaffen müssen, sie kostete 20 cr. u. wahrscheinlich noch 6 cr. zum Aufziehen auf Pappendeckel. Der Plutarch, den Eÿth in der Vacanz brachte, kostet etwa 35 kr. - Herr Mezger hat wieder ein neues Familienmitglied bekommen, jedoch ist seine Frau zur Freude darüberhin krank, was dann doch nicht so bedeutend seÿn wird. - Was meine Kleider betrifft, so kann ich mit meinen Kleidern Werktags u. Sonntags ausreichen. - Freilich fehlte mir ein Rock im Werktag ein wenig bisher, aber da es doch warm u. heiß wird, kann ich ihn schon entbehren. Meine Turnhosen sind brauchbar, aber doch ein wenig kurz; meine andern sind ganz gut; mein Sonntagsrock ist mir sehr angenehm beim gestrigen u. heutigen Wetter gewesen, überhaupt wird er dieß seÿn, er ist mir sehr weit. Meine Stiefel haben in mir anfangs nicht geringe Besorgniße erregt, sie möchten beide zu eng seÿn, ich hatte freÿlich aufgeschwollene Füße, aber jetzt sind sie mir ganz recht. Meinen Schlafrock habe ich selbst geflickt, er ist mir ganz recht gerathen. die alten Flecken zu ihm habe ich nicht mehr, aber die von meinen WerktagsHosen. Heut machte der größte Theil der Promotion eine Excursion nach Widdern, woran ich aber nicht Theil nahm. So viel von meinen Verhältnißen im Äußeren.

Daß ich mich bemühen werde, die Eindrücke der Vakanz zu Bewahren in meinem Herzen könnt Ihr Euch denken. Aus der Bibliothek ein Buch zu holen, habe ich keine Gelegenheit gehabt. ich habe gestern u. heute Morgen im *Prätorius* gelesen gleich 3 od. 4 Seiten nach dem Anfang vornen. -

Gerade kommen wir aus dem Colleg. Hr. Ephor. konnte nicht viel sprechen vor Rührung, es erwiederte ihm Eÿth im Namen d. Promotion, dann sang man dazu das Lied: 367 In allen meinen Thaten; er gab jedem die Hand u. entließ uns.

Ich will jetzt aufhören. Ich grüße Alle, die nach mir fragen, besonders die Glaubensgenossen. Schreibe mir auch vom *Caspar*. Ich grüsse meine Geschwister u. Euch.

Euer dankbarer Sohn Richard

36 - Brief aus Schönaich

Richard Lauxman zu Schönthal!

Schönaich d. 3. Juni 1850.

Herzlich gelibter Sohn!

Gnade und Friede in Christo Jesu unserem Herrn u. Heilande!

Dein Schreiben vom 19. mai haben wir erhalten und daraus ersehen daß Du müd, aber Gesund nach Schönthal gekommen bist, dis kann Dir eine gute Erinnerung geben, von der ganzen Mühseligkeit des Menschen Lebens, daß alles eitel mühe und Jammer ist. Doch dieses ist aus weißer Göttlicher Absicht so geordnet, damit wir uns nach einem Besseren Heimwesen sehnen möchten und nicht auch mit den Weltkindern dies eitle Weltwesen für unseren Theil erwählen möchten - . Daß H. R. Ottenbacher mit mir in diesem Stück einig ist, daß menschliche Hochgepriesene Weisheit in den Staub der Vergessenheit hinab sinkt, wird dieser Herr aus der Geschichte wohl gefaßt haben, aber auch die tägliche Erfahrung Bezeugt diese zu Genüge wenn man es Betrachten will. Daher ist meine Väterliche Ermahnung an Dich immer dieselbe, nemlich: daß Du Dir <u>Gottes Wort</u> Deinen <u>Liebsten</u>

und Theuersten Schatz seÿn läßest - . und mit den L. Hiller oft sagen mögest - mir ekelt am Besuche, an dem was Zeit verkürzt u. auch an einem Buche das nicht Dein Wort gewürzt - und ist von jeher aller Gläubigen Kirchenväter Klage gewesen, daß die l. Jugend auf Hohen und niedern Schulen so häufig mit den alten Heidnischen Scribenten geplagt werden -.

Doch bin ich keineswegs Gesinnt, daß ich den Nuzen welchen diese Schriften in den Studien der Sprachen haben ganz verkannt wissen möchte -. wenn nur immer weiße Lehrer, welche dießes recht ins Auge faßten, Beÿ diesen Anstalten wären, welche beÿ dem Fürtrag der Sprachen die l. Jugend darauf aufmerksam machten, Welche Gesinnung Gottes Wort - und welche menschliche Weißheit beÿ Menschen erzeugt.

Bin auch überzeugt, wenn man unter Gebet Gottes Wort fleißig gebraucht, daß der Geist Gottes an dem Studium nicht hinderlich ist, sondern förderlich den die Gottseligkeit ist zu allen Dingen nüz -- bitte auch fleißig von Gott daß er Euch wieder mit einem Guten Vorsteher berathen möchte --.

Lieber R. Studiere fleißig den Schaz Deiner L. Taufe und lebe selig und frölich darinnen -. Denn die Reichen dieser Welt genießen ja auch ihres Guts und sind frölich darinnen, sie laßen die Armen Trauern - so mach Du es auch - Gottes Kindschaft, Seligkeit, Vergebung der Sünden, Erbschaft des Ewigen Lebens sind Schäze welche ein Herz so solches glaubt frölich machen auch wenn äußerlich viel Trübsal mit unterläuft. Laß Die Traurig seÿn, welche Christum nicht kennen die Heulen welche keine gewiße Hoffnung des Ewigen Lebens haben - Du aber freue Dich in Deinem Heil u. seÿ frölich in deinem Gott - laß die den Kopf hängen welche die Seligkeit in ihrem eigenen Werk suchen und Brunnen graben, welche löcherecht sind und kein Waßer geben.

Ja freue dich Jüngling in deiner Jugend und laß dein Herz Guter Dinge seÿn - . Du hast hohe Ursach dazu. Siehe hierüber nach Prät. Schazkammer Seite 90. - .§. 9 u. Seite 288. = 289. & folgende besiehe hauptsächlich im V. Buch im 6ten Kap : Seite 398 & folgende den § 14 -15, 16 - 17 so wirst Du finden was Gottes Wille an uns ist. - und Diese Freude am Herren ist unsere Stärke - Durch welche wir den Teufel die Welt und unser eigen Fleisch überwinden. - . -

Was unsere Familien Verhältniße Betrifft so sind sie noch dieselben wie Du gesehen hast, wir sind Gottlob gesund, nur die Mutter leidet in den Füßen ziemlich. Wo es scheint sie werde eine Zeitlang zubringen - . auch unser Geschäft scheint wieder Besser zu gehen. Was wir Wohl brauchen könnten. wir haben schon mehrere Jahre in saure

Äpfel beißer müßen und hoffen auch einmal wieder, wir werden wieder Lieblichere Tractamente bekommen, doch ergeben wir uns Gerne in die Regierung und den Willen Gottes weil wir überzeugt sind daß er es Gut mit uns meint auch wenn er Stäupt, und das Rüthlein Braucht.

Es Grüßet Dich die Großmutter und Deine sämtlichen Geschwister, und wir

Deine Dich Herzl: Liebende

Eltern

R. & A. Lauxmann

Nota: Der *Caspar* starb 3 Tage nachher als Du wieder nach Schönthal reisetest frölich in Christo wie ein Kind an der Mutter Brust sanft einschläft und Läßt dir noch besonders sagen, auf Christum laße es sich im Glauben Gut Sterben mit dem erstem Psalm als seinem letzten Gruß an Dich. - . - .

37 - Brief aus Schöntal

Schönthal d. 1. Juli 1850

Liebe Eltern!

Ich habe dießmal absichtlich eine Zeitlang gewartet, bis ich Euch einen Brief schickte. Es war nicht nöthig, da ich nichts Hauptsächliches zu schreiben habe. Mit der Angelegenheit wegen des Ephorats ist es so weit, daß eine Entscheidung bevorsteht. Man glaubt, ein Pfarrer Elwert von Mötzingen werde den Sieg bekommen. Gestern und vorgestern waren 29 von unsrer Promotion in Hall auf einer Excursion, 3 an anderen Orten, 1 (Lamparter) ist in Bad Teinach , u. wir übrigen 5 waren zu Haus u. vorgestern mit Hr. Prof. Eÿth auf einem Spaziergang in Gomersdorf [6]. Beinahe glaubte ich, müße ich mit fortgehen. Das Wetter ist bei uns nicht zum besten, vorgestern hagelte es sogar ein wenig.

Heute feiern wir das Reformationsfest, vor der Kirche spielte das Orchester einen Choral (212 im Ges.) u. dann das volle Orchester mit Gesang (vierstimmig) von je zwei Seminaristen einem Chor, d.h. ein anderes Lied, das zur Feier des Tages passte. Es ist das erstemal, daß wir Kirchenmusik machten. Dann sang die Gemeinde 211 im Gesangbuch, und dann begann die Kirche. Herr Pfarrverweser hielt einen gediegenen Vortrag über die Worte des heutigen Episteltextes: Nicht daß ich es schon ergriffen habe, ich jage ihm aber nach etc.[7]

---

[6] Vermutlich "Gommersdorf" an der Jagst in Richtung Krautheim, ca. 10 km von Schöntal entfernt

[7] Philipper 3, 12

Ich habe hier einen Brief beigelegt an Georg Wacker, schreibet mir doch seine Adresse einmal, ich bekomme ja sonst so einen Pack von Briefen. Auch dem Michael habe ich Etwas beigelegt zu seinem Geburtstag [8].

Ich grüße ihn u. alle meine Geschwister, Euch u. die Großmutter.

Euer herzlich liebender Sohn Richard

38 - Brief aus Schönaich

Herrn Richard Lauxmann, Seminarist in Schönthal

Schönaich, d. 21. Juli. 1850.

Meinem Herzlieben Sohn in Christo Jesu unserem Heiland.

Gnade und Friede in Christo Jesu!

Vielgeliebter Sohn!

Dein Schreiben vom 1sten Juli. Haben wir erhalten und daraus ersehen daß Du Gesund bist was uns sehr freut -. am 14. dieß erfuhren wir daß Herr Elwerth als *Ephorus* am Seminar Schönthal ist - wir wünschen daß unser Herr Gott ihm das Herz lenken möchte daß er nüzlich für diese Anstalt werden möchte -. Mein Lieber Sohn daß Ihr das Reformationsfest mit Kirchen Musik und Gesang so erbauungsvoll gefeiert habt freut mich, und gebe mich der Hoffnung hin, Du werdest Dir Schriften des Theueren Reformators H. Lutheri so viel Dir möglich ist fleißig Studieren, und dieses theuren Werkzeugs Glauben nachfolgen, und wohl zu unterscheiden wißen, unter der heutigen überall so hochgeprießenen Christlichen Lehre wo immer die Werke vor den Glauben gesezt werden (von den allerfrömmsten) Gleich als wäre der Glaube eine Frucht der Werke. - wo man immer beschäftigt ist - Christum und Belial zusammen zu fliken, und alles unter dem <u>Mantel</u> Christlicher <u>Liebe</u> zu verbergen -. -. Du weist von Kind auf die H. Schrift -. Daß aber in derselben von diesem nicht ein Buchstabe steht, das weißt Du auch -. Daß auch die Theuren alten Zeugen als H. Lutherus, *Arndt, Scriver*, Gerhard, Erdm. *Neumeister* und andere Erleuchtete Werkzeuge.- von diesem auch nichts gelehrt haben ist Dir bekannt -. und ich hoffe Du werdest Gottes Wort und diesen Theuren Werkzeugen mehr Glauben schenken, als den heutigen so hochgepriesenen Christlichen Männern, welche klüger als S. Paulus und Lutherus, und weißer als unser Catechismus und Confirmations Büchlein sind, ich hoffe sie werdens doch nicht besser machen mit ihrer Christlichen <u>Liebe</u>, als es unser Heiland, (welcher doch auch ein <u>wenig</u> Liebe hatte), gemacht hat - Dieser war kein so geschikter

---

[8] Am 4. Juli 1850 wird Michael 11 Jahre alt.

Lehrer daß er alles unter einen Hut gebracht hätte -. dieß erhellet aus Math: 25, 31 u. f. Vers, Er war nicht so geschikt daß er ein so friedliche Eintracht unter diesen Schafen und Böken zu wege gebracht hätte, wie man es Heutzutage versucht und rühmt - aber wie wir wohl sehen es noch nicht weitergebracht haben, als wie H. Lutherus spricht Sie haben gemacht Concordia Discordia -. oder wie David Spricht, sie Lehren und heucheln aus uneinigem Herzen[9]-. Dies habe ich geschrieben aus Veranlaßung des vor 8. Tägigen Evangeliums Sehet euch für vor den falschen Propheten etc.[10] Du aber mein l. Richard Hüte Dich für falscher Lehr, Einer nur ist wahr und rein nur in Dem und keinem andern kann ein Christe selig seyn. Wer sich viele Wege sucht die zum Himmel sollen führen ach! der wird den Himmelsweg und die Seligkeit verlieren und es mag aufgebracht werden was da will um den Menschen fromm zu machen, und es mag gleißen wie es will so macht doch nichts zu einem Christen, als der Glaube an Christum und die Taufe auf Christum -. Dieß ist eben nicht von dem bloßen Beyfall oder für wahr halten von der H. Schrift zu verstehen - sondern von dem Zuversichtlichen Vertrauen und Zueignung der Erlößung u. des Verdienstes Christi wie dieß unser Confirmations Büchlein zur Genüge bezeugt. Solltest Du nicht Gelegenheit haben, H. Lutheri Schriften in Deinem Privatstudium Dir zu bekommen so siehe doch wenigstens nach ob Du nicht von H. *Scrivers* Gotthold oder Gottlieb Dir einen Nutzen verschaffen kannst -. und laß die Ganze Welt mit Ihrem Revolutions Karren Rumpeln so lange sie will bis sie müde wird und seze Dich derweilen an die Freudentafel des armen Gekreuzigten Jesu so wird der Friede Gottes Dir Herz und Sinn Bewahren zum Ewigen Leben -. Denn die Welt will Betrogen und Gestraft seyn und kann ihr niemand helfen - doch ist es für Dich ein überaus Große Wohlthat daß Du auch mit deinem Catechismus einstimmen kannst --. Der H. Geist hat auch mich durchs Evangelium berufen u.s.w.

Der Michael freute sich sehr daß Du seiner auf seinen Geburtstag so Brüderlich gedacht hast indem er es gerade an demselben erhalten -. und läßt Dir durch mich auf deinen 16ten Geburtstag[11] sagen. - Leben ist Die erste Gabe, und die lezte die man hat, allen anderen Schaz und Habe gibt der Mensch an dessen Statt. - Doch ist die Verheißung daß uns Gott das Ewige Leben gegeben hat noch Größer und dies laß deiner Vernunft Sorge seyn daß Du haben mögest eine Gewiße Hoffnung des Ewigen Lebens - . was uns betrifft so sind wir ziemlich

---

9   Psalm 12, 3 in der damaligen Bibelausgabe: "Einer redet mit dem anderen unnütze Dinge; sie heucheln und lehren aus uneinigem Herzen."
10   Matthäus 7, 15
11   8. August 1850

Gesund auch Deine Mutter welche vieles Leiden hatte ist ziemlich Gesund.

Grüßen Dich allesamt aufs Herzlichste mit Psalm 103 und Neues Gesangbuch Nro 64. Deine Dich H. Liebende Eltern Großmutter und Geschwister in deren Namen

R. & A. Lauxmann.

Nota: Johann Georg Wacker ist wieder auf einem anderen Plaz nemlich beÿ H. Verwaltungs Actuar in Winterbach - o/a Schorndorf, er heißt wahrscheinlich Kern doch weiß es sein Vater nicht gewiß. Vielleicht schreibt er Dir selbst. –

39 - Brief aus Schöntal

Schönthal d. 18 Aug.

Liebe Eltern!

Ich habe Euch schon lange nicht mehr geschrieben. Ich weiß nicht, geschah es aus Scham, daß ich mein Versprechen so lange nicht lösen konnte, oder aus Mangel an Zeit. Ich wünschte schon lange, Etwas zu schicken, aber es war mir unmöglich u. ist mir jetzt noch , denn mit anderthalb Gulden kann man doch nicht viel anfangen. Ich mußte Manches ausgeben, was ich in der Vakanz gar nicht bedachte, und Ihr aus meinem Ausgabenheft ersehen könnt. Ich bin gegenwärtig mehr bei Euch als in irgend einer vergangenen Zeit meines Seminarlebens. Täglich bitte ich Gott, er möge Euch die Trübsal nicht auflegen, daß Ihr sie nicht könnt ertragen. Ihr schreibet mir als so wenig wie es bei Euch steht, so daß ich gar nicht beruhigt bin. Jedoch soll dieß meinen Studien keinen Abbruch thun, denn ich weiß, Gott hört des Elenden Flehen! Ich muß immer mehr an ihn anschließen. Gestern bekam ich einen Brief von Wacker, der mir ungemein wohlthat, als er mir beschrieb, wie froh er seÿ, ein Kind Gottes zu sein u. Dieß finde ich auch in meinem *Prätorius*. Gegenwärtig habe ich ziemlich Gelegenheit, diesen Schatz aufzuthun. Man hält nämlich das Abendgebet um ¼ auf 9 Uhr, dann ist noch eine ganze Stunde 8 ½ - 9 ½ übrig, in welcher man aufbleiben darf. Bis 9 ¼ bleiben hie u. da Manche noch auf, dann aber habe ich eine Viertelstunde, welche ich dieser herrlichen Schrift weihen kann. Freilich bleibt dieß nicht lange so. Aber um so gewisser bleibt mir der Sonntag, den ich ganz freigemacht habe, um mich mit geistiger Nahrung, wenigstens großentheils zu erquicken. In sofern hat sich mein hiesiger Aufenthalt gebessert, aber schmerzlich vermisse ich solches, wie mir Vater geschrieben hat.

Unser *Ephorus* ist angekommen: Im Ganzen gefällt er mir gut, das Einzelne kann ich Euch, so Gott will, in der Vakanz mittheilen.

Es geht jetzt schnell der Vakanz zu, ich werde aber wohl noch einen Brief von Euch bekommen. Was ich mitnehme, kann ich in meinen Ranzen packen. Im Übrigen freue ich mich bald mit Euch zusammenzuseÿn, und grüsse in dießer Hoffnung alle Freunde u. insbesondere meine Geschwister, meine Großmutter u. Euch
Euer dankbarer Sohn Richard., erhalten d. 22. Aug. [12]

40 - Brief aus Schönaich

R. Lauxman Seminarist in Schönthal.

Schönaich d. 25. August. 1850.

Meinem im Christo Jesu Vielgeliebten Sohne!
Gnade und Friede in Christo Jesu unserem Heilande!

L. R.
Dein Schreiben vom 18. dieß haben wir erhalten, wir warteten freÿlich bälder auf ein Sch: von Dir, indem Du uns immer am Herzen liegst -. Daß Du schreibst wir schweigen so von dem wie es beÿ uns steht .- geschieht von mir als Deinem Vater aus wohlgemeinter Absicht - Ich gedenke Dich nicht mit unsern Last und Sorgen in Deiner Jugend zu beladen und Dich damit zu beschweren -. indem ich Überzeugt bin daß Du den rechten Antheil, wie es einem frommen Kinde gebührt, ohne dem doch daran nimmst was ich aus deinem Schreiben dießmal vermerke, ich verlange von Dir nicht weiter, als daß Du Gott von deinen Eltern bittest, daß er uns in der Zeitlichen Sorge und Mühseligkeit ja nicht Versinken laße, und die Schäze der Ewigkeit darüber verlieren -.
Ich habe dem l. Gott Schon oft gedankt daß er uns dieß Zeitliche Leben so verpfeffert -. und geschieht uns schier recht - warum *betten* wir alle Tage Dein Wille o! Vater geschehe -. auch habe ich schon oft gebeten - Mach mir stets Zukersüß den Himmel und Gallenbitter diese Welt - wenn uns nun der l. Gott unsere bitte Gewährt so murrt freÿlich Fleisch und Blut und klagt und jammert - doch spreche ich mir oft selbst zu mit Hiller: Es jammre wer nicht Glaubt u.s.w.[13] Wir haben wenn wir uns <u>recht besinnen</u> doch immer mehr Ursach dem L. Gott zu Danken als zu klagen. Daher l. R. laß dir wegen unserem Zeitlichen Verhältniß keine Sorgen Deine Zeit und Studium verkümmern -. in der Überzeugung daß der L. Vater im Himmel noch nie An seinen Kindern zum <u>Lügeman</u> geworden ist -. -. <u>Er hat</u> gesagt ich will dich nicht <u>verlaßen</u> noch <u>versäumen</u> -. Daß Dir Wacker geschrie-

---

[12] Anmerkung in der Schrift des Vaters.
[13] Siehe im Anhang bei den Liedern Nr. 457

ben und zwar so daß er seine Freude bezeugte über der Kindschaft Gottes, erfreut uns sehr in der Hoffnung daß auch Dieß Deine Größte Freude seyn werde, l. R. wir freuen uns auf die Vakanz wo wir über diesen Gegenstand unserer Freude persönlich theilen können - . indessen kann ich nicht mehr, als daß ich Dich Täglich dem L. Vater im Gebet Aufopfere und Vortrage in seinen Schuz und Schirm Befehle und bitten daß er Dich vor Sünden und Bößer Gesellschaft Bewahren wolle. - Der Deine Sünden und Schwachheiten um Christi willen Vergeben, und ein Werkzeug seiner Gnade und Gefäß seiner Barmherzigkeit aus Dir mache und dann dich Väterlich Vermahnen, mit der Furcht Gottes sein H. Wort frölich und seliglich zu gebrauchen, als deinen L. und Theuersten Schaz, und der L Zeugen der Wahrheit ihre Schriften als Lutheri Statii [14] - oder *Prätorius, Arndt Scrivers* David *Frisch* -und anderer - wir haben auch eine Große Freude an dem L. Bruder. H. Pfarrer Haag aus Ispringen[15]. Es ist eine Lust Ihn zu Hören -. ich gedenke wenn Du in die Vakanz kommst denselben mit Dir zu besuchen - . ich denke es werde Dir viel Freude Machen - im Leiblichen Gedenke ich Dir keine Vorschriften zu machen indem ich Hoffe Gottes Wort und sein Guter Geist werde Dich leiten, besser als ich mit allen Befehlen vermag.

Wenn Du in die Vakanz kommst so denke ich Deine Sommerkleidchen werden ziemlich abgenutzt seyn - Bringe sie mit damit wir Dich wieder auf den Winter ausrüsten können daß wir ruhig sind daß Du ½ Jahr versorgt bist wir brauchen ja die Alten auch noch für Deine Geschwister - .

In Hoffnung Dich bald zu sehen Grüßen Dich Deine Großmutter u. die sämtlichen Geschwister und wir Deine Dich herzlich liebende Eltern

R. & A. Lauxmann —

grüße dich mit *Prätorius* Schazk. Seite 78. das 4 Capitel und 1. Johanis 3..

41 - Brief aus Schöntal

Schönthal den 20. Okt. 1850

Liebe Eltern!

Frühe schreibe ich Euch, damit Ihr ruhig u. ohne Bekümmerniß um mich seyn könnet. Ich will Euch meinen ganzen Weg kurz beschreiben, so weit ihn nicht der Vater schon weiß. In Stuttgart machte ich noch zum Eisenbahnfenster hinaus die Bekanntschaft mit Auber-

---

14 Unklar, wen oder was er damit meint. .
15 Ispringen bei Pforzheim war vermutlich eine "Hochburg" der Pregizerianer.

lens größtem Bruder Carl, dem Repetenten. Auberlen muß ihm von mir erzählt haben. er konnte nur weniges sagen, Du Vater, hast mir´s auch schon gesagt, "ein treuer Freund ist ein großer Schatz!" Dann zogen wir Heilbronn zu; dort kamen wir um 10 Uhr an. Ich u. Auberlen giengen dann zu den Dampfschiffen, um sie auch zu besehen. Von dort aus giengen wir in den "Anker", um mein Päckchen zu übergeben. Dann trennten wir uns, Auberlen mußte zu seinem Onkel "Koch", u. ich gieng dann in Pfählers Wirtshaus. Um 11½ Uhr wollten wir einander wieder Treffen, würde es später, so sollte Auberlen mich auf der Straße nach Schönthal finden. So geschah´s auch. Ich gieng um 11½ fort u. langsam weiter bis er mich um 11¾ einholte. Und nun zogen wir 2 alleine nach Schönthal. Zwischen Neckarsulm u. Neuenstadt theilten wir brüderlich Wurst und das Brod, das Auberlen mit sich genommen u. später auch mehrere Äpfel u. etwa einen ¾ Schoppen 1846er miteinander. Auf dem nämlichen Wege nahmen uns eine vorbeifahrende Chaise von Seminaristen auch unsre Ranzen ab. In Neustadt[15] kehrten wir kurze Zeit ein u. sahen noch einmal nach unseren Ranzen. Nach einem kleinen Besuch der Linde daselbst setzten wir unseren Weg nach Kochersteinfeld fort, unter fröhlichen zum Theil auch religiösen Gesprächen. Noch nie waren wir so fröhlich beieinander. Wir berichteten und vieles gegenseitig auf dem Wege. Beim Buchhof überfiel uns nach und nach die Nacht, aber wir zogen munter, wie es einem Reisenden geziemt, unsere Straße fort. Und wie wir in Schönthal am Hause des Fortbach ankamen, ließ die Glocke 7 Uhr erthönen. Wir waren also samt der Einkehr in 7 Stunden nach Schönthal ohne Anstrengung gewandert nur auf Kosten der Unterhaltung. So fröhlich u. vergnügt bin ich noch nie weder von Schönthal nach Heilb., noch von Heilbronn nach Schönthal gereist. ich mußte in meinem Abendgebet sagen: Ich bin zu gering aller Barmherzigkeit u. Treue, die Du an Deinem Knecht gethan hast. u. mein Abendlied war das: "Gottlob, es ist vorbei u. Herr was ist der Mensch, daß Du sein gedenkest u. des Menschenkind, daß Du dich seiner annimmst.

Diesen Morgen kam mein Päckchen an. Nun bin ich wieder eingerichtet. Morgen gehen wir rüstig an die Arbeit.

Dieß zur beruhigenden Nachricht.

Was ich weiter beizufügen habe, ist daß ich jetzt wieder auf´s Neue einsehen muß: Jesus Christus gestern u. heute u. derselbige auch in Ewigkeit, daß weil ich ohne Euch bin, ich mich um so mehr an meinen Vater droben wenden darf u. ihn um Hülfe u. Beistand anflehe. In ihm kann alleine mein Herz Hülfe und Ruhe finden, wie es heißt:

---

16   Es muß vermutlich auch Neuenstadt heißen. (Neuenstadt an der Linde)

Mein Glaube ist meines Lebens Ruh etc. So kann ich denn nicht weiter thun, als mein Angesicht für mich u. euch zu Gottes Vaterherzen erheben u. beten, daß er uns bewahren möge vor den listigen Anläufen des Satans, der Welt u. unseres eigenen Fleisches, daß er uns aushelfen möge zu seinem himmlischen Reich, u. daß er "was wir geglaubt auf Erden, uns zum Schauen möge werden".

Grüsse habe ich an Euch, meine lieben Geschwister, meine Großmutter, an alle Glaubensgenossen sowie an Euch, liebe Eltern. Euer treu gehorsamer Sohn Richard.

42 - Brief aus Schöntal

Schönthal d. 10. Nov. 1850

Liebe Eltern!

Wenn ich dießmal die Feder ergreife, um Euch zu schreiben, so geschieht es nicht deßwegen, weil ich Euch aus meinem äußern u. inneren Leben Etwas zu berichten hätte, das Euch von Wichtigkeit wäre, ich thue es blos, um Euch dadurch aufzufordern, mir so bald, als es euch möglich ist, von eueren Verhältnißen Nachricht zu geben. Denn daß ich bei allen meinen Geschäften Euch in der jetzigen Lage nicht vergessen kann, werdet Ihr Euch denken. Allerdings habe ich durch den letzten Brief des Vaters die beruhigende Versicherung bekommen, daß Ihr Euch in diese Lage zu schicken wißt u. wie es einem wahren Christen geziemt, dieselbe als eine irdische trübe Vorbereitung für himmlische Herrlichkeiten seht u. bin damit noch zufrieden, doch möchte ich auch wissen, wie es Euch weitergeht. Bei Tag u. Nacht schwebt ihr mir vor u. Tag u. Nacht liege ich mit Euch und für Euch im Gebet zu Gott u. werde immer gewißer, daß er seine Versuchung gegen seine Kinder nicht höher treibt, als sie es können ertragen. Allerdings ist auch bei seinen Kindern selbst ein großer Unterschied: Die Einen fühlen weniger die Hand ihres Gottes auf ihnen liegen, sie kommen doch wenigstens ordentlich durch diese Welt hindurch, die Andern dagegen müssen durch viel Trübsal ins Reich Gottes eingehen. Diesen aber gelten in um so höherem Grade die Verheißungen u. Tröstungen Gottes im Alten und Neuen Bund: Tröstet, tröstet mein Volk; Redet mit Jerusalem freundlich u. prediget ihr, daß ihre Ritterschaft[17] ein Ende hat, denn ihre Missethat ist vergeben, denn sie hat zwiefältiges empfangen von der Hand des Herrn für ihre Sünde etc.

Diese Leidenden können sich auch mit dem größten Recht sagen:

---

[17] "Ritterschaft" Jesaja 40, 2 in der ursprünglichen Lutherübersetzung. In späterer Revision hieß es dann "Dienstbarkeit" und heute "Knechtschaft".

Je größer Kampf, je höher Sieg. Und zu diesen gehört Ihr. Liebe Eltern! Ihr werdet freilich so gar oft meinen, die Zeit der Erhörung komme gar nicht mehr, allein sie kommt in jedem Falle, wenn nicht jetzt, so doch einst am Tage des Gerichts, des Siegs. Mit nochmaliger Bitte, daß Ihr recht bald mir schreiben mögt, grüße ich Euch mit Psalm 91 ganz samt meinen Geschwistern als Euer treuer Sohn u. Bruder Richard.

43 - Brief aus Schönaich

Herrn Richard Lauxmann in Schönthal

Schönaich, den 17. Nov. 1850

Gnade und Frieden in Christo Jesu!

Vielgeliebter Sohn!
Dein Schreiben vom 20. v.M. haben wir erhalten und zu unserer Freud ersehen daß du vergnügt und Gesund nach Schönthal gekommen bist. Ich wollte Dir nicht bälder Schreiben als bis ich gewiß wußte, daß es mit der Gesundheit des L: Georg seine Beständigkeit habe, ich badete ihn in *Klemmerbad* was mit Gottes Segen gute Dienste that, mach diesem gab ich ihm *Wurmsamen*, was ganz nothwendig war, indem er mehr als 30 Große Würmer bey sich hatte, die abgingen - . endlich gab ich ihm Fußschweiß Bäder von *Kienlein* oder wilden *Quintel* wie man es bey uns heißt, wo es sich schnell beßerte so daß er wieder ganz gesund ist; nur noch etwas Schwach, aber er geht in die Schule und arbeitet wieder und die Krämpfe haben sich nie mehr wiederhohlt - . Deine Mutter und übrigen Geschwister sind gleichfals gesund und der Christian macht gute fortschritte in der Schule - .. unser Herr Pfarrer ist schon einige wochen krank und heute Predigte der Sohn von Decan Rapp in unserer gemeinde - wo seine Predigt für einen Studenten seiner Jugend gut gefaßt und auch ziemlich gut ausgeführt war sein Vortrag läßt hoffen daß er in seinem Beruf fähig sey - - nur was den meisten dieser Jungen Leuten mangelt, ist daß es bey Ihnen selbst an dem Christlichen Leben fehlt, und nur eine gelehrte Wissenschaft bey Ihnen ist, was dann auch nicht weiter Thut als daß es den Menschen läßt was er zuvor ist
Darum l. R. laß das Gebet dein erstes und leztes seyn - daß Gott sein H. Wort durch seinen H. Geist möge an Deinem Herzen lebendig und kräftig machen, damit Du aus dem Gnadenbrunnen den ersten Trunk thun mögest, ehe Du Dich einmal unterstehst anderen Leuten dieses Lebenswaßer anzupreißen - . Du schreibst mir daß Du mit Auberlen eine Vergnügte Reiße gehabt habest und ihr als treue

Freunde auch gegenseitig vieles berichtet habt - Dieß freut mich recht - nur bitte ich daß ihr den Dritten nicht aus Eurer Freundschaft ausschließt - . - . ich meine Jesum - dann nur wird Euere Freundschaft gesegnet seÿn und Ihre Treue sich bewähren auch zur Zeit wo oft Hundert Freunde auf 1 Loth gehen - . Denn nur in Ihm ists wahre Treue und der H. Geist wirkt aus seinem Wort Glauben , er wirkt Liebe - er legt auch die Hoffnung Beÿ - .

Lieber R.

H. Schultheiß Beuttler aus Maichingen und 6. andere waren an dem Sonntag wo wir es auch bestimmt hatten, beÿ Pfarrer Haug in Ispringen, welche sich nicht genug verwundern können über das Vergnügen und die Glaubens Freudigkeit dieses Mannes, und über die Freude seiner Pfarrkinder - . Er hat uns in dieser Woche schriftlich eingeladen Ihn zu besuchen - er rechnet es zu dem größten Glück welches ihm in diesem Leben wiederfahren ist daß er uns hat kennen lernen, da wir mit dem Worte Gottes in allen Stücken einig seÿend und mit den Alten Kirchen Väter Schriften als Zeugen unsers Glaubens Harmonisch sind; was auch macht daß wir die Schriften Lutheri, *Arndts, Scrivers, Pretorii*, G.C.*Riegers . D. Frisch, Heinrich Müller* und anderen hoch schäzen und die neuen Selbstheiligen und Klugen fahren laßen und uns in unserem Heil freuen, während andere es in ihrem Wohlverhalten suchen. Es ist doch ein Unaussprechlich Glück sich auch unter die Zahl der Kinder Gottes mit rechnen zu können - und Theil zu haben an allen H: Gütern; besonders in unserer Zeit wo <u>alles,</u> entweder der Seeligkeit durch werke, nachjagt und sie doch nicht erlangt - oder in seiner Überklugen Weißheit Gottes Wort für Thorheit achtet - wo man, wenn mans recht Betrachtet, mit Hiller von der Welt sagen muß - <u>Sie Tappet in der Finsterniß;</u> aber <u>wir</u> sind im Licht und gehen gewiß - . Darum siehe wohl zu daß neben deinem Studium Du Deinen Taufschaz fleißig Studirest und laß Dir Deinen Prätorium wohl befohlen seÿn - es kommen jezt die schönen Feÿertage wo wir wieder uns von neuem freuen, daß der Sohn Gottes unser Fleisch angenommen und uns von allem Elend und Sünde befreÿet - daß auf unserer Seite zu unserer Seeligkeit nichts mehr <u>noth ist</u> als der Glaub an solche Gottes Gabe - - . <u>welcher</u> freÿlich nicht menschenwerk ist sondern eine Gabe des H. Geistes, durch den andächtigen fleißigen Gebrauch des Wortes Gottes in uns gewirket darum Liebe das Wort Gottes über alles in der Welt - und brauch daßelbe unter andächtigem Gebet fleißig so kann auch d.H. Geist an Deinem Herzen wirken und den Glauben in Dir schaffen.

In der Hoffnung daß Du meinen Väterlichen Ermahnungen willig folgen werdest - grüßen wir Dich sämtlich auch die Großmutter Dein Dich Herzlich Liebende Eltern u. Geschwister

R.& A. Lauxmann - mit Psalm der 1ste
und aus Gesangbuch 313.

44 - Brief aus Schöntal

Schönthal den 29. Dez. 1850

Liebe Eltern!

Mein Versprechen zu erfüllen, am meisten aber um Euch zu beruhigen, greife ich zur Feder. Als ich von Vater schied, war ich bei einem Theil meiner *Compromotionalen,* Auberlen war nicht da, er war mit dem Güterzug nach Heilbronn gefahren u. machte mit noch 2 anderen den Weg nach Schönthal zu Fuß. Ich mußte demnach u. da Alle fahren wollten, entweder allein zu Fuß gehen oder auch fahren; ich entschloß mich zu letzterem u. kam so auf dem Omnibus wohlbehalten nach Schönthal. Um den Gulden Fuhrlohn zu bezahlen, mußte ich einiges Geld bei einem mitfahrenden: Kraÿl (v. Vaihingen an d. Enz) entlehnen.

Und so bin ich denn jetzt wieder in meinem Geschäfte, freilich möchte ich noch mehr solche Feiertage im Segen zubringen, aber es läßt sich eben nicht anders machen u. ich danke Gott, daß er mir diese Wohlfahrt hat zukommen lassen. Es ist etwas Schönes, so die Weihnachten zubringen zu können u. da wacht Einem nachher das Bewußtseyn schmerzlich auf, daß man nicht jeden Tag dieses genießen kann. Doch auch die Erinnerung daran hält Einen aufrecht u. den besten Begleiter, das Wort Gottes, habe ich ja auch in Schönthal. Ein Testamentlein habe ich nicht bekommen, Otto Majer hat keine mehr angetroffen, durch denselben erfahre ich, daß in der That Kapf von Herrenberg Consistorialrath u. sogar Prälat (?)[18] geworden ist. Ferner erfahre ich, daß in Betreff der Zeit der Vakanzen eine Änderung vorgehen könnte, u. die Frühlingsvakanz Ende März u. Anfang April, die Herbstvakanz im September statt haben könnte. Doch gewiß ist dieses noch nicht.

Ich bitte den Vater, daß er mir bald Nachricht gebe, wie es bei der Mutter u. den Geschwistern (Johann Georg) steht u. wie er heimgekommen sey; der Mutter schreibe ich noch, daß die Zwetschgen ein angenehmes Geschenk für mich gewesen sind. Ich grüße meine Geschwister, insbesondere Johann Georg u. lasse dem Christian

---

18 Das Fragezeichen in Klammern steht hier im Originalbrief.

sagen, er solle seinem Vater u. seiner Mutter gehorsam u. ja nimmer so eigensinnig seÿn wie am letzten Vormittag.

Ich grüsse Euch Alle auch die Gläubigen u. verbleibe Euer dankbarer Sohn Richard.

45 - Brief aus Schönaich

Richard Lauxman in Schönthal!

Schönaich, d. 12. Jan: 1851.

Meinem Vielgeliebten Sohn in Christo Jesu unserem Heilande!

Gnade und Friede in Christo Jesu, von Gott und unserem Vater seÿ mit Dir Vielgeliebter Richard!

Dein Schreiben vom 29. v.M: haben Wir am lezten Abend des verfloßenen Jahrs erhalten und daraus ersehen daß du wohlbehalten in Schönthal angekommen bist was uns sehr freute. Was die Mutter Betrift so ist sie ziemlich ordentlich gesund, auch Joh: Georg ist ziemlich gut, so daß er wenig mehr spührt von den Beschwerden. Bliken wir beÿm Beginn dieses neuen Jahrs zurück auf die verfloßenen Tage so müßen wir mit David sagen; ich bin zu gering aller <u>Barmherzigkeit</u> und <u>Treue</u> die du an uns gethan hast, was uns auch Muth gibt mit Ruhe in die Zukunft zu bliken - . zuvörderst wenn wir bedenken daß der H.Vater uns so reichlich begnadigt, und die reine Erkentniß alles des Guten das wir haben in Christo Jesu; geschenket hat; welches auch der Schlüßel ist in sein Vaterherz hineinzusehen, wo wir nichts als Liebe erbliken, die Probe davon gab er uns darinnen, daß er seinen eingebohrenen Sohn gab, auf daß alle die an ihn <u>Glauben</u> nicht verlohren werden, sondern das Ewige Leben <u>haben</u> . - . Ach wie freut es mich so herzlich daß ich auch mit unserm Catechismus folgen kann. Auch <u>mich</u> hat der H. Geist durchs Evangelium Berufen usw. Denn nur auf diese weiße haben wir einen Nuzen von unserer lieben Taufe wenn wir es uns auch im Glauben zeigen können. Mein Lieber! am 6. dieses waren wir beÿ der Conferenz in Maichingen - wo H. Pfarrer Haag aus Ispringen und noch ein Pfarrherr aus Baustloch (?) zugegen waren es wurden unterschiedliche fragen erördert und mit Zeugnißen der H. Schrift und reinen Kirchenlehren bestätigt.

Wir Mußten uns nur Wundern über das reine Erkentniß und die Glaubens Freudigkeit des H. Haag; er ist auch sehr Bewandert in den Schriften Lutheri, *Scrivers - Arndts, Herbergers* und anderer reinen Kirchenväter, er bekannte, daß er in seinen Studien gut geübt gewesen seÿ - aber von diesem Schaz habe er nichts Gewußt, biß er durch Gottes Gnade im Predigtamt stehend, erst durch einen Separatisten darauf aufmerksam gemacht worden seÿ, daß er nicht bekehrt seÿ, was er dan selbst einsehen mußte, ob er sich gleich hoch befliß die Tugenden gut zu treiben und selbst zu üben - er habe sich selbst, beÿ betrachtung der Sache nach dem Wort Gottes, gleich überzeugt daß der Separatist verkehrt und nicht Bekehrt seÿ und sofort um wahre Bekehrung zu Gott ernstlich gebetet, welcher ihm seine Bitte reichlich gewährt, und durch sie Schriften Lutheri und anderer reine Kirchen Lehrer den weg zur wahren Bekehrung gezeigt - so daß er jetzt mit Paulo sagen könne - Was mir Gewin war, das habe ich um Christi willen für schaden gerechnet - daß ich nicht habe <u>meine Gerechtigkeit</u> die Aus dem <u>Gesez</u> - sondern die durch den Glauben an Christum kommt, u. s.w.

Mein Lieber ich fühle mich gedrungen Dir meine Väterliche Ermahnungen immer zu wiederholen, daß Du das l. Gebet und das Wort Gottes nebst den Schriften Lutheri *Scrivers*, und deinem *Prätorius*, wohl befohlen seÿn laßest, und so das was Du von Jugend auf gehöret, dir auch zu nuz machest. Den nur <u>Allein</u> der <u>Wahre Glauben</u> schaffets daß man Seelig (Lebt und) stirbt, aber falscher Glauben machet, daß man ewiglich verdirbt. -.-. ich Hoffe auch Du werdest noch einen Nachgenuß von Deinen Weihnachtstagen haben -. sonderlich wenn du bedenkst wie schnell man aus diesem Zeitlichen; in die Ewigkeit versetzt werden kann - und bleibt wie Luther sagt - wie Du Glaubst so lebst du - wie du lebst so stirbst du - wie du stirbst so fährst du, und wie du fährst so bleibst du. -.-.

Du hast auch den Gnädigen Schaz *(Zeile ca. 2, 5 cm zerstört)* auf deiner Heimreiße erfahren und dies kan dir ein neuer antr *(Zeile ca. 1, 5 cm zerstört)* deinen Taufbund Täglich zu erneuern, und dich vor der Verführung der Welt des Teufels getreuen Braut und deines eigenen Herzens zu hüten, denn der Mensch hat es immer mit einem Großen Betrüger - seinem eigenen Fleisch zu thun welcher den Satan in seinen Werkzeugen immer Vorschub thut und uns gern hinters Licht führt - hier ist der Beste rath, Beten und seine Zuflucht zu dem Treuen Hirten und Bischof unserer Seelen nehmen, wo man zu seiner höchsten Freude gewahr wird daß er Treu ist und uns bewahrt vor dem Argen -.

Mein Lieber, R. siehe in Deinem *Prätorius* fleißig nach so wirst Du finden woher auch Kraft kommt ein Gottgefälliges Tugendreiches Leben zu führen - auch werden Deine Studien gut von statten gehen, wenn Du die wahre, uns von Gott dazu Gemachte Weisheit vor Augen und im Herzen hast so wirst du Lustig und fröhlich dein Geschäft ausrichten --. Unsere Leiblichen Verhältniße sind so ziemlich Dir Bekannt, das Geschäft scheint wieder Besser gehen zu wollen - - . unser Unterhalt steht in guter Hand - Er hat gesagt ich will dich nicht verlaßen noch versäumen

In Hoffnung Du werdest gesund seÿn, Grüßen Dich Deine Mutter und Sämtliche Geschwister (der Christian[19] lernt gut - nur das Eigensinnlein will nicht Brechen, auch wenn ichs stark Biege) und in deren Namen mit dem VIII Capittel - in Prätorii Schazkammer. 110. Oben und Psalm 111, u. 112. U. Lied 86, neues Gesangbuch

Dein dich herzlich liebender Vater Richard Lauxmann

46 - Brief aus Schöntal

Schönthal den 3. Febr. 1851

Liebe Eltern!

Euren Brief vom 15 Januar habe ich erhalten u. danke dem Vater, daß er mir geschrieben hat, wie er dennoch noch zu einer Conferenz in Maichingen kommen konnte, während ich glaubte, er habe meinetwegen dieß unterlassen müssen. Freilich hätte ich auch bei ihm seÿn mögen, aber anders zu machen war es nicht, u. ich danke Gott nur, daß er mich wenigstens so selige Feiertage erleben ließ. Indessen durfte ich in Schönthal auch wenig Mühe haben u. bedurfte des Trostes wohl, den ich in den Weihnachten genossen habe, denn der Teufel u. die Welt haben sich wieder stark an mich gemacht, besonders auch der große Feind, den jeder bei sich hat, das eigene Fleisch. O, ich weiß es jetzt, was es heißt, in Versuchung gerathen, u. wie noth es thut, zu bitten, daß man nicht darein komme. Immer im Streit liegen mit so starken Feinden ringsum, ist keine Kleinigkeit. Da sind Vakanzen Lichtblicke in meiner Einsamkeit, jedoch ganz andere, als bei meinen Genossen. Die sprechen auch alle Tage von der Vakanz, aber ich denke nur daran, u. freue mich darauf.

Nun erst den Morgen habe ich ein altes, immer neu bleibendes Lied wiedergelesen, dieß hat mich erquickt u. gestärkt, ich möchte es euch deßwegen auch empfehlen, obgleich ihr´s schon oft gelesen haben werdet. Es ist *Gerhardt*s "Ist Gott für mich, so trete etc." Dieses Lied hat mir alle Freudigkeit geschenkt, die ich vorher verloren hatte. Es stellt einem so schön den Fels dar, auf den man treten darf, u. der letzte Vers ist sogar erquickend: Mein Herz beginnt zu springen u. kann nicht traurig seÿn, ist voller Freud u. Wonne, sieht lauter Sonnenschein etc. Was meine sonstigen Verhältniße betrifft, so bin ich ziemlich gesund mit Ausnahme einiger Anfälle von Kopfweh. Ich habe neuerer Zeit das erste mal öffentlich deklamirt auch vor den Professoren u. es gieng gut. Mein sonstiges Geschäft geht auch seinen

---

[19]   Christian, * 13.02.1845, war damals noch nicht ganz 6 Jahre alt.

guten Gang fort. Zur Privatbeschäftigung habe ich auch das Zeichnen angefangen, wodurch ich vielleicht in den Stand gesetzt bin, den Geschwistern manchmal Etwas zu senden. Ich bin natürlich jedesmal begierig, wie es der Mutter, u. besonders auch Georg geht, deßwegen bitt ich den Vater mir's zu schreiben. Im Übrigen wünsche ich nur, daß mit dem neuen Jahr auch der gute Gang des Geschäftes u. Segen von Oben sich bei Euch eingestellt habe.

Ich grüße Vater u. Mutter, Großmutter u. Geschwister u. verbleibe euer treuer Sohn und Bruder

Richard

Den Geschwistern empfehle ich insbesondere: Luc. 2, 51.52

47 - Brief aus Schönaich

Herrn R. Lauxmann in Schönthal!

Schönaich, den 16. Febr : 1851 .

Meinem Vielgeliebten Sohn! In Christo Jesu unserem Heiland!

Gnade und Friede! Von Gott unserm Vater und dem Herrn Jesu Christo, nebst kräftiger Inwohnung des Heiligen Geistes. - .

L. Richard

Von Väterlicher Liebe Gedrungen antworte ich Dir auf Dein Schreiben vom 3.ten dieß - . Daß es uns freute daß Du uns auch einmal vom Kampf gegen Innere und äußere Feinde, nemlich von den 3. Hauptfeinden eines Glaubigen Christen etwas schreibst, - woraus wir sehen daß ein Geistliches Leben in Dir ist, denn was todt ist, kämpft nicht, wenn man in Sünden Todt ist so läßt einen der Teufel und die Welt seine l. getreue Braut mit Frieden - und des eigenen Fleisches Willen thut man mit Lust so kan dann kein Großer Kampf seyn - freylich muß man auch in diesem Zustande die Einsprache des Gewißens leiden wieder seinen Willen, und der H. Geist, den man in der H. Taufe empfangen hat läßt den Sünder nicht nur so hinwandeln sondern wirkt oft durch das Wort Gottes eine Unruhe in der Seele, welche einem Sünder sein fleischliches Vergnügen oft zu lauter Wermuth und Galle macht um die Seele zu retten - . Der Kampf aber einer Glaubigen Seele mit diesen Feinden ist zwar beschwerlich doch steht die G. Seele nicht Allein sondern ihr Jesus spricht ich kämpfe selbst ich brech die Bahn bin alles in dem Streite. - Neues Gesangb. Nro 377, 5. Eine Glaubige Seele hat auch nicht nur die rechten Waffen zu diesem Kampf wodurch sie siegen kann - sondern auch einen Wohlbesetzten Tisch gegen ihre Feinde woran sie sich stärkt in diesem Kampf; Psalm 23, 5 . und so ist dieser streitende Zustand ein seliger, weil man aus Gottes Wort weiß daß es nicht anders seyn kann

- und wo kein Streit ist, da hat der alte Feind seinen Palast mit Frieden innen. L. Richard seÿ Du nur Wachsam und halte an mit Gebet und fleißiger Erwegung des Lieben Worts Gottes, so wirst Du neben dem Kampf auch viel Freude und Seeligkeit zu genießen haben. sonst ist ja doch alles in der Welt lauter Eitelkeit. - . Mein l.R. davon haben wir ein Trauriges Beispiel erleben müßen - H. Christian Pflomm ist zu unserem leidwesen Insolvent und hat keinen Theil mehr an seinem Geschäft und es würden, wenn es zu einem *Gant* käme, mehrere 1000. Durchfallen, und so viel wir aber hören wird es zu einem Vergleich kommen - . Du kannst Dir den Jammer denken in einer so starken Familie wo 14 Kinder sind man hat nur an ihm zu trösten- aber auch uns thut es einen großen Schaden im Geschäft - Die Herrn Kissel & Grumbholz haben zwar uns von 9 Zwirner allein beÿbehalten, aber es wird eben nichts gezwirntes mehr gemacht außer was bestellt wird und Sie das Muster nicht haben, wo wir kaum zur Noth für unsere Familie beschäftigt sind, ich habe mir schon alle Mühe gegeben sonst etwas Arbeit aufzutreiben aber es ist alles vergebens - . überhaupt gehen die Geschäfte so schlecht daß es nicht schlechter seÿn könnte, so daß die Baumwoll-Weber auch für andere Fabrikanten ohne Arbeit sind - und wir müßen uns eben gutwillig darein schiken wir wollen oder nicht nur ist eben leider der Traurige Fall, daß man bezahlen soll und kann nicht, und niemand will gedult haben - . so daß wir Tag und nacht in Sorgen leben - . o. l. R. seÿ nur auf der Hut daß wir keine Sorgen an Dir erleben müßen - Du würdest sonst unsere Grauen Haare mit Herzleid in die Grube bringen, und bete auch fleißig für uns daß der H. Vater uns nicht versinken laße in den Sorgen dieses zeitlichen - . Was die Mutter betrift so ist sie ordentlich Gesund, so viel ihr sonstiger Geschwächter Körper seÿn kann - . Der Joh: Georg ist Gesund und greift uns wacker unter die Arme so viel es neben der Schule seÿn kann, - die anderen Geschwistern sind auch Gesund und munter - . besonders habe ich dein V. eine gute Gesundheit zu genießen - . Die Gr.Mutter ist auch ein wenig Kränklich - und mehrere alte leute sind in diesem angefangenen Jahre den Mühen dieses Lebens entgangen

In der Hoffnung daß Du aus meinem Schreiben was für Dich darin liegt, dir zu Nutz machen werdest und Deine Eltern mit einem rechtschaffenen Wandel und Gesundem Glauben erfreuen werdest Grüsst Dich im Namen Deiner Mutter G.M. und Geschwistern mit Psalm 73 und Neues Gesangb. Lied 240.

Dein Dich H. liebender Vater

R. Lauxmann

.

Schönthal den 9 März 51.

Liebe Eltern!

Mit großem Schmerz habe ich Euren letzten Brief gelesen und erfahren, daß der liebe himmlische Vater Euch wieder einmal recht in die Schule des Unglücks gehen lassen will. Und dieß ist freilich keine kleine Aufgabe, auch hier immer erfunden zu werden, wie es Christen u. Kindern Gottes geziemt. Er hat schon oft dieses Prüfungsmittel bei Euch angewendet, u. man muß dabei oft nur bitten: mache es so, daß wir es ertragen können. O! Der Vater hat mich schon oft ermahnt, nur Gott mein Herz auszuschütten u. ihm meine Wünsche vorzutragen, nun ich thue dieß, so weit es mein sündiges Wesen zuläßt; u. ich glaube, auch ihr werdet's nicht fallen lassen. Nun denn, was ihr den Vater bitten werdet in meinem Namen, das wird er euch geben, sagt unser Heiland, u. diesem Wort wollen wir trauen, auch wenn er nicht sogleich seine Hand von uns abzieht, wir wissen ja doch, daß wir durch viel Leiden u. Trübsal ins Reich Gottes kommen müssen, u. daß dieser Zeit Leiden nicht werth sind der Herrlichkeit, die an uns soll offenbaret werden.

Er weiß am besten Rath u. That. In dieser Welt dürfen wir uns freilich nichts Gutem versehen, da stößt einem Glaubigen bei jedem Tritt etwas Unangenehmes auf. Nun ihr wißt das wohl, u. der Herr hat Euch schon manchmal herausgeholfen, wir wollen hoffen, daß er es auch dießmal thun werde; ernst wollen wir bitten wie Gerhard im letzten Vers von: Befiehl du deine Wege u. uns nach dem Vers halten, in welchem es heißt: Sing, bet u. geh´ auf Gottes Wegen, verrichte deine Pflicht getreu u.s.w.

Ich habe große Sorge, dieß möchte besonders auch die Mutter beunruhigen und betrüben, aber ich lasse ihr nur sagen, sie möge einmal das Lied lesen: 479: Je größer Kreuz, je näher Himmel, etc.

Was Georg betrifft, so brauche ich ihm nicht zu schreiben, ich komme zu seiner Konfirmation ja noch 8 Tage vorher am 16. April. Die Vakanz nimmt jetzt da ihren Anfang u. dauert ein wenig länger als 3 Wochen. Die Herbstvakanz wird in Zukunft um eine ganze Woche länger dauern.

Ich bin in letzter Zeit auf meiner Stube in Uneinigkeit mit mehreren gekommen, was auch mich sehr beunruhigt. Man kann sich keinen Begriff machen, wie diese sich oft benehmen u. sollte nicht glauben wie diese Leute berufen waren, andern den Weg des Lebens zu zeigen, während sie so ganz in diesen Weltsinn versunken sind. Es ist auch eine Prüfung, die mir unser himmlischer Vater auflegt, doch ist es gut, daß ich ihm u. nach ihm noch Einen von den Unsrigen meine Gedanken offenbaren kann. Man glaubt nicht, wie dieß Einem das Herz erleichtert, wenn man es nicht selbst schon erfahren hat. Ich schicke Euch beiläufig 2 fl. weil ich dieß so geschickt fortbringen kann, ich denke ihr werdet sie wohl brauchen können.

Im Übrigen grüsse ich Euch u. meine Geschwister, die Großmutter, alle Glaubigen u. wünsche, ihr möget in Geduld warten auf die Hilfe des Herrn. Euer dankbarer Sohn u. Bruder Richard

49 - Zeugnis

Seminar Schöntal - 14. April 1851 – Siehe Anhang!

50 - Brief aus Schöntal

Liebe Eltern!

Nicht mehr lange genug habe ich gewartet mit einem Brief an Euch! Gleich am Sonntag, wie ich hieher gekommen war, fieng ich frühmorgens einen Brief an, den ich Johann Georg Wacker schicken wollte, der aber bis jetzt noch nicht abgeschickt ist. An jenem Sonntag hatte ich ein wenig freie Zeit, aber da ich sobald nach Eurem eigenen Wunsch nicht nach Hause schreiben wollte, schob ich es auf u. wurde dann von allen möglichen Geschäften so umringt, daß ich beinahe keine Zeit mehr finden konnte. Nun, wenn ich auch nicht geschrieben habe, gedacht habe ich wenigstens oft, ja beinahe immer an Euch u. an die Glaubigen in Schönaich, bei denen ich so schöne Stunden zugebracht habe. Diese sind jetzt freilich vorüber, aber ihr Eindruck soll mir nimmer genommen werden. Nicht nur mein bloßes Gedächtniß bewahrt sie mir, nein auch meine Zeugen in Schönthal, als da ist: Altes u. Neues Testament in 2 u. dreifacher Weise, ferner die *Schatzkammer* u. Hillers Andachten. Auch nach Luther habe ich mich umgesehen, gestern vor 8 Tagen Vormittags vor der Kirche gieng ich zu H. Pr. Eÿth, u. bat ihn, er möchte mich ein Buch aus der Bibliothek holen lassen. Er sagt, es seÿ schon recht, aber ich solle mich nur beeilen; er wolle nämlich predigen, u. dieß hatte ich nicht gewußt; ich beeilte mich also, so viel als möglich, suche unter den Lutherbänden, von denen eine große Zahl nicht da war, fand aber die Auslegung des Ev. Johannis nicht, ich nahm deßhalb nur die Tischreden u. sagte es Herrn Pr. Eÿth. Er sagte, ein anderesmal, wenn er mehr Zeit habe, wolle er mirs zeigen. Und an sein Versprechen werde ich ihn dann auch wieder mahnen. Für jetzt gebrauche ich die Tischreden, von denen manche mir Tag für Tag mehr Licht geben insbesondere über die Stellung eines Christen in unsrer Zeit, ich will da nur auf den Abschnitt besonders am Ende vom ersten Cap. (Wort Gottes) hinweisen. Prächtige Weideplätze für die Seele kommen auch in diesem Buch, das zugleich durch seinen heiteren Ton mehr Licht u. Liebe erweckt, als ein andres. Ich habe jetzt wohl Zeit, mit diesen Büchern umzugehen, denn die 3. Stunde von 9 ½ - 10 Abends muß mir dafür frei bleiben, denn da bin ich am ungestörtesten.

Was meine sonstigen Verhältniße betrifft, so kann ich mich gut darüber aussprechen, wünschte nur Euch auch dasselbe! Nach Schönthal bin ich ganz wohlbehalten, obgleich noch ein wenig beregnet gekommen. Meine Eier habe ich erst in den letzten 1 ½ Stunden benützt, sie sind mir wohl u. gut bekommen! Ich sage der Mutter vielen Dank dafür! In Schönthal angekommen fand ich bald auch den neuen Repetenten Kraut, der sich an Herrn Zeller angeschlossen hatte. Am andern Tag, Sonntag Mittag, kam ich an Herrn Zellers Zimmer vorbei, der die Thür offen hatte, er rief mich hinein, u. sagte mir, er habe mir vor der Vakanz versprochen, einen Horaz mitzubringen, er habe nun zu Hause nachgesehen, habe auch wirklich den seinen gefunden, aber zugleich auch, daß viel albernes u. närrisches Zeug drinn stehe. Er habe sich deßhalb an Rektor *Roth* gewendet, u. dieser habe ihm nun seinen Horaz für mich mitgegeben, unter d. Bedingung, daß ich ihm denselben wieder zurückgebe, wenn mein Curs in Schönthal beendet seÿ. Die Ausgabe von Horaz, die ich nun habe, ist eine der schönsten in ihrer Art, umfaßt zwei Bände, in d. Größe einer *Schatzkammer* [20], hat einen großen Druck, ausgezeichnete Bemerkungen u. kostet wie ich beiläufig erfahren habe, bei Steinkopff 2 fl 42 cr. So wäre dann wieder für mich gesorgt über Bitten u. Verstehen in dieser Sache. Ein anderes Buch hat Herr Pr. Eÿth auf meine Kosten natürlich besorgt. Im Wesentlichen hat sich Nichts geändert. Am Sonntag Morgen dürfen wir, sobald, als wir wollen, hinaus bis 6 ¼ u. als Frühstück wurde ausgemacht, Milch zu nehmen u. dieß kostet in diesem Halbjahr vielleicht 12 - 16 cr.

In der vergangenen Woche war hier die kathol. Mission, ein paar Jesuiten kamen hieher u. eine Unzahl Menschen war in Folge davon hier. Es ist Zweck dieser Mission den kirchlichen Sinn der Katholiken anzufeuern. Wenn's von der äußeren Haltung der Beredsamkeit u. dem volksthümlichen Vortrage abhängen würde, so wäre ihr Zweck wahrscheinlich kein verfehlter zu nennen, aber die wahre Begeisterung für unser ewiges Wohl kann nur Gottes Wort u. Christi Verdienst in uns erwecken. O wären doch diese Protestanten, die Gottes Wort rein

---

[20] d.h.: so groß wie das Buch "Schatzkammer" von Prätorius

haben, von einem solchen Eifer beseelt u. wachten auf von ihrem Schlafe! - Bei mehreren Predigten war ich, bei den letzten durften wir nicht mehr seÿn, da es sich zeigte, daß von Seiten der höheren Geistlichkeit, d.h. den Jesuiten, Winke fielen, welche uns gegenüber etwas Feindseliges enthielten. Doch wir sind wahrscheinlich um nicht viel dabei gekommen. Nun noch zum Ende schicke ich hier mein Übriges von Kleidungsstücken usw.

Und nun will ich schließen u. ich grüße meine Geschwister, meine Verwandten, d. Großmutter u.s.w. insbesondere alle Glaubigen (letztere mit Hiller 2. Theil 1, Vers 4 u. Hebr. 10, 25) u. Euch meine geliebten Eltern in Christo mit Luc. 10, 20 ; Gal. 3, 26 Joh. 16, 22 (u. Schwing dich auf zu deinem Gott!) euer dankbarer Sohn Richard.

51 - Brief aus Schöntal

Schönthal den 3. Juni 1851

Meinen lieben Eltern u. Geschwistern
in Christo Gerechtigkeit, Friede u. Freude im Hl. Geist!

Ich danke meinem Gott immerdar, daß er mich in dieser Zeit so bald zu seinem Wort u. Erkenntniß hat kommen lassen, u. thue dieß insbesondere jedesmal so oft ich einen Brief von Euch, liebe Eltern, erhalten habe. Ich fühle jedesmal, was es für eine große Gnade Gottes ist, daß er mir solche Eltern geschenkt hat, die mich zu seinem Gnadenstuhle weisen. Denn auch dort fühle ich, daß man so gar gern nachläßt in dem Vertrauen auf Gott, wenn man nicht dazu ermahnt u. aufgemuntert wird. Dazu wird man allerdings hauptsächlich durch das Wort Gottes angeleitet, aber der menschliche Sinn ist oft so, daß er desselben bald müde wird, u. lieber Ermahnungen von Außen annehmen will. Nun ich muß sagen, besonders in letzter Zeit habe ich große Freude am Worte Gottes empfunden, besonders an den Psalmen; u. bitte immer, Gott möge mir noch mehr Freude an seinem Wort, u. Verständniß desselben geben, u. suche hierzu besonders den Gottesmann Luther auf: Ich habe jetzt seine Auslegung von Theilen aus dem Ev. Matthäi, Lucä u. Johannis in den Händen. Im Evang. Johannis zu Anfang redet er besonders deutlich davon, wie Christus das einzige Licht seÿe, das alle Menschen erleuchte etc. Ich habe Zeit für diese Sache genommen und darf ohne Hehl mich in ihm vergnügen. Gott hat es demnach auch hier mir nicht fehlen lassen an Zeugen der Wahrheit, in denen ich mich vergnügen kann; wenn ich denke, wie ihr jetzt gerade beieinandersitzen könnet, u. mit einander singen u. euch erholen von den Sorgen des Tages. Zur Erinnerung an meine Vakanz spiele ich immer noch so einige neue Lieder auf der Violine u.

freue mich im Geiste mit Euch. "Welch' Glück es ist, ein Christ zu seyn" singt jener Verfasser mit Recht, denn ich kann mir's wohl denken, wie ihr in dieser Zeit euch so kümmerlich nähren müßt. Oft denke ich, wenn nur einmal die Zeit da wäre, wo ich mit Gottes Hülfe Euch Beistand leisten könnte! Unterdessen müßen wir auf Gottes Hülfe trauen u. glauben, daß der Herr um sein Volk her ist. Was meine Verhältniße in Sch. betrifft, so kann ich euch Nichts Neues mittheilen, Johann Georg lasse ich grüßen mit den Worten Jonathans: Was wir beide geschworen haben im Namen des Herrn u. gesaget: der Herr sey zwischen mir und dir, das bleibe ewiglich; die anderen Geschwister bitte ich, auch Etwas von sich hören zu lassen u. Christianchen danke ich für seine liebe Antwort, er soll mir auch eine Frage schicken. Die Glaubigen grüße ich mit dem Psalm, den wir am letzten Sonntag meiner Vakanz betrachtet haben. 149. Besonders mit dem 6. Vers. Euch aber, meine lieben Eltern mit "Unsere Trübsal die zeitlich u. leicht ist, schaffet eine ewige u. über alle Maße wichtige[21] Herrlichkeit usw.

Euer durch Glaube u. Liebe verbundener Sohn u. Bruder Richard

52 - Brief aus Schönaich

Richard Lauxman in Schönthal!

Schönaich d. 8. Juni. 1851

Gnade und Friede! Samt kräftiger Innwohnung des H Geistes

Vielgeliebter Sohn!
Dein Schreiben von voriger Woche nebst dem Päckchen haben Wir erhalten und daraus ersehen daß Du Gesund bist und Deine Verhältniße in Schönthal gut stehen, es hat uns auch sehr gefreut daß H. Zeller sich so für Dich verwendet hat mit dem Buch bey H. *Roth.* - . und sagen dem L. Vater im Himmel herzlichen Dank - daß er die Herzen Deiner Lehrer so regiert daß sie für Dich Sorgen was wir nicht vermöchten namentlich in diesen Geschäftslosen Zeiten - Da von Calw keine Antwort kam auf das schreiben von H. Schultheiß so ging ich selbst nach Calw - Da nun wirklich ein Abschlag der Garne bevorsteht so fällt H. Herrmann mit Baumwollzwirn auch nicht zurück - er machte mir den Vorschlag es mit Seidenzwirn zu Versuchen was ich auch unternahm und gestern 2 ¾ Pfund selbst ablieferte

---

[21] 2. Korinther 4, 17: Denn unsre Trübsal, die zeitlich und leicht ist, schafft eine ewige und über alle Maßen gewichtige Herrlichkeit.

und der liebe Gott segnete meine Bemühung und fiel Gut aus, so daß sich H. Herrmann selbst verwunderte, es ist freÿlich etwas schwierig im Alter[22] solchen diffizilen Stoff zu unternehmen - Doch sind wir froh daß wir wieder Arbeit haben wenn auch der Verdienst im Anfang klein ist - für diese 2 ¾ Pfund habe ich 4 f. 20 cr. erhalten und der alte Gott lebt ja noch, der schon manchmal ausgeholfen hat er wird auch dießmal die rechte Zeit nicht versäumen, er hat ja verheißen, ich will dich nicht verlaßen noch versäumen - freÿlich will einem oft der Glaube ausgehen -. und hat oft nur zu bitten laß mich nicht entfallen aus des rechten Glaubens Trost -. nun auf Erden im Menschlichen Leben ist immer Sorge, Furcht, Hoffnung und zulezt Der Todt, Darum haben wir den Vater im Himmel desto mehr zu preißen daß er uns eine beßere Aussicht auf die Ewigkeit Geschenkt hat in seinem l. Sohn Jesu Christo, darum nur im Erkenntniß alles Guten das wir in Christo haben findet unser Glaube Kraft, die Mühseligkeit dieses betrübten Lebens zu überwinden, und freut sich der Seligkeit die er in Christo hat - Wir vermahnen Dich daher l. R. daß Du Dir das Gebet und den fleißigen Gebrauch des Worts Gottes befohlen seÿn läßest, nebst den Schriften des der alten Glaubigen Lehrer Lutheri, *Arnd, Scriver, Prätorius,* und Anderen - und wirst viel Vergnügen und Freude haben was beÿ anderen oft eine <u>Mühe</u> ist, wird Dir eine Lust seÿn, ich weiß zwar daß Du es thust, doch kann ich es nicht laßen Dich allezeit zu ermahnen, da ich selbst wohl fühle wie nöthig auch ich eine immer Währende Vermahnung habe, und oft Klagen muß mit Hiller - Du Träges Herz wie lange bist du mir eine Last - u.s.w.

Wir freuen uns, daß auch der H. Geist sein Werk in Deinem Herzen angefangen hat, denn was ist G. Eltern Lieber als wenn sie sehen, wenn ihre Kinder in der Wahrheit Wandeln - namentlich in unsern lezten Zeiten, wo die Ganze Welt in ihrem klugen Dünkel Gottes Wort verachtet, und ihre Weißheit höher hält als dasselbige - Darum freue Dich in Deinem Heil und seÿ frölich in Deinem Gott - laß andere sich freuen, sich in das Fleisch zerstreuen, denke daß sie sich über einen Schatten freuen, Du über das ewige Gut -. Was Gottes Wort für Freude im Herzen seiner Kinder macht, kann nur der Wißen der es erfahren Hat - und bestätigt sich was unser Heiland sagt Euere <u>Freude</u> soll <u>niemand</u> von Euch <u>nehmen</u> -. Was auch Gerhard bezeugt in d. Lied 373. Neues Gesbuch. Ich Schließe mit den Worten Davids Psalm 1, ganz - und Ps: 23. Und bleibe Deine Dich H: liebende Eltern. - Es grüßen Dich die Glaubigen mit dem 111. Psalm und dem Lied, Rede mir nur niemand ein daß ich Jesum soll verlassen -

---

[22] Er war damals 48 Jahre alt

Hiermit Gott Befohlen - schreibe uns auch wieder und Warte nicht zu Lange. In dieser In dieser Hoffnung grüßet Dich unsere sämtliche Familie und in deren Namen

Deine dich H. Liebende Eltern

R. & A. Lauxmann

53 - Brief aus Schönaich

Herrn Richard Lauxmann in Schönthal!

Schönaich, d. 13. Juli 1851

Meinem Vielgeliebten Sohn, in Christo! Gnade und Friede von Gott unserem Vater und dem Herren Jesu Christo!

Vielgeliebter Richard!

Dein Schreiben vom vorigen Monat haben wir erhalten und daraus ersehen daß Du es für eine Große Wohlthat und Gnade Gottes erkennst, daß er Dir in Deiner Jugend zum Erkentniß und Glauben an seinen Lieben Sohn verholfen hat. Wie es denn auch in Wahrheit kein größeres Glük geben kann, besonders in unserer Lezten Bösen betrübten und Seelengefährlichen Zeit, wo die Ganze Welt entweder in Epicourismus und Atheisterey oder in Werkheiligkeit versunken ist, da es an allen Eken heißt -. siehe hie ist Christus, siehe da ist Christus, Thue das! Thue jenes, so bist Du ein Christ so komst Du in Himmel u.s.w. wo überal aus Christo ein Moses gemacht wird der uns gebietet was wir zu Thun haben, aber mein L. Sohn betrachte recht seine eigenen Worte, Was er von uns fordert E. Joh: 3, 14 - .18. 36. Marci 16, 16. und Jeremias 5, 3. Jesaias 53, 11 und Paulus Römer 1, 16.17. Cap 3, 23 und folg.:

was dan die Heiligung betrifft so ist es folgerichtig, wer den rechten Seligmachenden Glauben an Christum hat, daß ihn dieser nicht faul noch unfruchtbar seyn läßt, 2. Petri 1, 1. - 11., Wahr ists daß das Evangelium zweyerlei Leute macht, Wie H. Lutherus in der Erklärung des Wörtleines Evangelium Sagt Die es nicht recht verstehen mache es roh und sicher, aber die es recht verstehen mache es fromm und dankbar, was auch mit unserem Catechismus übereinstimmt, vom Nutzen des Glaubens, daß man kann kindlich Beten u. Gottselig leben. siehe auch Lutheri Tischreden Cap 13. §§ 17. Cap. 14 §§ 6. siehe auch *Prätorii* Schazkammer 25 Vom Evangelio Cap 3, §. 6.8. bis 11. Mein lieber R. diese Woche haben wir einen Besuch gehabt von Pfarrer Haag aus Ispringen aber nur etliche Stunden über den Mittag wo er Lucä 15, uns erklärte Was uns unvergeßlich sein wird unser Leben lang, ich wünschte nur daß Du´s auch gehört hättest, er besuchte einige Gemeinschaften als, Oferdingen, Nekarhausen, Köngen,

Stuttgard, Maichingen, Schönaich, und rechnet es für sein größtes Glück in unsere Bekanntschaft gekommen zu seÿn, o mein L. halte nur fleißig an im Gebet daß Dir der H. Vater durch seinen H. Geist Lust und Liebe an seinem Wort schenken wolle, und ein Werkzeug seiner Gnade aus Dir mache, Deine Studien segnen, daß es zu seinen Ehren und Deiner eigenen Seeligkeit gereiche und zu vieler Herzen Trost -. sonst wollte ich Dir nicht viel drum geben und wenn Du der Gelehrteste Professor würdest, wenn Du nicht wie jener Maler auf die Ewigkeit malen wirst -. -. -.

Was unsere Leibliche Umstände betrifft so sind wir gottlob allesamt ordentlich gesund was uns unsere sonstige Verhältniße in etwas erleichtert, das Geschäft geht immer noch nicht und wir haben auch keine Aussicht vor dem Herbst - zu Ehren der Hülfe Gottes müßen wir sagen daß er jedes mal so viel beschert daß wir so schmal durchkommen -. aber alle bezahlungen bleiben eben stehen, was uns nicht wenig Kummer verursacht und geht oft der Glaube nahe zusammen und haben wir uns genug zu wehren, daß uns die Sorgen der Nahrung nicht über dem Kopf zusammen wachsen, denn zum täglichen Brod gehörd eben auch daß man seine Schuldigkeiten abstatte, und ein Ehrlicher Mann bleiben - was uns schon ½ Jahr unmöglich ist - Da gilt es zu Glauben daß uns Gott nicht verlaßen noch versäumen wolle -. -. nur sage ich oft zu meinem eigenen Herzen, Gott wird als die Ewige Wahrheit nicht zum Lügemann an dir werden -. Da heißt es oft Ach Herr wie so lange -. und spreche mir wieder selbst zu Mein Herz gib Dich zur Ruh was soll das Zagen - und du bist ein Mensch das Weißt du wohl; N. Gesangbuch 371. So viel für dießmal.

In der Hoffnung daß Du Gesund seÿn werdest grüßen dich deine Sämtliche Geschwister Deine Großmutter und alle Glaubigen im Namen derselben mit Psalm 119. N. Gesangbuch 313

Deine Dich H. Liebende Eltern R. & A. Lauxmann

54 Brief aus Schöntal

Schönthal den 3. August 1851

Herzlich geliebte Eltern und Geschwister!

Ihr werdet wohl bereits unruhig geworden seÿn, daß ich so lange nicht schreibe, und ich mache mich deshalb schnell daran, Euch den Grund zu schreiben. Wir haben seit langer Zeit, beinahe das ganze Sommersemester durch, nur mit mehr oder weniger Unterbrechung eine sehr geschäftvolle Zeit. Von Anfang an warten wir auf den Augenblick, da das Hauptexamen des Seminars von einem Studienrath vorgenommen wird. Auf solche Zeiten wird immer Viel von

Einem gefordert, die Lehrer wollen mit den gewöhnlichen Leistungen auch noch andere verbunden wissen u. so sieht man nicht hinaus vor lauter Arbeit. Gerade nun in der Zeit, wo Euer Brief kam, hatten wir einen Aufsatz zu machen, der uns bis letzten Freitag in Anspruch nahm. Ich will Euch nur aufschreiben, was wir in ihm behandeln sollten; ihr werdet dann schon glauben, daß wir Zeit dazu brauchten. Über den Satz: "Der Stil ist der Mensch!" sollten wir einen Aufsatz von wenigstens 6 Seiten machen. Und so drängt ein Geschäft das andere, obgleich der Studienrath noch nicht angekommen ist. Manche glauben, er werde vor dem 12. September nicht kommen, das heißt: kommen, wenn wir in die Vakanz gehen; und dieß wäre wohl das Beste, denn Einfluß auf das Concursexamen im nächsten Jahr hat dieß Examen ja doch nicht. Die Vakanz vom 12. September bis 10. Oktober wird für mich eine wahre Erholungszeit seÿn von den Arbeiten dieses Semesters, insbesondre auch in der Gemeinschaft der Seligen, ich habe noch Viel in Erinnerung von der letzten Vakanz u. wären es auch nur die herrlichen Lieder: Einen Tag im Himmel leben; Prediget von den Gerechten; Rede mir nur Niemand ein, Und dazu sage Amen u.s.w. Leider kann ich mich wenig im Luther, *Prätorius* ergehen, wegen der vielen Geschäfte, doch wenn es möglich ist, thue ich dazu. An die Familie muß ich immer denken, freilich kann ich wenig durch die That dasselbe zeigen, allein Gott kann Euch allein helfen, er thut es auch, wenn wir darum bitten. Es hat in unsrer Gegend dieses Jahr nicht den Anschein, als ob ein fruchtbarer Ertrag zu hoffen seÿ; anhaltender Regen hält uns oft lange im Hause u. sogar Überschwemmungen kommen im Jaxtthal über die Wiesen. Obst gibt es im Verhältniß ziemlich, ich möcht wünschen, daß ihr nur dießmal auch Etwas erntetet. Doch, wie dem auch seÿ, wir können Nichts davon noch dazu thun, außer wenn wir Gott anhalten und brünstig bitten. Dieß ist ja eines glaubigen Christen Paradiesgärtlein, da pflückt er die Rosen der Verheißungen Gottes, u. schwingt sich hinauf weg von der Creatur zum himmlischen Vater u. genießt tausendfache Freude, ehe sie nur eigentlich angeht. Ich für mich habe ja keine Nahrungs- od. Andere Sorgen u. bin doch oft bekümmert u. zerknirrscht, da fällt mir aber augenblicklich ein, daß dieß das einzige Opfer ist, das wir Gott darbringen können, u. dessen Geruch angenehm ist vor ihm. Wenn man das Gebet eine Zeitlang unterläßt, oder läßig betreibt schnell regen sich Zweifel, man wird schwach u. läßt sich vom bösen Feind berücken. Dieß habe ich schon erfahren, ihr wohl auch, darum müßen wir uns immer mehr an Gott anschließen; sein Umgang ist Leben u. Seligkeit.

Beim ordentlichen Durchgang hat mich Herr Pr. Mezger wieder

gefragt, wie es auch zu Haus steht? Und ich sagte ihm, daß die Geschäfte eben gar nicht gehen u. ich bekümmert um Euch seÿ. Er gab mir nun wieder den Rath, mich hauptsächlich auf die Sprachen zu legen, das Andere dürfe natürlich nicht dahinten bleiben, und mich so mehr fürs Lehrfach herauszubilden, ich könne deß ungeachtet auch später ein Predigeramt übernehmen. Es seÿ so, die Bewerber um Lehrstellen werden viel bälder mit einem ordentlichen Lohn angestellt, ich könnte dann Euch bälder unterstützen. Ich halte es für der Mühe werth, die Sache Euch zu schreiben, weil ich Euer Urtheil darüber hören u. mich darnach richten möchte. Die Sache hat ihre Vortheile, man weiß nicht was für Zeiten kommen, es wäre dann vielleicht besser, sich auch für das Lehrfach bilden u. Neigung dazu würde mir keineswegs fehlen. Freilich das Amt eines Predigers ist das schönste; wenn es seine Pflicht erfüllen kann. Schreibt mir doch in Eurem nächsten Briefe, was Ihr denkt! Im Übrigen mag ich Euch keine Kleinigkeiten sonst schreiben, in der Vakanz kann man ja noch von manchem sprechen, ich bin genug gesund u. wünsche d. Brief möge euch leiblich u. geistlich gesund antreffen.

Ich grüße Euch, meine l. Geschwister, die Glaubensgenossen
Euer dankbarer Sohn u. Bruder Richard.

55 - Brief aus Schönaich

Richard Lauxmann in Schönthal

Schönaich, d. 16. Aug: 1851

Meinem in Christo Jesu Herzlich geliebten Sohn!

Gnade und Friede in Christo Jesu nebst kräftiger Innwohnung des Heiligen Geistes!

Vielgeliebter Richard!

Dein Schreiben vom 3 ten dieß haben wir nebst Zulage unversehrt erhalten und daraus Deine kindliche Theilnahme an unserem Schiksale ersehen, und freute uns r. Herzlich daß Du unserer nicht vergißest - Deine Erinnerungen an den frohen Umgang mit den Glaubigen ist uns ein Beweiß daß d. H. Geist kräftig an Deinem Herzen arbeitet und wenn Du den Zügen und Rührungen deßselben getreu bleibst so ist zu hoffen daß der H. Vater ein Werkzeug seiner Gnade und Gefäß seiner Barmherzigkeit aus Dir Machen werde, und Dich zu seinem Dienst in seiner Gemeinde Gebrauchen werde, seÿ es als Prediger oder als Lehrer in Schulen oder wie es in seiner alleine weißen Vorsehung beschlossen ist - . Denn Dir wird es seÿn wie uns, daß wir Ihn nicht an unsere Wege binden wollen, sondern seiner Führung folgen und uns überlaßen - . indessen aber unter Herzlicher Anrufung und

Gebet unsere Pflicht u. Schuldigkeit in unserem Beruf nicht versäumen, sondern die Mittel gebrauchen welche er uns zuschikt und anbietet - d. heißt die Gelegenheit die sich mit der Zeit uns darbietet froh und Muthig in Aufsehen auf Ihn benützen -. Daß Dir H. Pr. Mezger zum Lehrfache rathet sehen wir nicht von ohngefähr an, wenn Du Lust dazu hast, denn da kannst Du einmal wenn Du Gottes Wort von Herzen lieb hast mehr Nutzen schaffen als im Predigtamt, den ein Glaubiger Prediger kommt meist nur einem Dorf oder Stadt oder Gemeinde zu Gut, aber ein Glaubiger Lehrer an niedern oder hohen Schulen einem ganzen Land ja der halben Welt, indem wenn er Gottes Wort mit Fleiß in Die Junge Herzen Pflanzt die einst Prediger, Beamten, Juristen u.s.w. werden sollen so geschieht dem Reich des Satans grosser Abbruch, und Gottes Reich wird Befördert - im Gegentheil aber wo dasselbe nachbleibt und man Bloß Menschliche Weißheit und Gelehrsamkeit treibt so sind hohe Schulen Hohe Pforten der Hölle wenn sie nicht emsig Gottes Wort treiben in Das Junge Volk, sind Worte Lutheri - Darum kannst Du mit unserem Willen Dich ernsthaft auf die Sprachen legen wir hoffen Du werdest das Gebet und L. Wort Gottes darneben nicht versäumen, so lange ein Göttliches Leben in Dir ist den es wird Dir zum Bedürfniß werden daß Du mit Gott reden und Weißheit von ihm Bittest daß er Deine Studien segnen und Dich vor falscher Lehr und Irrthum Bewahren wo mit welchen die heutige, namentlich gelehrte Welt überschwemmt ist -. überhaupt wenn Du der gelehrteste Professor in der Welt würdest, und den Ruhm der Ganzen Welt genößest, so würde es Dir wenig nutz seyn, wen Du nicht der Kindschaft Gottes und Gnädiger Vergebung der Sünden versichert wärst. Denn David sagt Psalm 119, 99. Ich Bin gelehrter den alle meine Lehrer den deine Zeugniße sind meine Rede. - Auch die Erfahrung B... (Blatt ist hier ausgerissen, ca. 3, 5 cm fehlen)...sehr Gelehrter Professoren wenig Nutzen schaffen (Blatt ist hier ausgerissen, ca. 2, 5 cm fehlen)... gt Glaubig sind, ja oft mehr schaden anrichten als zu sagen ist. -. Darum ist unsere einzige Sorge und Ermahnung an Dich Du Wollest doch d. L. Gebet und Lesung der H. Schrift Deine Hauptsache seyn laßen und bitten gott täglich und Stündlich daß er Dich mit seinem H. Geist regieren wolle und es dahin wenden daß wir samt Dir erhalten werden zum ewigen Leben -. Daß Du am 12. Sept. Vakanz bekommst haben wir Bemerkt und freuen uns mit Dir Mündlich zu reden. Was unsre Leibliche Verhältniße betrifft so erfahren wir Täglich daß Gottes Wort wahr Bleibt ich will Dich nicht Verlaßen noch Versäumen, ob es uns schwer geht, so wissen wir doch das D. H. Vater seine Weiße Absichten hat welche auf unser ewiges Heil abzielen -. Gesund sind wir

Gottlob was wir auch beÿ Dir hoffen - kommen Dir Sorgen angerükt, so Gibt Gott auch Gnade sie auf Ihn werfen zu können - . Die Erndte fällt im Durchschnitt nicht schlim aus, nur was naße Güter sind haben schaden gelitten und vor 14. Tagen sind die Wiesen überschwemmt u. Verderbt worden - , Flachs hat ein Gutes aussehen, unser einziger Trost ist der daß Gott gesagt hat der Glaubige begehrt mein - Psalm 91. 14 + 16.

In Hoffnung einander Bald zu sehen, Grüßen Dich Deine sämtlichen Geschwister Deine Großmutter Die Glaubigen und in deren Namen Deine Dich H. liebende Eltern R. & A. Lauxmann

56 - Zeugnis

Seminar Schöntal - 8. September 1851 – S. Anhang!

57 - Brief aus Schöntal

Schönthal den 19. Okt.

Liebe Eltern!

Vor allen Dingen habe ich zu Eurer Beruhigung Euch zu erzählen, wie ich nach Schönthal gekommen bin . - als der Vater mich auf den Bahnhof geleitet hatte, war es noch ganz düster, beinahe Nacht; keiner von meinen *Compromotionalen* war bei mir . als wir aber durch den Feuerbacher Tunnel hindurch waren, da stand die freundliche Sonne bereits auf, um uns einen prächtigen Tag zu bereiten. Weder in Asberg noch in Bietigheim stiegen Einige ein, u. als ich nach Heilbronn kam, war ich allein. Ich kam bis auf den Markt, da sah ich Otto Majer, welcher mir sagte, daß er u. Lutz schon am Freitag Abend herabgefahren wären. Da Otto M. zwar auch zu Fuß nach Schönthal wollte, jedoch im Sinne hatte, noch 2 Stunden zu verweilen, trennte ich nicht von ihm u. gieng die bekannte Straße entlang, bis ich zu Messerschmid Lothammer kam u. hier, weil ich kein Messer mit ausstehendem Schlitzer wünschte, ein Messer um 24 cr kaufte, darauf gieng ich geraden Weges fort, u. konnte Gott nicht genug für den herrlichen Tag danken, den er mir geschenkt hatte. In Neckarsulm kehrte ich in der bekannten Sonne ein, etwa eine Stunde vor Neustadt traf ich mit einem Mühlknecht zusammen, mit dem ich mich eine Zeitlang unterhielt, u. darauf eingeladen wurde mich auf seinen, mit Weizen beladenen, Wagen zu setzen. Und so fuhr ich dann eine ganze Stunde lang, während er ritt. Natürlich war ich also noch nicht müde, u. kam bis nach Kochersteinfeld, wo ich einkehrte. Von den Leuten, mit denen ich mich auf dem Wege unterhielt, erfuhr ich, daß es mit dem Haber u. den Erdbirnen ebenso stehe wie bei euch, u. daß insbesondere die Mäuse viel Schaden anrichten. Um 4 ¼ Uhr kam ich in Schönthal wohlbehalten und ohne sonderlich müde zu seÿn an. Erst Einer, Faust von dem 2 ½ Stund entfernten Ingelfingen, war da. Nun hatte ich Zei-, zuerst mich umzukleiden; dann öffnete ich ein zweites Ei, das eine hatte ich schon früher gegessen; beide waren noch sehr weich. Darauf ordnete ich meine Bücher, u. bis die Andern kamen, war ich schon fertig. Am Sonntag Morgen schrieb ich einen Brief nach Holzgerlingen, entlehnte von Auberlen 2 fl. u. von Rep. Zeller auch 2 fl. u. schickte dann am Dienstag den Brief mit 2 fl. Ab. Am Dienstag setzte ich u. Auberlen mit noch Anderen durch, daß man jetzt jeden Morgen wieder Suppe bekommt u. so alle derartigen Unkosten verspart. Bei Otto Majer traf ich auch 4 Bändchen von Luther, welche ich gegenwärtig benütze. Ich bin jetzt bereits wieder gut eingerichtet; Gott segne dieses Semester.

Liebe Eltern! Ihr werdet wohl in diesen 8 Tagen keine so vergnügte Zeit gehabt haben, doch werdet ihr auch Trost in eurem Leid gesucht haben. Ich habe diese Woche öfter an euch gedacht, als in irgendeiner meines Seminarlebens. Kann ich euch mit keiner Hülfe im Äußeren dienen, so will ich euch doch auch die Schätze eröffnen, die ich in den letzten Tagen gesammelt habe. O ein herrlicher, goldener, segensreicher Schatz! Ich habe einige Psalmen daraus in der Grundsprache lesen dürfen. Es ist gewiß ein ungemeiner Trost, zu wissen, daß der Prophet u. König, der ein Mann nach dem Herzen Gottes war, auch Anfechtungen sowohl von außen als von Innen hatte. Er, ein Knecht Gottes, wurde nach Gottes heiliger Zulassung von seinen Feinden so geängstet, daß er Psalter 6 sagen kann; Er schwemme sein Bett die ganze Nacht, u. netze mit Thränen sein Lager; seine Gestalt seÿ zerfallen von Trauern u.s.w. Er kann von seiner Zeit sagen u. es gilt auch unserer Zeit: Ps. 17 spricht er von seinen stolzen übermüthigen Feinden, u. kommt so weit, daß er anfängt mit Gott zu hadern u. nicht begreifen kann V. 14 wie sie so hoch stehen u. so reich sind u. Glück haben; er denkt, Gott gebe ihnen ihren Theil in diesem Leben. Sein Schmerz über seine Lage ist oft unermeßlich, wenn er anfängt, Herr wie lange willst du meiner so gar vergessen? *(Ps.13, 2)* Wie lange verbirgst du dein Antlitz vor mir? Wie lange soll ich sorgen in meiner Seele u. ängsten in meinem Herzen täglich? Wie lange soll sich mein Feind über mich erheben? Aber David weiß, daß man die Traurigkeit nicht aufs höchste treiben u. dadurch nicht, wie die Kinderlehre beim 5t Gebot sagt, zum Selbstmörder werden darf. Hat er seinen größten Kummer ausgeschüttet, so folgt in jedem Psalm, sehet nur nach, das Vertrauen auf Gott. - Ich möchte ja in Stelle 17, 15 einen sonnenhellen Frühlingsmorgen vergleichen, der auf eine stürmische schwarze Winternacht folgt : Ich aber, in Unschuld will ich schauen dein Antlitz, sättigen will ich mich, wenn ich erwache, an deinem Bilde.

Das Herz wogt u. wallt mir vor Freude, wenn ich so einen Psalm lese u. über ihn nachdenke. Den Abend lang währet das Weinen, aber des Morgens die Freude, Halleluja! Ich muß jetzt schließen, mein Brief wird sonst zu groß; Dem Georg und dem Christian kann ich meinem Versprechen gemäß nicht schreiben, ich muß sie eben das nächste mal entschädigen, sie sollen mir zuerst schreiben. Ach!

Wie bin ich doch so herzlich froh, daß mein Schatz ist das A u. O, der Anfang u. das Ende. Er wird mich doch zu seinem Preis aufnehmen in das Paradeis, des klopf ich in die Hände!

Grüße euch u. die Gemeine mit Offenbarung 22, 17. 20

Euer treuer Bruder u. dankbarer Sohn Richard

58 Brief aus Schönaich

Schönaich d. 26. Oktober 1851

R. Lauxmann - Meinem in Christo Jesu Vielgeliebten Sohn!

Gnade, Barmherzigkeit und Friede Von Gott dem Vater und dem Herrn Jesu Christo!

Lieber R.

Dein Schreiben vom 19. Diß haben wir erhalten und zu unserer Freude ersehen daß Du wohlbehalten und Gut nach Schörthal gekommen bist - es freuete mich gleich damals Der Schöne Warme Tag, und ich ging ganz Vergnügt nach Haus in der Hoffnung daß Du gut reisen werdest - . und ich revidierte im heimgehen oft den Vers auf unsere Verhältniße

Das weiß ich fürwahr und laße mirs nicht aus dem Sinne gehn, Christen Creuz hat seine <u>Maße</u>, und muß endlich stille stehn, wann der Winter ausgeschneiet Bricht der schöne Sommer ein, also wird auch nach der Pein wers erwarten kann erfreuet, allesDing währt seine Zeit, Gottes <u>Lieb</u> in Ewigkeit.

Er hat uns auch etwas geholfen daß wir wieder Arbeit erhalten haben und so nicht nur Kurz sondern auch Rebmann abgemacht haben und auch noch weiter eine kleine Aussicht gegeben, was etwas Trost in unsere Trüben Umstände giebt, es ist uns freylich ein empfindlicher Schmerz daß wir eben nach Gottes Heiligem Willen uns ergeben müßen und das geschen laßen daß wir Die *Execoutive* durchmachen müßen und ist unser Fahrniß schon am 24. dieß aufgenommen worden. - Doch ist die Obrigkeit selbst mitleidig und so viel wir bis Wirklich wissen wird es nicht fehlen daß wir doch im Haus bleiben können, Du darfst also nicht erschrecken wenn wir im Wohlstandsregister eingereicht werden. - was bald geschehen wird.

Lieber R. Dein Trost aus den Psalmen kam uns sehr gut und mit zitternder Hand hält und klammert sich unser Glaube an Die Verheißungen welche uns der liebe Gott in seinem Wort an Die Hand gibt, und man Glaubt es nicht wie da Glaube und Unglaube mit einander ringt. Wie oft sage ich mit Hiller

Mein Herz gib dich zur ruh, was soll das Zagen, was willt du immerzu dein Elend klagen, laß die bekümmert sein die Gott nicht kennen und ihn in ihrer Pein nicht Vater nennen, Aufschau nur über dich was dich Betrübet der Vater sieht auf dich der stäubt und liebet nach ihm sieh in die Höh mit Heißem Sehnen und glaube nur u. seh

dir in die Thränen - und sprech und bitte Täglich solls ja so seÿn, daß Straf und Pein, auf Sünde folgen müßen, so fahr hier fort nur schaue dort und laß mich hier wohl büßen, handel mit mir wies dünket dir, nach deiner Gnad will ichs leiden, laß mich nur nicht dort ewiglich von dir seÿn abgeschieden, [23]-. -.

Lieber Richard *bette* fleißig für Deine Betrübte Eltern daß uns der liebe Gott Geduld schenken wolle und ein ergebenes Herz denn das Fleisch wird oft ungedultig und mürrisch wie es Asaph im 73 Psalm auch ergangen ist. Es ist eine sehr bedenkliche Lage für einen Christen, wenn man seine Verbindlichkeiten nicht Abmachen kann und nicht nur von den Weltkindern sondern auch von seinen Lieben und Freunden schiefe Urtheile hören muß.

Unsere Weiteren Verhältniße werde ich Dir Von Zeit zu Zeit wieder Schreiben so bald ich weiß wie es steht - .

Schließe mit den Worten Tobias. Sorge nur nichts mein Sohn wir sind wohl arm, aber wir werden viel gutes haben .-.und grüßen Dich Deine Mutter und Geschwister mit Psalm 119 ganz und Dein Dich H. liebender Vater mit Ps. 1 R. & A. Lauxmann

59 Brief aus Schönaich

Richard Lauxmann in Schönthal

Schönaich d. 16. Nov 1851

Meinem Vielgeliebten Sohn in Christo Jesu!

Gnade und Friede in Christo Jesu! Nebst allem Wohlergehen an Leib und Seele!

Vielgeliebter Richard.

Dein Schreiben vom 10. dieß haben wir erhalten und daraus Deine

---

[23] Diese Verse von Hiller waren in der Handschrift kaum zu entziffern und enthalten sicher noch den einen oder anderen Übertragungsfehler.

Sorge für uns in unserer jezigen Lage erfahren.

Was wir als Kindliche Liebe und Sorge gerne lesen und uns freut daß Du mit uns Theil nimmst an Leid wie an Freud. Da aber diese Sachen sich verzögern so vermögen wir Dir noch nicht zu schreiben wie es uns eigentlich geht, in dem noch nicht Weiter geschehen ist als daß unsere Fahrniß aufgenommen ist und die schulden angegeben sind, daß aber das Vermögen nicht zureicht zur Deckung der Schulden wirst Du leicht rahten können, Da unser Haus bloß zu 200 f. angeschlagen ist und unsere sämtlichen Güterstücke zu 300 f. wo wir schon für 350 f. gekauft haben, und Mein ganzes Gütlein das wir Vorher hatten Einbuß ist nebst 500 f. am Haus.

Wir können nichts machen wir müßen es eben der Obrigkeit erlaßen und wird der l. Gott auf Ihr Herz regieren daß Sie thun was recht ist - und daß er nie über Vermögen versucht hat er uns auch mit Händen Greiffen laßen an der Arbeit so er uns über Verhoffen beschert hat, seit Du von uns wieder fort in Deinem Beruf bist daß wir nicht nur zu leben haben sondern auch mehrere Gulden wo es nöthig war zahlen konnten wenn wir ihn nur laßen trauen könnten, er Versäumt die rechte Zeit zu helfen nie, das haben wir in unserem Leben schon oft erfahren und sind doch oft zu ungeschikt ihm in seinen Verheißungen zu glauben - . Ich kann oft kaum noch seufzen Herr hilf mir ich bin dein -

Lieber R. ich bitte Dich doch nicht so für uns zu sorgen, daß es Dir an Deinem Beruf nachtheil bringt und Dir Dein Geschäft stört, mit dem Gebet für uns darfst Du versichert sein daß es nie ohne Erhörung vor den Thron des H. Vaters kommt, und er mit seiner Hilfe wenn seine Stunde kommen ist, nie zu spät kommt - . Das bitten wir Dich daß Du mit dem gebet für uns anhalten möchtest was Herrlichen Nuzen für Dich und uns hat, es vergeht auch keine Stunde da wir Dich nicht im Gebet dem Lieben Gott anbefehlen - nur laß Dir nicht die Betrübniß und Kummer die Zeit und Lust zu Deinen Studien nehmen, den Das Gehört mit in Deinen Lebenslauf und Mitteln damit Gott ein Werkzeug seiner Gnade und ein Gefäß seiner Barmherzigkeit aus Dir machen kann. - Denn wenn wir reich wären und Vermögen hätten, so würde manches Gebet und Umgang mit Gott bey Dir Unterbleiben und würdest Vielleicht mehr an Die Unterstützung von Deinen Eltern als an Gott denken

nun aber bist Du bloß an ihn und seine Gnade gewießen er wird wie bisher so auch hinfort Mittel schaffen Deine Studien fortzusezen und wenn Du fleißig bist seinen Segen dazu geben daß er Dich mit Nutzen in seiner Kirche gebrauchen kann.

Seÿ es in Lehr- oder Predigtamt.

Wir bitten Dich nochmal ganz ruhig zu seÿn bis wir Dir eigentlich schreiben können wie es mit uns steht, was wir auch so bald wir es wissen an Dich benachrichtigen wollen

Haus der Lauxmanns in Schönaich –
Aquarell von Richard Lauxmanns III, zur Silberhochzeit seiner Eltern 1888

unterdeßen bete fleißig für uns daß uns d. H. Vater den rechten Nuzen daraus erkennen laßen wolle - daß wir mit jenem Verfaßer sagen können, soll's so seÿn, daß Straf und Pein auf Sünde folgen müßen so fahr hie fort nur schon dort und laß mich Hie wohl Büßen, Handel mit mir, wies dünket dir, nach deiner Gnad will ichs Leiden, laß mich nur nicht, dort Ewiglich, von dir sein Abgescheiden. und mit David im Psalter - dieß alles ist über uns kommen, aber doch Haben wir Deines Namens nicht vergessen, Psalm 44, 18 - 22. Wir befehlen Dich in die Hände des H. Vaters und über Geben Dich ihm zu seinem Eigenthum, und Grüßen Dich Deine sämtlichen Geschwister und wir mit Psalm 62
Deine Dich H. Liebende Eltern
R. & A. Lauxmann
Neues Gesangbuch: 264

Schönthal den 14 Dec

Liebe Eltern!

Ihr werdet etwas unruhig geworden seÿn, daß ich euch bereits eine ziemliche Zeit nicht mehr geschrieben habe. Es hat dieß mehrere Gründe, die aber nicht beunruhigenswert sind. Besonders war es mir darum zu thun, euch eine bestimmte Nachricht geben zu können, ob ich in den Weihnachten nach Hause komme. Da ich aber lieber hiergeblieben wäre wegen des Geldpunkts, so hatte ich immer noch Hoffnung, nun aber kann ich euch mit ziemlicher Gewißheit schreiben, daß ich am Montag kommen werde. Nun da ich genöthigt bin nach Hause zu gehen, kommt mir auch die Freude heran, daß ich mit euch, geliebte Eltern, diese segensreiche Zeit erleben darf. Ist es schon sonst ein unaussprechlicher Gewinn, die Gemeinschaft der Heiligen zu genießen, so meine ich, ist der Gewinn noch viel Größer in den Tagen des Christfestes, so der Tag selbst zu Nichts denn lauter Freude einladet, wie wir singen: der Tag der ist so freudenreich u. der Engel ruft "den Menschen ein Wohlgefallen". Ach "wie lieblich klingts den Ohren etc" so singen alle Glaubigen an diesem Tage. Mag sonst ihr Herz bekümmert u. betrübt seÿn, jetzt ist fröhlich in seinem Gott. Jetzt ziehen alle lieben Erinnerungen von der Heil. Taufe an bis auf den heutigen Tag an ihrer Seele vorüber u. sie ruft aus: Gott seÿ Dank etc."

Besonders schön u. lieblich klingt auch in diesen Tagen der Ps. 24, 7 ff. - Johann Georg Wacker hat mir geschrieben, er wolle über Weihnachten auch nach Hause gehen, nun so ist auch dieß ein Gegenstand größeren Verlangens nach Hause. Solche Tage helfen für ganze Zeiten aus. - Indessen wollen wir aber suchen, uns des Einzuges des Herrn würdig zu machen, indem wir, wie unser Pfarrverweser richtig gesagt hat, zuerst in uns hineinsehen u. Schwachheit finden, dann aber auf Christum sehen u. von ihm uns heilen lassen. Erst dann, wenn wir uns schwach fühlen, können wir auch mit wahrem Ernste nach Bethlehem gehen und an der Krippe des Menschensohns Weihnachten feiern." -

Vor 14 Tagen, am 1. Advent gieng ich zu Gottes Tisch u. hatte von dem heiligen Abendmahl reichen Genuß u. Segen. Ich hatte am Adventsfest besonders Gelgenheit, auch den *Prätorius* recht zu benützen. Besonders erfreulich war mir folgende Stelle:

"Aus dem göttlichen Frieden des Gewissens entspringt eine immerwährende Fröhlichkeit von ganzem Herzen, hier zeitlich u. dort ewiglich, gleich wie der Sonne Leben ist, immer leuchten. Denn, weil die Glaubiger u. Getauften gereinigt sind mit einer ewigen Reinigung von allen ihren Sünden u. gekleidet mit neuer himmlischer Gerechtigkeit u. gesetzt in die hohe Würde der Kindschaft Gottes, u. konfirmiert mit dem Heiligen Geist u. berufen zum ewigen Leben durch Christum, warum sollten sie denn nicht immer fröhlich seÿn u. <u>ein ewiges Jubelfest in ihren Herzen halten.</u>"

Gewöhnlich ist vor dem Gang zum Heiligen Abendmahl Durchgang beim Professor / d. Vater wird schon wissen, was das ist / u. da fragte mich nun beim letzten Durchgang auch Pr. Metzger: was ich denn für Bücher habe, um mich sowohl aufs Hl. Abendmahl vorzubereiten als auch sonst zu erbauen. Nun sagte ich ihm: ich habe das kleine Communionbüchlein von Pf. Fr. *Hiller* u. d. *Schatzkammer* von M. *Prätorius*. Und er bezeugte seine Zustimmung zu dieser Lektüre, indem er sich besonders über das Communionbüchlein u. dessen Verfasser anerkennend aussprach. So muß ich doch immer froh seÿn, daß mich meine Lehrer in der rechten Lehre nicht zu hindern, sondern wirklich zu fördern trachten, was ich von Eph. Elwert u. Pfarrverweser Günther mit gutem Gewissen sagen kann. -

Nun, wie oben gesagt, wahrscheinlich komm ich am Montag d. 22. Dez. Aber bestimmt gewiß kann ich nicht schreiben. Es wird mir deshalb auch Niemand entgegenkommen: Bis Stuttgart gehe ich dann mit Auberle, von dort an muß ich eben den vorigen Winter im Gedächtnis[24] behalten u. die nöthigen Maßregeln treffen. Bin ich dann bei euch, nur so wollen wir noch weiter von diesen Dingen reden!

Ich grüße euch mit Ps. 91. Die Glaubigen mit Ps. 149 u. Neues Gesangbuch: 86[1] u. 105 und verbleibe euer dankbarer Sohn u. treuer Bruder im Herrn.

Richard

61 Brief aus Schönaich

Richard Lauxmann in Schönthal.
Schönaich 10. Janr. 1852.
Gnade und Friede in Christo

vielgeliebter Richard!

Meinem Versprechen zufolge, und Dich zu beruhigen, schreibe ich zum Ersten, ohne ein Schreiben von Dir abzuwarten, da ich denke, Du werdest heute, mit kindlicher Theilnahme an unserem Schicksale auch Dein Gebet zu dem himmlischen Vater mit dem Unsrigen

---

[24] Er hatte sich im Wald verirrt, wurde wie durch ein Wunder vorm Erfrieren gerettet. Siehe Maria Lauxmann "Aus dem Leben unserer l. Mutter".

aufgeschickt haben, und nun was das Ergebniß belangt, so kann ich mich nicht anders darüber ausdrücken, als mit den Worthen Lutheri: Beim Reichstag zu Augsburg "wie es dem Herrn gefallen hat, so ists geschehen," Bei dem erstmaligen Verkauf unseres Hauses u. Liegenschaft, zeigte sich kein Käufer; was auch bei wirklichen Umständen wahrscheinlich so bleiben wird, weßhalben Aussicht vorhanden ist, daß wir im Haus bleiben werden, die Fahrniß wurde uns mit dem Anschlag überlaßen und somit ist eine schwere Besorgniß überstanden. Auf der anderen Seite dagegen stehen wir in harter Prüfung, da wir seit deinem Abgange von uns ohne Arbeit bis daher waren, daß ich oft mit der Familie am Abend nicht wußte wo wir Morgens etwas nehmen werden und auch schon geschehen ist, daß ich die Kinder ungegessen in die Schule schicken mußte. Du kannst Dir leicht denken, was dieß für Vater und Mutter ist, wenn man die Kinder nur ansehen muß wo man gewohnt ist seiner eigenen Hände Arbeit sich zu nähren u. nicht anderer Leute Schweiß zu verzehren, so erträgt man lieber die äußerste Noth in der Hoffnung daß der himmlische Vater die Versuchung so einrichten werde, daß wirs ertragen können, denn er ist treu, der es verheißen hat, was wir auch schon manchmal erfahren haben. Dieß sind freilich Stunden, in welchen unser Glaube sehr probiert wird, indem sich bei -25 - Gelegenheit die Versuchung einschleicht: ei, ein schönes Kind Gottes und hast kein Brod im Hause, du rühmst dich daß Gott dein Vater sei! und er läßt dich in der Not stecken, *Desperata omnia*, Alles ist aus! Gott ist dir feind, u. straft dich um deiner Sünde willen, und ob ich auch oft gleich durch den Trost göttlichen Worts wieder etwas ermanne, so hält es doch nicht Stich, daß ich oft nur zu seufzen habe, laß mich nicht entfallen aus des rechten Glaubens Trost, auch das Seufzen geht oft nahe genug zusammen, doch oft hat mich die Stelle in Psalmen wieder getröstet: "welche ihn ansehen u. anrufen, deren Angesicht wird nicht zu Schanden", daß ich wieder mit jenem Verfasser sprechen kann: " und ob es währt die ganze Nacht und wieder in den Morgen soll doch ein Herz von Gottes Macht, verzweifeln nicht noch sorgen etc. Sonst sind wir alle so ziemlich gesund. In der Hoffnung, daß Du uns bald schreiben werdest, grüßen dich Deine sämtlichen Geschwister u. wir Deine Dich herzl. liebende Eltern, in dem Herrn

Dein Vater
R. Lauxmann

---

25   Hier ist ungefähr eine Wortlänge vom Papier ausgerissen.

Schönthal den 18. Jan

"Du Elence, über die alle Wetter gehen, und du
"Trostlose! Siehe, ich will deine Steine wie einen
"Schmuck legen und will deinen Grund mit
"Saphiren legen und deine Fenster aus Crÿstallen
"machen, und deine Thore von Rubinen u. alle deine
"Grenzen von erwählten Steinen. Und alle deine
"Kinder gelehrt vom Herrn, und großen Frieden
"deinen Kindern. Du sollst durch Gerechtigkeit be-
"reitet werden. Du wirst ferne sein von Gewalt
"u. Unrecht, daß du dich davor nicht darfst fürchten." [26]

Theuerste Eltern!
Als ich gestern Abend Euren Brief las, beeilte ich mich zu Bette zu
kommen um zuerst Gott für euch zu bitten u. in der Nacht auszuru-
hen u. den Eindruck, den Euer Brief mir gemacht, erst nach einiger
Überlegung in einen Brief an Euch wieder zu legen. Als ich nun
diesen Morgen aufstand, u. den Herold göttlichen Wortes im A.T.
Jesaias besuchte, fand ich diese Stelle, welche mir besonders eindring-
lich war u. welche für Eure Lage so ganz besonders zu passen scheint.
Der Eindruck, den Euer Brief auf mich machte, war ein niederschla-
gender, wie sich denken läßt, er war aber auch ein aufrichtender. "Alle
Dinge müssen denen, die Gott lieben, zum Besten dienen!"[27] Also lieb
haben muß Gott Euch wenigstens, sonst würde er nicht so harte
Züchtigungen über Euch ergehen lassen. Man darf in der Welt gewiß
das Kreuz nie als eine Last ansehen. Ich habe irgendwo gehört, es
gebe in dieser Welt gar verschiedene Kreuzträger, u. doch seÿ nur eine
Art die richtige: Die Einen sagen: "Ich trage das Kreuz, weil ich muß"
Die Anderen: - "weil ich kann" - die Dritten - "weil ich soll" u. Die
Vierten "weil ich darf." O selige Kreuzträger, welche ihr Kreuz tragen
dürfen. Mit Unruhe u. Sorge blickt Ihr auf zu dem, von dem Euere
Hilfe kommen soll u. seÿd nun getrost: der Hüter Israéls schläft noch
schlummert nicht![28] "Er hat Euch einen Augenblick verlassen, aber
mit ewiger Gnade will er sich Euer erbarmen."[29] "Und ob es währt bis
in die Nacht u. wieder auf den Morgen, soll doch mein Herz an

---

[26] Jesaja 54, 11-14
[27] Röm. 8, 28 "..., daß denen, die Gott lieben, alle Dinge zum Besten dienen."
[28] Psalm 121 4: Siehe der Hüter Israels schläft noch schlummert nicht.
[29] Jesaja 54, 7: Ich habe dich einen kleinen Augenblick verlassen; aber mit großer
       Barmherzigkeit will ich dich sammeln.

Gottes Macht verzweifeln nicht noch sorgen[30]", singt ein neuer Liederdichter; "die mit Thränen säen, werden mit Freuden ernten" ein
alter Sänger Gottes. (Ps. 126) Das Beste bei dem Allem ist also, wenn
man den guten Muth und das Vertrauen zu Gott, unsrem Vater, nicht
verliert u. wenn auch die Gottlosen noch so oft spotten u. lachen u.
sprechen: "Wo ist nun dein Gott?"
Ps 42,4; Matth. 27, 43 Denn die Güter dieser Welt sind einmal
schon verloren, es ist genug, wenn Gott so viel schenkt, daß man sein
Leben vollends so hinausbringen könne, für das ewige Leben müssen
wir sorgen u. werden es auch, so lang wir gedenken, daß hier nicht die
bleibende Stätte ist. Besonders ist in dieser Beziehung erfreuend das
22. Cap d. Offenbarung Johannis, aber zum Trost in trauriger Lage
bietet besonders Jesaia seine Glaubensstärke in Worten uns an. Euer
Unglück hat mich in der letzten Zeit schon oft zu ihm geführt, um so
mehr werdet Ihr auch solchen Trost suchen.

Ich habe von meinem Monatsgeld noch 1 fl übrig. Ihr werdet ihn
wohl brauchen können. Mit dem Vertrauen, daß wir uns allezeit
treffen im Gebet vor Gottes Thron u. unserm Besten u. daß er treu ist
u. bleibt.

Jes. 54, 10	grüße ich Euch
Jes. 55, 8.9	Euer immer an Euch gedenkender u.
Jes. 57, 15-18	für Euch zu Gott bittender
Jes. 61, 1.2.10	Sohn u. Bruder
Ps. 73	Richard

63 - Brief aus Schönaich

Richard Lauxmann in Schönthal.

Schönaich d.1. Febr. 1852

Mein Vielgeliebter Sohn in Christo Jesu!
Gnade und Friede in Christo.
Vielgeliebter Sohn,
dein Schreiben vom 18. Dieß haben Wir erhalten und hat uns der
Trost welchen Du uns aus Gottes Wort uns zu Gemüth führtest uns
sehr erfreut und erquikt, denn in einer Lage wie wir Gegenwärtig
darin sind ist man oft ungeschikt genug einen Trost zu faßen, wo
einem Täglich die hand des Herrn schwerere und neue Lasten auflegt
- . und wenn man nicht wieder gedächte die Hand des Herrn legt es
auf, so müßte man Vergehen, doch denke ich oft wieder, da als ein
arger Vater hast deinen Kindern noch nie mehr aufgelegt als sie tragen
konnten, warum sollte der H. Vater mehr auflegen als du tragen

---

[30] Vers 4 von "Aus tiefer Not schrei ich zu dir" von Luther (s. Gesangbuch)

konnten, warum sollte der H. Vater mehr auflegen als du tragen kannst. - und wenn ich mich recht Besinne so hab ich schon oft erfahren daß er selbst mit Trägt -. ja mich selbst mit allem meinem Anliegen und Creuz -. wenn man in solchen Umständen nicht genau auf Gottes Wort sieht so muß man Vergehen Da lernt man erst den Hiob - und die Psalmen Verstehen, da ist man erst in der Lage sich selbst kennen zu lernen, da ist mehr Unglaube als Glaube da, da sieht man nur Wellen welche das Schifflein bedecken, und Jesum schlafen - Da fängt das Gewissen an zu sagen das hast du mit deinen Sünden Verdient - Da fangt das Herz an einen zu verdammen das Hast du an Deinem Bruder Joseph verschuldet - oder kommt man auf der anderen Seite auf die Gedanken, was hast du nun von deiner Frömmigkeit, deine Gottesfurcht muß nicht rechter art seÿn, denn Gott hat den Frommen verheißen er woll ihnen Wohl thun, oft geht es einem wie David: soll denn umsonst seÿn daß mein Herz unsträflich lebt und ich meine Hände in Unschuld wasche - u.s.w.

Daß man oft nur zu wehren und zu bitten hat daß man nicht auf eine Thorheit gerathe -.

Mein Lieber Die Leibliche Noth in unserm Ort ist bei den Leuten groß, und die Armuth so drückend, laut hört man die Klagen daß man oft sein eigenes Elend vergißt über der Noth seines Nachbars und mitBruders und was das größte ist, es ist beÿ der Obrigkeit gar kein Wille etwas zur Linderung der Armuth zu thun, es ist doch überall einige Fürsorge für die Armen aber beÿ uns Gar nicht - Betteln ist auswärts aufs strengste verboten und im Ort bekommen die Armen nichts, so daß man die schmachtenden Kinder und Alten nicht ansehen kann.

Auch uns Geht es sehr hart schon 6. Wochen waren wir ohne Beschäftigung, da haben wir wieder etwas von Calw bekommen und hoffen auch wir werden von dort wieder Beschäftigt werden da kannst Du Dir denken wie es mit der Familie steht.

Da ist der Gulden den du uns sandtest auf ein dürres Land gefallen wir steken so hart daß ich mich genöthigt finde Dich zu bitten wenn es Dir Möglich ist uns einige Gulden zu senden wenn Du es beÿ Deinem Repetenten zu machen weißt, damit wir doch einige Zeit weiter ausreichen biß wir wieder etwas verdient haben, wenn Du dann im Frühjahr die Kleider Brauchst so werde ich schon dafür sorgen -. wie ich bißher gethan Habe - .

Schließlich bitte ich Dich doch , nur so viel an unserer Noth theil zu nehmen daß es Dir an Deinem Studium keinen Abbruch Thut, sondern vielmehr fördert, daß Du mit Fleiß und Gebet Deine Arbeit Treibst und Gott Dankst für seine Führung die er von Kindesbeinen, an dir erwießen und die Größte Dankbarkeit wird seÿn, daß Du Deine Zeit wohl in Gottesfurcht Gebrauchst, und Gott Täglich für Deine Betrübte Eltern bittest daß er uns nicht entfallen laße Aus des rechten Glaubens Trost -

In Welcher Hoffnung Dich Deine sämtlichen Geschwister und wir Deine Betrübte Eltern Herzlich Grüßen mit Sprüche Sal: 3, 1-8. Und neues Gesangbuch, 327. - In Deren Namen Deine Dich Herzlich liebende Eltern R. &. A. Lauxmann.

64 - Brief aus Schöntal

Schönthal, den 8. Febr. 1852.

Liebe Eltern!

Wenn ich so einen Brief von Euch bekomme, so umgeben mich immer zwei Gefühle: Das eine ist das der Furcht, es möchte in den letzten Tagen nur schlimmer mit Euren Verhältnißen geworden seÿn; das andere ist das der Hoffnung, Gott möchte Euer Leid gewendet haben in einem Grade, daß Ihr wenigstens mit Dank in dem Herzen ohne Kummer zu ihm aufsehen könnet. In der That sind es immer im Kleinen wie im Großen diese zwei Gefühle, die den Menschen bewegen, u. ohne jedes von beiden würde er wirklich unglücklich seÿn. Auch bei Euch herrschen beide Gefühle, Furcht u. Hoffnung, denn Furcht läßt Euch keine Ruhe u. Wenn Ihr nicht Hoffnung hättet, stünde Verzweiflung u. Sünde vor Eurer Thür. Hoffnung aber läßt nicht zu Schanden werden, sagt Paulus u. Wenige Psalmen werdet Ihr finden, in denen nach der stärksten Klage nicht die Hoffnung ihren Ausdruck fände. Ihr werdet Euch auch schon längst überzeugt haben, daß Gott seine Heiligen wunderlich führt u. wenn ich Euch den Vers jenes bekannten Liedes vorhalte:

Sie wandeln auf Erden u. leben im Himmel,
sie bleiben unmächtig u. schützen die Welt;
sie schmecken den Frieden
bei allem Getümmel
sie haben, die Ärmsten, was ihnen gefällt;
sie stehen in Leiden u. bleiben in Freuden etc. [31]

so werdet ihr zugeben, daß Ihr dieß schon oft erfahren habt, wenn Ihr auch manchmal an der Wahrheit, die darin ausgesprochen ist, verzweifeln wollt. Unsere ganze Hoffnung beruht auf Gott, dem Unsichtbaren u. Allmächtigen. Weil er ein Geist ist, können wir ihn mit den leiblichen Augen nicht erkennen, wir müssen von ihm klare

---

[31] 5. Strophe von "Es glänzet der Christen inwendiges Leben".
Ev. Kirchengesangbuch (1953) Nr. 265

Augen des Geistes erlangen, um ihm in seinem Wesen zu erkennen. Und also sein Wesen, das lauter Liebe ist, zu erkennen sollen wir für unseren Geist besorgt u. ihm seine gehörige Nahrung aus Gottes Wort zu schöpfen bemüht seÿn. Obgleich nun eure Augen von Minute zu Minute darauf gerichtet seÿn müssen, daß Ihr Euch Nahrung u. Kleidung verschaffet, so werdet Ihr doch noch nicht aufgehört haben, Eurem Geiste die Speise zu geben, die ihm gebührt. Trachtet am ersten nach dem Reich Gottes u. nach seiner Gerechtigkeit, so wird euch das Übrige alles zufallen[32]. Zum Schluß möchte ich Euch noch erinnern an ein paar Worte der Hl. Schrift: "Es ist umsonst, daß Ihr morgens früh aufstehet u. Abends lange machet u. esset Euer Brod mit Sorgen, denn seinen Freunden gibt ers schlafend."[33] u. "ich bin jung gewesen u. bin alt geworden u. habe noch nie gesehen den Gerechten verlassen oder seinen Samen nach Brod gehen."[34]

Wegen meiner dürft Ihr wenig beunruhigt seÿn: ich nehme als Euer Sohn so viel Theil an Eurer Noth als mir gebührt, im Übrigen befehle ich Euch dem Gott der Gnade, der gestern u. heute u. derselbige in Ewigkeit ist. Meine Studien gehen im Gottvertrauen fröhlich ihren Weg.

Ich grüsse meine lieben Geschwister, alle meine Bekannte u. Freunde, die Gemeinde u. insbesondere Euch , meine theuren Eltern. Euer dankbarer Sohn Richard.

N.B. Ich schicke Euch hier 2 fl. von meinem Weingeld, von meinem Monatsgeld kann ich Euch gegenwärtig Nichts schicken, weil ich den fl, den ich im vorg. Paket geschickt hab davon nahm. Der Herr hat mir dieselben gern gegeben.

Des Christen Herz auf Rosen geht,
wenn's mitten unter Dornen steht.

65 - Brief aus Schöntal

Schönthal, den 7. März 52

Liebe Eltern!

Da ich auf meinen Brief, den ich auf Euren letzten geschrieben habe, bis jetzt noch keine Antwort erhalten habe, bin ich etwas unruhig geworden. Ich schreibe deßhalb ohne einen Brief von Euch erhalten zu haben, hauptsächlich wegen der Anlage, die ich von meinem Monatgeld beilegen kann, hoffe aber, daß Ihr um so bälder mir zukommen lasset, wie es Euch geht. Trotzdem daß ich in meiner Lage

---

[32] Matthäus 6, 33
[33] Psalm 127, 2
[34] Psalm 37, 25

durchaus keinen Mangel zu leiden habe, muß ich mir doch Eure Lage immer wohl vergegenwärtigen u. muß beunruhigt seÿn, wenn ich längere Zeit Nichts von Euch erfahre. Sollte etwa mein letzter Brief nicht an Euch gelangt seÿn, so wären damit allerdings 2 fl, die beigelegt waren, verloren, sollte aber ein Brief von Euch nicht an mich gelangt seÿn, nun so schreibt mir dießmal um so bälder.

Meine Aufmerksamkeit wird aber gegenwärtig nicht nur auf Euch, sondern insbesondere auf einen ganz anderen Punkt gelenkt. Die herannahende Hauptprüfung des *Concurses* nimmt alle meine Kräfte u. Zeit in Anspruch, u. Dies wird auch durch die Vakanz nur geringe Unterbrechung erleiden. Ich weiß freilich nicht, in welcher Lage ich Euch am 7ten April antreffen werde, an welchem meine Vakanz beginnen wird, aber auch die Zt vom 7 - 24 April möchte ich nicht ungenützt vorbeigehen lassen. - Was meine pekuniären Verhältnisse betrifft, so muß ich allerdings gestehen, daß ich noch einiges Weingeld habe u. damit wohl hinkommen kann, allein viel ist es nicht mehr. Besonders hat mir ein neues Paar Stiefel, das ich mir machen lassen mußte, eine bedeutende Summe weggenommen.

Ach! Durch die gegenwärtige Zeit wird man so gar oft an die Zeit erinnert, von der der Herr sagt: "Da wird erst die Noth recht angehen" an der Zeit, von der wir eine so schöne Schilderung in der "Neuen Erde" gefunden haben, jene Zeit, von der wir lernen können, wie wir uns als das glaubige Häuflein nach *Pella* flüchten sollen, um die Strafgerichte Gottes nicht von ihrer fürchterlichsten Seite aus sehen zu müssen. Schon lange hat man geklagt, es seÿ keine Lebendigkeit mehr im christl. Wandel und Bekennen, wenn Verfolgung käme, so würde das Gute vom Faulen gesondert werden u. die Christen, die den Namen ihres Herrn verdienten, würden freudiger u. getroster zu ihm aufblicken. - Nun, wenn je Verfolgung war, so ist sie jetzt, jetzt verfolgt Euch der böse Feind, der Teufel, und will Euch durch Hunger, Armuth u. Elend abbringen von des rechten Glaubens Trost: o wie thut da gemeinschaftliche Bitte u. Gebet der Heiligen noth. Zwar jeder Gläubige für sich hat eine unaussprechliche Macht in seinen Händen, das Gebet in seinem Kämmerlein, aber es hält keinen Vergleich aus mit dem vereinigten Flehen in der Gemeinschaft der Heiligen. Einiges Aneinanderschließen der Glaubigen thut noth, sind die nicht mehr beisammen, so ist es aus auf der Welt.

An diese Gedanken, welche im Worte Gottes ihre sichere Begründung haben u. mir aus dem innersten Herzen geflossen sind, möchte ich die Bitte reihen, der Vater möchte mir auch schreiben, wie es mit der Gemeinschaft stehe u. welches sein Verhältniß zu derselben seÿ, damit ich wissen kann, wie ich mich dazu verhalten habe. Gelegenheitlich möchte ich Euch auch bitten, da ich an Joh. G. Wacker schreiben will, wieder zu schreiben, ob er noch in Schnaith ist, wenn ihr es wissen könnet.

In Erinnerung, daß mein Brief Euch in gutem Wohlseÿn u. in Ergebung in Gottes Willen antreffen möge, daß ihr mir sobald als irgend möglich ist schreiben möchtet, verbleibe ich Euer dankbarer Sohn Richard.

66 - Brief aus Schönaich

Schönaich 7. März 1852.

Lieber Richard!

Dein Schreiben vom 8 Februar haben wir erhalten und die Trostgründe darinnen enthalten, uns schon oft zu Nutzen gemacht; auch kamen uns die 2 Gulden die Du uns schicktest sehr zu gute, indem wir lange Zeit ohne Beschäftigung waren, wir erhielten jedoch nicht 2, sondern 4 f. es war nemlich über Deinen Brief im Couwert und darunter ein 2. f. Schein in deinen Brief gesteckt, jedoch von Deiner Hand nicht überschrieben, wir schloßen daher es möchte von Deinen Lehrern geschehen sein, wir können demnach unsern Dank dafür gegen Gott und die Person welche es gethan, nicht verbergen, da aber nichts geschrieben war so müßen wir es beim stillschweigenden Dank bewenden lassen, u. dem lieben Gott die Vergeltung dafür befehlen.

Der himmlische Vater, ihm sei Lob dafür, hat uns auch wieder einige Arbeit zugewandt, so daß wir uns bis daher ordentlich durchbrachten, und so seine göttl. Führung nicht genug preisen können.

Auch haben wir Dir zu berichten, daß wir am 6. d. Ms. mit einem gesunden wohlgestalteten Söhnlein erfreut worden sind, welches heute getauft und ihm der Name Johannes beigelegt wurde, beide Mutter u. Kind befinden sich wohl und wir sind sehr erfreut darüber. Deine Mutter grüßet Dich besonders herzlich und befiehlt Dich u. Deine Studien täglich Gott, daß der himmlische Vater ein Werkzeug seiner Gnade u. Gefäß seiner Barmherzigkeit aus Dir machen wolle, daß Du Deinen Taufbund täglich erneuern, und die Gnadengüter des selben Fröhlich gebrauchen mögest, besonders ist dieses Gnadengut uns heut wieder wichtig geworden, bei der Taufe unsers lieben Johannes, besonders bei Absingung des Liedes Nro. 240 und führten uns hauptsächlich zu Gemüthe das Lied ins *Hillers* Schatzkästlein N. 136. Meine Taufe freuet mich etc. und Stephan Pretorii Schatzkammer 3tes Buch Cap. 1 S. 217 §§ 14. 15. 16. 17. 18. 19. Denn die Taufe ist alleine das einzige Mittel auf Gottes Seite durch welches er uns alle Seligkeit geschenkt hat, siehe auch ferner 3tes Buch 2. Cap. S. 237 . 38. 39.. . 52 § 8. so daß auf unserer Seite nichts mehr noth ist, als der Glaube an solche Gottes Gabe; denn was könnte uns größeres u. herrlicheres geschenkt werden, als er uns in der selbigen geschenkt hat, nemlich sich selbst u. alles was er ist u. hat. Röm. 8, 31- 34 wir hoffen auch Du werdest Deine größte Freude haben an dem lieben Wort Gottes u. den h. Sakramenten. Unsere einzige Vermahnung an dich bestehet darin; Halt im Gedächtniß Jesum Christum den Gekreuzigten. In der Hoffnung daß Du werdest gesund sein grüßen Dich Deine sämtl. Geschwister und wir Deine Dich herzlich liebende Eltern mit Ps. 1 u. neues Gesangbuch N. 131. u. 141

R. & A. Lauxmann.

Auch Ich Dein Bruder J. Georg grüße Dich besonders mit Ps. 119, 9 & 29, 30. 31. 97. 98. 99 & 100, u. neues Gesangbuch N. 228.

Zusatz in der Handschrift des Bruders Johann Georg

67 - Zeugnis

Zeugnis - Seminar Schöntal - 3. April 1852 – Siehe Anhang!

68 Brief aus Schönaich (Georg)

Reiche[35] Lauxmann in Schönthal.

Schönaich 12. Mai 1852

Gnade und Friede in Christo unserem Heiland!

Vielgeliebter Reichardte.

Wir sind nach Gottes heiligem, unerforschlichem Rath u. Willen in die Lage versetzt Dir schreiben zu müssen, ehe wir Dir unserm Versprechen gemäs schw. Hosen schicken können. es hat dem l. Gott gefallen, unsere liebe Mutter seit Deiner Abreise von uns auf ein schweres Kranken, und wir können nicht wohl sagen ob es nicht ihr Sieg u. Todesbette sei, zu legen.

---

[35] Der Vorname des Großvaters wird noch mit "Reichert" angegeben. "Reicherts-Ehne". Der Vater nennt sich manchmal noch "Reichert". Vermutlich sagten sie auch noch zum jungen Richard "Reichardt" oder kurz "Reiche".

Es befiel sie nemlich, gleich nach Deiner Abreise ein ruhrartiger Durchlauf, welcher sie schnell entkräftete, so daß die Schwachheit bei ihr täglich zulegte, daß sie das kleine Kind nicht wohl mehr versorgen konnte, am Montag d. 3. d. M. stand sie am Morgen auf und sezte sich an den Tisch, so lange man ihr das Bette machen wollte, aber ein schneller Ueberlauf befiel sie, daß man eilen mußte sie in das Bette zu bringen, die Schwachheit legte immer zu und am Dienstag ereigneten sich krampfartige Zuckungen welche von Stund zu Stund stärker wurden, so daß man schon am Abend glaubte, das Ende ihres Lebens sei herbeigekommen, und die Krankheit vermehrte sich so, daß am Mittwoch die Krämpfe in ein Singen und Ringen sich verwandelten, und ein froher Ueberblick in die Ewigkeit wurde ihr vergönnt, so daß sie mit Singen u. Verlangen sich sehnte daheim bei Christo zu sein. Sie segnete uns noch alle u. befahl ihren Kindern das Gebet zu Gott dem himmlischen Vater, als das beste Mittel zu ihrer Versorgung wann gleich im leiblichen die Aussichten trübe seien, auch Dein gedachte sie besonders u. sagte zum Vater, sie habe Dir befohlen wie allen ihren Kindern, "daß sie des Herrn Wege halten u. thun sollen was recht u. gut ist," und wann eine Versuchung zur Abweichung von den Wegen des Herrn von den 3. Hauptfeinden als Teufel Welt u. unsrem eigenen Fleisch über sie ergienge so sollten sie im herzl. Gebet zu Gott im Glauben an Christum auch an das Ende ihrer Mutter u. die lezten Worte derselben gedenken, welches alles sie zwar in großer Schwachheit, aber doch sehr kräftig sagte. Nun glaubten wir von Minute zu Minute darauf warten zu können bis sie vollends erlöst werde von dem Leibe dieses Todes. Die Krämpfe wiederholten sich immer, so daß wir am Donnerstag u. Freitag Abend keine andere Aussicht hatten, jedoch gefiel es dem l. Gott die Arzney zu segnen, daß sie heute noch lebt, und sich eine schwache Hoffnung ihrer Genesung uns darbietet. Jedoch läßt sich noch nichts behaupten, sie war so ziemlich deinethalben ruhig, aber heute Mittag um 12 Uhr gedachte sie Deiner mit Weinen u. sagte sie möchte nur auch noch ein Brieflein von ihrem Reichard bekommen; wir würden sonst mit dem Schr. noch länger gewartet haben bis sich eine bestimmtere Aussicht gezeigt hätte. Sie weinte fort so lange dieß Brieflein geschrieben wurde u. ihr Verlangen ist sehr heftig noch etwas von Dir zu vernehmen weswegen wir auch augenblicklich schreiben.

Von dem Bruder J. G. bemerke ich, daß derselbe schon viele Schmerzen ausgestanden nun aber wieder besser ist.

Auch ist der Vetter W. Rebmann schnell gestorben und hat ein

Testament hinterlaßen in welchem er uns mit einer - . [36] - bedachte[37].
Gott segne ihn ewig dafür!
So viel in Eile Dein Dich herzlich liebender Vater nebst, Grus von
Deiner Mutter u. Deinen sämtl. Geschwistern.
In deren Namen Dein Bruder Johann Georg
NK Der kle. Johs. befindet sich wohl ißt u. trinkt ordentlich u. ge-
deiht Zusehens.

69 - Brief aus Schönaich

R. Lauxmann in Schönthal

Schönaich, 23. Mai 1852

Gnade und Friede in Christo unserem Herrn und Heiland,
Herzlich geliebter Richard!
Mit herzlicher Freude berichten wir Dich, daß es dem lieben Gott
gefallen hat die liebe Mutter uns noch weiter zu schenken und unser
Gebet um ihre Erhaltung uns zu gewähren. Von dem an da wir Dir
schrieben wie es mit ihr stehe wurden wir noch weiter auf die Probe
gesezt, und glaubten daß ihr Zustand ein langwieriger leidender werde
Daß sich die Krämpfe durch den Gebrauch der Arzneÿmittel mit
Gottes Segen endeten, so stellte sich die Geschwulst zu Wassersucht
ein und sie geschwoll nicht nur an Füßen, sondern auch der Mittel-
körper bis zur Brust bedeutend an, doch auch dieses verlor sich durch
ein paar Mixturen wieder gänzlich und nun seit gestern stellt sich
wieder Heiterkeit und ein ordentlicher Appetit ein und sie verlangt
nun selber, daß wir Dich hiervon benachrichtigen sollen, wir sind
freilich Gott zu hohem Dank verpflichtet, daß er uns dieses Kelchs
überhoben welcher freilich sehr bitter für uns gewesen wäre und er
sah freilich wohl davon hinaus, daß es zu einer Auferziehung unumgänglich nöthig ist sie noch mehr in diesem Leben zu lassen. Die
Mutter für ihre Person wäre freilich mit Freuden von hinnen geschie-
den in der gewissen Hoffnung ihrer ewigen Seligkeit, daß es ein
Vergnügen war um ihr Krankenlager zu stehen und wünschte ein
jedes in ihrem Zustande zu seÿn und da zeigt es sich auch am besten,
daß die Lehre des Evangeliums an den Herzen schafft, wie man im

---

[36] Zwischen den Gedankenstrichen ein unleserliches Wort.

[37] In der Lebensbeschreibung seines Vaters "Ein Handwerksmann aus vergangenen
Tagen" schreibt der Richard (II.): "Am anderen Tag kehrte neue Sorge ein. Der
Kummer hatte noch eine besondere Quelle. Man hatte in der schweren Zeit immer eine stille Hoffnung auf einen vermöglichen Verwandten gesezt, wiewohl
man bereit war, sich ganz in Gottes Hand zu legen. Der Vetter starb, und das
Sprichwort wurde wahr: 'Wer sich verläßt aufs Erben, kann, wann er will, verderben.' Die Leutlein waren zu gunsten anderer enterbt. Und heute ist Testamentvollstreckung.

Sprüchwort sagt, beim Auskehren findet sich der Schatz; und in Todesnoth der Trost des göttlichen Worts am Herzen der Glaubigen, denn da heißt es: den setzt ich dir zum Bürgen ein, wenn ich soll vor Gericht, ich kann ja nicht verloren sein, in solcher Zuversicht etc., und nichts kann ich vor Gott ja bringen als nur dich mein höchstes Gut etc. und wir vermahnen dich besonders von nun an auf's neue Dir Gottes Wort und namentlich die Lehre von Jesu Christo und den Glauben an denselben deinen Hauptschatz sein zu lassen; denn man mag auf dieses Weise leben oder sterben, so lebt und stirbt man dem Herrn, auch ist alles Kreuz und Leiden dem Glauben süße, wenn sich auch der alte Adam gleich als hochbeschwert beklagt, und der alte "Mag nicht" nicht gern Kreuz trägt. Was unsere sonstigen Verhältniße betrifft, so sind wir auch hier dem lieben Gott zu hohem Dank verpflichtet indem er uns bis daher Arbeit zuschickt, ob wir gleich durch die Krankheit der Mutter viel verhindert wurden, daß es im Leiblichen auch ohne Noth nicht bei uns abgeht. Nur, wir verlangen keinen anderen Weg des Kreuzes, weil wir aus Gottes Wort versichert sind, daß es keinen anderen Weg gibt zur ewigen Seligkeit als den Christus "der Weg selber" uns vorangegangen ist. In der Hoffnung, daß Dich unser Schreiben nicht nur herzlich erfreuen, sondern auch ein neuer Antrieb sein werde Dich im Glauben an Christum zu halten und im Gebet zu Gott nicht laß zu werden. Grüßen Dich Deine sämtlichen Geschwister und wir Deine Dich herzlich liebende Eltern mit Ps 119 u. namentl. die Mutter mit *Hiller*s 1. Th. 335 u. 221.

Richard Lauxmann

Der liebe Johannes ist der Muttermilch beraubt, er befindet sich aber auch so sehr gut und ist ruhig von einer Zeit zur andern.

70 - Brief aus Schöntal

Schönthal den 6. Juni 1852

Herzlichgeliebte Eltern!

Mit großer Freude ersah ich aus Eurem Brief, daß es dem Allmächtigen gefallen hat, uns die Mutter auf unser gemeinschaftl. Flehen hin wieder zu schenken. Wir können hier, wie einst Luther beim Krankenbette seines Freundes Ph. Melanchthon, laut aussprechen, welche Helden die glaubigen Christen, die auch wahre Beter sind, seyn, indem sie sich durch das Gebet nicht nur der Hilfe Gottes versichern können, gegenüber von äußern Feinden, sondern auch Gott selbst ein Gut abzuringen vermögen, wenn´s anders dem Flehenden u. dem Erflehten zum Heil gereichen kann. Der beste Dank den wir ihm für diese Rettung erzeigen können, ist gläubiges Vertrauen auf seine starke Hand im fernen Leben u. gläubiges Treten in die Fußstapfen dessen, der uns den Weg gebahnt zu jenem Erbtheil der Heiligen im Licht. Gott hat unseren Familien ganz besonders schon so viele wunderbare Wohlthaten erwiesen, daß es großer Undank wäre, wollten wir nicht auf ihn vertrauen. Auch jetzt zeigt er uns ja wieder in seiner Natur, wie er ein freundlicher, gütiger Vater seÿ u. wie er wolle, daß auch seine Kinder sich wie alles Gras u. Kraut von der Erde erheben u. hervor wachsen sollen im Vertrauen u. der Freude, wie in der Heiligung u. Furcht Gottes.

In denselben Tagen, da ihr den vorletzten Brief schriebet, war unter unserer Promotion die Absicht, eine große, dreitägige Excursion zu machen. Ich konnte natürlich nicht daran denken mitgehen zu wollen, obwohl ich mich wegen keines Vergnügens im Seminarleben, das ich missen mußte, hätte mehr betrübt hätte, als wegen dieses. Am Freitag Morgen bekam ich Euren Brief, da durch wurde ich natürlich noch schwerer gedrückt. Allein am Samstag Mittag kam in der letzten Kollegstunde von Günzler ein Brieflein an mich, in welchem stand, wenn ich auf die Excursion mitwolle, so dürfe ichs ihm nur sagen. Ich hätte natürlich Bedenken gehabt augenblicklich ja zu sagen, allein weil ich sogar im Ungewissen wegen Euch war, so bedachte ich mich. Auf dem Mittagspaziergang berieth ich mich mit Auberlen, der aber ebenfalls wegen des Gelds nicht mitgehen konnte, ob ich's thun könne. Ich glaubte es, wohl thun zu dürfen u. so sagte ich's dem Günzler u. am Sonntag Nachmittag brachte er mir dann 1 fl. 43 cr. als Beitrag der 17 welche die Excursion machten. Am Montag Morgen machten wir uns um 1 Uhr auf den Weg unter Anführung des Rep. Kraut u. kamen um 8 ½ Uhr nach Neckarels an den Neckar. Dort giengen wir auf das Dampfschiff und fuhren (von 10.2) 4 Stunden lang den Neckar hinab nach Heidelberg. In Heidelberg kaufte ich mir zuerst einen neuen Stock u. dann bestiegen wir die weltbekannte Schloßruine u. das alte Schloß. Ich war etwas unwohl, doch wurde es mir bald wieder wohl, die Hitze war zu drückend gewesen. In Heidelberg übernachteten wir. Am andern Tag giengen wir um 6¾ Uhr v. Heidelberg nach Schwetzingen, wo berühmte Anlagen sich befinden u. um 1 Uhr trafen wir auf dem Bahnhof in Friedrichsfeld ein, von wo aus wir nach Mannheim fuhren. Dort sahen wir zuerst die Kettenbrücke über den Neckar, dann den Rhein u. dann den Hafen. (Im Rhein badete ich). Um 4½ Uhr fuhren wir wieder nach Heidelberg auf der bad. Eisenbahn u. bestiegen dann noch den weitberühmten Punkt, der Königs- od. Kaiserstuhl über Heidelberg. Hier waren es blos 8 Seminaristen, der Repetent und ein Heidelberger. Dort oben auf dem Thurm hatten wir die herrlichste Aussicht in Nähe und Ferne, die ich

jemals genossen, dieß rechnete ich zum Schönsten was ich erlebte.
Am dritten Tag fuhren wir dann wieder 7 Stunden auf dem Neckar,
liefen dann zu Fuß bis nach Möckmühl u. fuhren von dort nach
Schönthal, wo wir um 12 ¼ Nachts ankamen, noch auf dem Weg von
Berlichingen bis Schönthal von einem durchdringenden Regen durch-
schüttet.

So habe ich denn auch meinen Theil wieder Gott für seine Gnade
zu danken gehabt. In Hoffnung, daß ich bald wieder Nachricht bekomme über das Befinden der Mutter grüßt Euch Euer treuer Sohn u
Bruder Richard.

71 - Brief aus Schönaich

Richard Lauxmann in Schönthal

Schönaich den 8. Juni 1852.

Gnade und Friede in Christo Jesu unserem Heiland!

Vielgeliebter R,

Ich kann nicht unterlaßen Dir den Stand unserer Familie wie er
wirklich ist mitzutheilen; Mit der Hilfe Gottes bessert es sich mit der
Mutter alle Tage etwas, so daß sie wieder einige Stunden des Tags das
Bett verlaßen kann auch ist Aussicht vorhanden daß sich ihr ganzer
Zustand wieder Besser als zuvor gestalten wird. Das es ein Besonde-
ren Antrieb zum Lobe Gottes ist, da sie schon in unsern, und aller
Augen die sie sahen als, Gestorben betrachtet wurde, und wir müßen
Danken daß Gott wohl sich meiner und Eurer erbarmet hat, und uns
von dem Wittwen und Waisenstand bewahrt, weil er sie noch als ein
Werkzeug zu Eurer Erziehung und mir zur Unterstüzung aus dem
Rachen des Todtes rief. Denn daß sie schon gleichsam gestorben war
beweist sich am besten daß alle Nägel an Händen und Füßen sich
abschälen nebst Haut und Haar und nichts mehr von Ihr da bleibt als
die Knochen. Du kannst Dir denken, daß sie jetzt Pflege braucht und
ich ihrer Großen Krankheit am Geschäft verhindert und jetzt da ich
wieder Arbeiten könnte aus Mangel an Arbeit Ihr die gehörige Unterstüzung nicht zu reichen Vermag kann es fast nicht übers Herz
bringen wenn ich denken muß daß sie schon besser wäre wenn ich sie
besser unterstüzen könnte.

Ich begab mich deswegen auf die Reiße um Arbeit zu suchen und
überlies sie der Pflege Deiner Geschwister auf 2 tage, fand auch in
Göppingen arbeit, so daß es mir das ganze Jahr schwerlich mehr
daran fehlen wird. wiewohl mit einem geringen Lohn, doch bin ich
sehr froh in diesen Geschäftlosen Zeiten.

in ohngefähr 8 Tagen werde ich die erste Partie erhalten.

wan es Dir nur möglich wäre daß Du uns wirklich mit etwas erfreuen könntest, so würdest Du die Liebe Mutter sehr erfreuen und
ihre Liebe in etwas erwidern, später können wir Dir wieder beisprin-
gen und Dir Hülfe leisten den nach des Fabrikanten Sagen beÿ welchem ich Arbeit fand werde ich mehr arbeit erhalten als ich verschaffen kan.

Wir übrigen Familien Glieder sind Gesund und auch der Kleine
Johannes, welcher einen harten Anstoß erlitt.

wir Dürfen vielfältig erfahren was Hiller sagt.

"Der Gottesmensch hat zwar oft Noth, doch hat er keine Sorgen.

Und ich will auch auserwählt wachen im Ofen des Elends und ich
ob es wohl dem schwachen Fleisch nicht hinunter will laß es mir doch
nicht nehmen mich zu trösten mit den Worten Gerhards. "Christen
Kreuz hat seine Maße und muß endlich stille stehn. u.s. weiter - Ich
muß mein Schreiben schließen da ich noch sehr müde von der Reiße
bin und mich kaum besinnen kann.

In der Hoffnung daß Deine Kindliche Liebe thun wird was Dir
möglich ist und uns so bald als möglich benachrichtigen Grüßt Dich
Dein Dich Herzlich liebender

Vater R. Lauxmann so wie alle Deine Geschwister besonders die
L. Mutter.

Nota so eben erhielt ich Dein Schreiben woraus ich ersehe daß
auch der l. Gott an Dir den beweiß seiner Väterlichen Vorsorge und
Regierung nicht fehlen läßt was auch uns zum Dank gegen ihn und
die Werkzeuge welche er dazu Gebraucht täglich Verbindet, und füge
die Väterlichen Worte Tobias bei, Sorge nur nichts mein Sohn wir
sind Wohl Arm aber wir Werden Viel Gutes haben, so wir Gott
werden fürchten, die Sünd meiden u. Gutes tun. *(Tobias 4,22)*

72 - Brief aus Schöntal

Schönthal d 15. Juni

Liebe Eltern!

Mit großer Freude ersah ich aus Eurem letzten Brief, daß es mit der
Gesundheit der Mutter immer besser gehe, u. daß der Vater wieder so
glücklich gewesen seÿ, Arbeit zu finden. Ich glaube wohl, daß auch
diese kürzere schwere Krankheit in der Familie viel Unruhe u. Besorgniß erregt hat u. daß begreiflicherweise auch das Geschäft dadurch Störungen erlitt. Um so dankbarer müssen wir demnach gegen
Gott seÿn, daß er Mittel u. Wege geschafft hat, daß Ihr das Ungemach
doch ertragen könnet. Ich freue mich nur, daß sonst alles wohl ist u.
kann versichern, daß auch ich noch nie so gesund war wie gerade

jetzt. - Stumpf sagte mir, der Vater seÿ in Eßlingen auch bei seinen Eltern gewesen, ich dachte dieß werde wohl auf seiner Göppinger Reise gewesen seÿn. - Da ich Euren Brief erhielt, war Rep. Zeller gerade in Cannstatt u. kam erst am Sonntag Abend wieder heim, ich konnte Euch deßwegen nicht so bald schreiben, wie ich von ihm Geld holen wollte. Allein jetzt erfahre ich durch den Lektor, daß derselbe in der Kasse kein Geld mehr habe, sondern selbst für die Promotionskasse entlehnen müsse, u. so machte ich denn zusammen, was ich noch hatte, u schicke es Euch hiemit mit dem Wunsch, daß es seine guten Dienste thun möge.

Meine Geschäfte gehen gut: besonders was das Hebr. betrifft, komme ich von Tag zu Tag weiter, ich gehe vergnügt dem Examen entgegen und muß nur bedauern, daß ich so gar wenig Zeit habe. Ich bin in letzter Zeit schon ein paarmal längere Zeit auf der Bibliothek gewesen, u. würde froh seÿn, wenn ich öfter hin könnte, es sind sehr viele Werke darauf, deren Nutzen im Wissenschaftlichen ich jetzt erst einsehe.

Im Übrigen wünsche ich mir, daß Ihr mir recht bald weiterschreiben möget, wie es der Mutter geht, ich grüße sie herzlich, so wie Euch alle, Vater und Geschwister

Euer Sohn u. Bruder Richard

73 Brief aus Schönaich

Richard Lauxmann in Schönthal
Schönaich, den 1. Juli 1852
Gnade und Friede in Christo unserem Herrn und Heiland
  Vielgeliebter Richard!
  Dein Schreiben vom 15. v.M. haben wir samt Zulage erhalten es kam uns ziemlich wohl zu der Mutter Erquickung, da es dem lieben Gott gefallen sie uns nicht gesund, sondern in einem langwierigen kränklichen und beschwerlichen Lager bis daher zu erhalten, es hatte schon wieder umgeschlagen als wir Dein Schreiben erhielten und wir glaubten, es werde schnell mit ihr gehen, denn die Anlage zur Wassersucht trat wieder stärker ein und heftige Krämpfe, daß es oft nicht zum Ansehen ist, machen ihr vieles Leiden, es scheint auch kein Arzneimittel mehr anzuschlagen, ja ihr Leiden ist so groß, daß wir und sie selbst um baldige Erlösung aus diesem Thränenthal unser Gebet und Thränen mit einander vereinigten, ob wir gleich viel an ihr verlieren, am 29. v.M. glaubten wir gänzlich, und sie auch selbst sagte: Heute werde sie aus diesem Elend erlöst. Schon einige Tage gedenkt sie Deiner sehr viel mit manchen Thränen, ich hoffe Du werdest es

bei nahe selbst spühren, und wir werden Dir schon bälder geschrieben haben wenn wir nicht von jeder Stunde einen gewissen Ausgang erwarteten, Deiner Mutter wird es selbst so lange, daß sie aus den Psalmen, das "Ach Herr, wie so lange" oft und viel in ihren Seufzern gebraucht; übrigens ist es gut um sie zu sein, da man namentlich durch ihre gewisse Hoffnung und freudige Aussicht auf das ewige Leben sehr erquickt wird.

Daß bei diesen Umständen in leiblicher Beziehung es viel erfordere die äußerlichen Bedürfniße zu bestreiten kannst Du Dir selbst denken, und ich habe trotz dem gewissen Versprechen von Göppingen noch keine Arbeit erhalten, und würde sehr in Noth gekommen sein wenn nicht der Himmlische Vater auf eine wunderliche Weise Mittel geschafft hätte, es giengen nemlich Deine kleine Geschwister am 3. v.M. in das Holz und fanden auf dem Wege dahin im oberen Lehle auf der Anhöhe, wo sich die Wege gegen die Mausäcker scheiden, einige kleine kreuzergroße gewölbte Silber- münzen aus der Keltenzeit stammend, diese waren schwarz, durch die Fröhner ausgehauen, sie betrachteten solche als Schalen von alten bleiernen Knöpfen und warfen sie wieder weg, doch der Michael las fünf davon wieder auf und trug sie 14 Tage im Sack nun spielte er vor 14 Tagen damit auf dem Tisch und ich merkte, daß es ein Alterthum sein müsse indem sich auf der gewölbten Seite ein Gesicht den Mond vorstellend, und auf der hohlen Seite folgendes Zeichen presendirte,

aus Originalbrief

wiewohl ich es selbst nicht für Silber, sondern für Zink hielte, ich versuchte es auf einem Schiefer- stein zu probiren gegen einem silbernen Ring aus unserer Zeit, und befand die Münze feiner als den Ring, ich nahm solche mit nach Böblingen und H. Kaiser sagte mir: es seye kein Römer, sondern altdeutsches Geld und gab mir des Alterthums wegen 1.F.15. er für 8. Stück, wiewohl der Silberwerth kaum die Hälfte ausgemacht hätte, durch dieses faßte ich Muth mit der Hacke nachzusuchen, ob nicht etwas noch zu finden wäre, ich arbeitete lange vergebens und war im Begriff das Suchen aufzugeben da besonders die Mutter sehr schwach war und man mit jeder Stunde den Ausgang ihres Leidens erwartete, schon die Haue auf der Achsel zum Weggehen, versuchte ichs noch einmal und zog eine zerbrochene Münze aus dem Sand hervor, nun hatte ich die Spuhr und traf den etwa noch 2 Zoll hohen Rest einer Urne aus Ziegelerde schwarz gebrannt, ich befreite denselben und nahm ihn auf die Hand aber er zerfiel in viele

Stücke und in demselben befanden sich noch 11. Silber und eine Goldmünze, den Tag nachher wurde noch eine Goldmünze aufgefunden, der H. Schultheiß schrieb sogleich nach Stuttgart an Topograph Paulus und meinte: es werde vortheilhafter für mich sein als daß ich Kaufleuten solche gegeben habe, aber hier bekam ich kaum den Silber und Goldwerth und mein ganzer Fund betrug nicht mehr als 8. Fl jedoch dankten wir dem lieben Gott daß er uns in dieser Beziehung geholfen hatte, indem er hier aus harten Steinen, Brod u. Arznei zur Erquickung gab und immer wahr bleibt das Wort "Ich will dich nicht verlassen noch versäumen" denn wer hätte in solchem harten Wege etwas suchen wollen, wenn er es nicht selbst gezeigt hätte.

Sei so gut und schreibe gleich wieder an Deine Mutter, vielleicht trifft Dein Schreiben sie noch lebend an und würde sie sehr erquicken noch etwas von Dir zu vernehmen und vereinige Dein Gebet mit dem Unsrigen um Ergebung in den bitteren Willen (wie es uns scheint,) des lieben Gottes und um baldige Erlösung Deiner lieben Mutter. In dieser Hoffnung grüßet Dich Deine Mutter u. Geschwister, und in deren Namen mit

Jes. C. 2829
 Dein Dich herzlich liebender Vater Richard Lauxmann
Psalm 125 und W.Ges.B.N.364

74 - Brief aus Schöntal

Schönthal, den 23. Juli 1852
Liebe Eltern!
Tage auf Tage warte ich jetzt bereits nächstens 14 Tage auf ein Schreiben von Euch u. lebe in höchster Unruhe, was der Grund seyn möge, warum Ihr mir nicht schreibt. Ich schreibe auch dießmal ganz alleine nur, um Euch zu bitten mich über den Zustand in der Familie überhaupt sobald als möglich zu benachrichtigen. Mag es mit der Mutter besser (was Gott gebe!) oder schlimmer gehen, immerhin werde ich dann aus diesem peinlichen Zustande herausgerissen.

Immer näher geht meine Zeit in Schönthal dem Ende zu: seitdem ich das letztemal geschrieben habe, kam in der Zeitung die Zeit des *Concurses* angegeben: es ist Donnerstag der 9. September, Freitag u. Samstag. Wahrscheinlich werden wir nun Dienstag Vormittag in Schönthal abgehen u. ich werde dann mich beeilen, womöglich am Dienstag Abend noch nach Hause zu kommen. Zugleich war auch die Zeit des *Landexamens* angezeigt: es ist Ende August u. Anfang Septembers also blos eine Woche vor dem *Concurs*. Ich muß deshalb den

Vater bitten, bei Herrn Elsäßer in Böblingen, der mir von Gottlob in Schönthal überlassenen Bücher wegen anzufragen. Es ist nämlich sehr

Der keltische Münzschatz von Schönaich (stark vergrößert)
Jetzt im Württembergischen Landesmuseum (Altes Schloss, Stuttgart)
Foto: Dr. Ulrich Klein

wahrscheinlich, daß wir die Namen der aufgenommenen Landexaminanten nicht in Schönthal erfahren, ehe wir einpacken. Ich möchte demnach wissen, ob ich die Bücher Elsäßers mit den meinigen einpacken oder in Schönthal zurücklassen soll, wenn ich bei meinem Abgang noch nicht weiß, ob Karl Elsäßer in's Seminar aufgenommen ist, oder nicht.

In der nächsten Woche haben wir das sogenannte Vorexamen zu bestehen, im Übrigen fehlte mir nichts als nur Zeit u. immer Zeit; allein ich muß sagen, es geht diesen Sommer so gut, daß ich nur voller Hoffnung bin, obwohl natürlich das Schreckbild der Gefahr immer auch ein wenig hereinsieht; um so mehr thut es Noth, daß ich über die Angelegenheiten in der Familie nicht so im Ungewißen bin.

Mit Auberlen bin ich in letzter Zeit leider! uneins geworden, unsre Verbindung ist ohne eigentliche Erklärung aufgelöst, weil es in letzter Zeit für beide Gelegenheit gab zu sehen, daß wir nicht zusammenstimmten. Das Nähere darüber ein andermal.

Ich bitte Euch wiederholt u. dringend um baldige Benachrichtigung, möge auch der Zustand der Mutter kein erfreulicher seyn u. bitte Euch, wenn im Hause kein Gott zu sehen ist, ihn doch auf seinen Fluren kennen zu lernen. Ich muß mich jeden Tag über den reichen Segen selbst in unserm kleinen Schönthal freuen.

Ich grüße Euch Alle, Eltern u. Geschwister, besonders aber die liebe Mutter Euer Sohn und Bruder

Richard

75 - Brief aus Schönaich

R. Lauxmann in Schönthal
Schönaich, 25. Juli 1852
Vielgeliebter Richard!

Gnade und Friede in Christo unserm Herrn und Heiland. Wir haben lange gewartet Dir zu schreiben, und denken Du werdest es fast nicht räumen können, warum wir Dir so lange nicht schreiben. Wir wollten nemlich nicht eher schreiben als bis wir Dich gewiß berichten können, wie es mit der Mutter stehe, nun waren wir lange nicht überzeugt, wo es hinaus wolle. Sie war zwar wohl immer um den Kopf etwas lebhaft, aber ihre allzugroße Schwäche und der stark angeschwollene Leib und Glieder ließen keine andere Aussicht übrig, als die Wassersucht werde völlig ausbrechen, und der Arzt meinte, es werde in der Brust mehr Wasser als im Bauch sein, und so war ihr Zustand ein verzweifelnder für ihre Aufkunft und der Arzt gab ihr keine Arzneÿ mehr, wir ergreifen daher, das Mittel um durch Thee zu versuchen, ob sich das Wasser nicht zertheile, zu welchem Ende wir Schafgarben und Dotterblumen dazu benutzten, und Gott gefiel es denselben zu segnen, daß wir vor etwa 10. Tagen bessern Abgang des Wassers verspürten wo sich die Geschwulst zu setzen anfing und nun fast gänzlich verschwunden ist, statt deren sich Frieselausschlag zeigte und nun ziemlich bedeutend ist, doch zweifeln wir nicht daran, daß sie auf diese Weise wieder aufkommen wird. Du kannst Dir wohl denken, wie geschwächt sie durch dieß lange Krankenlager und die viel erstandenen Schmerzen auf demselben ist, sie war nicht allerdings immer bei ihrem völligen Bewußtsein was blos der Schwäche zuzuschreiben ist. Doch bessert es sich immer mehr, nur braucht sie viele Unterstüzung und Pflege und thut uns oft leid, daß wir oft die Mittel nicht haben, sie nach Nothdurft versorgen zu können. Sie selbst geht sehr viel mit Dir um, und hat schon oft geweint, wenn sie Deiner gedenkt. Wir selbst verwundern uns über die Führung des himmlischen Vaters und seine gnädige Hand welche uns bis daher durch alle diese Trübsale so gnädig hindurch geholfen hat und auch immer die nöthigen Mittel schenkt und gesegnet hat, die wir unumgänglich nöthig hatten. Auch haben wir vor 2 Wochen Arbeit aus Göppingen erhalten und werden im Laufe dieser Woche das erstemal 1. *Ltr.* abliefern, wo wir auch in diesem Stück wieder versorgt sind, überhaupt ist das Jahr jetzt durchgemacht und die Erndte vor der Thür und wir müssen mit Hiller sagen:

"Allein man sieht am Ende, es gieng durch Gottes Hände."

Er hat sein Wort treulich gehalten, ich will dich nicht verlassen noch versäumen, uns aber geht es wie einst Herrn Luther: "Er lerne anfangen zu glauben, daß Gott ein allmächtiger Gott und Vater seÿe!" Wir haben leider über nichts zu klagen als über unsern Unglauben von welchem wir Sorge und Unruhe zum Lohn haben. Er aber der Treue und Gnädige hat in unserer Familie dieses Jahr schon viele Wunder bewiesen, und gezeigt daß seine Hand nicht verkürzt ist wenn seine Stunde gekommen ist und es bleiben wahr die Worte jenes Sängers: neues Ges.B. N. 315, 9. Wenn die Stunden sich gefunden, bricht die Hilf mit Macht herein etc.

Daher wir oft (wie Hiller sagt) uns sehr schämen da wir doch auf Gott hoffen dürfen und sollen. Hält Er nur sein Wort in leiblichen Versuchungen, so wird er gewiß auch mit den Verheißungen zum ewigen Leben nicht zum Lügner werden. 1. Johs. 2, 25 usw.

Wir fühlen immer deutlicher wie nöthig das Gebet und die fleißige Betrachtung des Wortes Gottes ist, denn ohne dieses, ist das göttliche Leben verloschen und was hülfe es dann, wenn man die ganze Welt gewönne und nehme doch Schaden an seiner Seele *(Makus 8, 36)* Wir können nicht umhin Dir diese theuren Gnadenmittel zum fleißigen Gebrauch zu empfehlen und hoffen Du werdest ohne unsre Ermahnung es von selbst thun, doch denken wir auch unsre Ermahnung werde ihren Zweck nicht verfehlen. Da nun die Zeit sich nähert, wo

Du ganz zu uns kommen wirst, so werden wir, wenn nichts besonderes vorfällt einander nicht viel mehr schreiben, jedoch erwarten wir von Dir auf diesen Brief eine baldige Antwort.

In dieser Hoffnung grüßen Dich Deine sämtlichen Geschwister und Deine Dich herzlich liebende Eltern besonders aber die Mutter mit Hiller Schatzk. II. TH. 243. Und Spr: Salomo 3, 5 u. 6 u. 7. und in deren Namen Dein Vater. Richard Lauxmann

Wenn Du nach Hause kommst so kaufe mir in Heilbronn 1. Federmesser wie das Deinige was ich Dir wieder vergüten werde. Dein Bruder J.G.

76 - Brief aus Schönaich

Herrn R. Lauxmann in Schönthal!
Schönaich, d. 10. August 1852

Meinem in Christo Jesu Geliebten Sohne! Gnade! Barmherzigkeit! Friede Von Gott dem Vater und dem Herrn Jesu Christo!
Vielgeliebter Richard.
Dein Schreiben vom 23. v.M. haben Wir Gleichen Tag erhalten, als wir Dir Deinen Brief geschickt hatten. Was uns etwas ungeschickt war wie wir Dir Besser hätten schreiben können wenn wir Dein Schreiben in Händen gehabt hätten. - Was unsere Umstände Betrifft, so ist die l. Mutter immer Gleich krank schon seit Du bei uns gewesen. Wenn wir oft wieder Hoffnung haben, daß sie wieder Aufkommen Werde, so dauert es einige Tage und die Hoffnung verkehrt sich in das Gegentheil so ist sie seit. 8 Tagen wieder sehr Geschwollen und so Lästig, daß es Mühe hat bis sie sich wendet von einem Ort zum Andern, doch ist das Beste beÿ der Sache, daß sie Gedultig ist und eine frohe Aussicht auf die Ewigkeit hat, sie sehnt sich oft sehr nach ihrer Auflösung und Befreÿung von dem Leiden dieses Todtes, obgleich sie auf sonderbarer Liebe an Mir und Allen ihren Kindern hängt - so hat sie doch sehr Viel mit Dir zu Thun, sie vergießt manche Thräne wenn sie Deiner Gedenkt, und ihr Gebet und Segen ist das erste des Morgens und das letzte des Abends und Nachts für Dich, ihr Verlangen ist sehr heftig dich noch einmal zu sehen und zählt Tag und Stunde, bis Du kommst. Doch ergibt sie sich allemal wieder in den Willen Gottes, und es ist sehr zweifelhaft ob sie noch lebt bis du kommst, sie hoffte sehr heftig am Dienstag auf einen Brief von Dir, da Wir Glaubten Du werdest am Sonntag geschrieben haben -und es that ihr sehr Wehe da ihre Hoffnung fehlte, wir erwarten daher so

bald Du diesen Brief empfangen hast, auf ein Schreiben von Dir -
besonders an Die Mutter . Sie hat schon sehr Viel Leiden und
Schmerzen durchgemacht. Diesen Sommer und das Mitleiden bewegt
uns Umstehende Oft zu Thränen. Ob Gleich wir Die Sache Gleichsam gewohnt sind. Wir bieten auch alles auf ihr Leiden und Krankenlager zu erleichtern so viel wir können, und Thut uns nur Leid, daß
wir nicht mehr Mittel besizen zu Ihrer Versorgung - jedoch müßen
wir dem L. Vater im Himmel danken daß er allezeit noch das
Nöthigste Geschenkt hat. Und wahr geblieben ist was unser Heiland
sagt, Euer Himmlischer V. weiß, daß ihr des Alles Bedürfet - . Wir
sind in Gewißem Betreff beßer durch dieß Jahr gekommen als manche unsrer Mitbürger ob Gleich die Krankheit sehr viel kostete und
heut noch kostet. Wenn wir oft auch fragten woher nehmen wir Brod,
woher Arznei, so war oft unser sorgen so unnöthig als der Kinder
Puppenspiel.

Ich mußte den Bekannten Vers aus dem Lied Du Bist ein Mensch
oft recedieren - "Es ist umsonst du wirst fürwahr, mit allem deinem
Dichten, auch nicht ein Einzig kleines Haar in Aller Sorg ausrichten
ectr. Und wir können die Wunder erzählen wie seine Hülfe kommt,
nicht zu jeder Frist so kommt sie doch wenns nöthig ist wenn es nur
die Zeit leiden wollte - . Doch davon mehr wenn wir einander sehen -
. Mit Herrn Elsäßer habe ich der Bücher wegen gesprochen und er
sagte Du solltest solche nur mit den Deinigen einpacken und mitbrin-
gen. Da nun Deine Zeit in Schönthal zu Ende Geht, so bitten wir
Dich Deine Herrn Lehrer von unseret Wegen Herzlich zu grüßen,
und unsern H. Dank gegen Sie in Beziehung aller Ihrer Mühe und
Sorgfalt für Dich so wie aller Dir erzeigten Liebe und Freundschaft
während deines Dortseins. Namentlich Herrn Zeller, der dieses Jahr
in unserer Noth viel Antheil nahm -. zu bezeugen. Mit der höflichen
Bitte auch ferner Für Dich Besorgt zu seÿn - . Hoffen auch Du selbst
werdest wohl einsehen daß Du Ihnen Vielen Dank schuldig bist - .
und werdest Sie nicht Bezahlen mit Undank - .

Im Übrigen Befehlen wir Dich dem Gott der Gnade, mit der Bitte
daß Du sein Wort für Deinen Größten Schaz halten wollest und ihm
Dein Studium befehlen daß er sein Gedeihen dazu gebe.

In Welcher Hoffnung wir Dich sämtlich Grüßen mit dem Vers:
Verlaß Dich auf den Herrn von ganzem Herzen, und Verlaß Dich
nicht auf Deinen Verstand. u..s.w.

Deine Dich H. Liebenden Eltern und Geschwister und in deren
Namen Dein Vater R. Lauxmann

Schönthal, den 23. Aug. 1852
Liebe Eltern!

Es ist dieß wohl das letztemal, daß ich von Schönthal aus an Euch schreibe, und ich könnte daran einen Anlaß nehmen, mich in diesem Brief ausführlicher über das vergangene Leben in Schönthal auszusprechen. Ich könnte insbesondere der trefflichen Führung Gottes in meinem inneren und äußeren Leben gedenken. - Allein einestheils hindert mich meine sonstige Arbeit daran, einen längeren Brief zu schreiben, anderntheils bekomme ich, so Gott will, in der Vakanz Zeit genug, mich über Manches, was Euch neu u. überraschend oder auch ganz erwartet kommen möchte, Euch aufzuschließen. - Vor allem muß ich meine Worte an die liebe Mutter richten: "Unser Glaube", liebe Mutter, schreibt der Apostel Johannes, "unser Glaube ist der Sieg, der die Welt überwunden hat." Die Welt ist doch wahrlich ein mächtiges Reich, das wir nicht überblicken können; u. es herrschet ein Fürst darin, der unter unsern Nebenmenschen Vornehm u. Gering, Alt und Jung, Groß u. Klein in seine Ketten schlägt, der auch uns angreift - u. doch dieses große, mächtige Reich soll der Glaube überwinden können. Das muß denn doch eine wunderbare Kraft seyn, u. Gottes Gnade muß unendlich groß seyn, wenn sie uns als Waffe diesen kräftigen Glauben gegeben hat. Und derselbe ist auch Dir, liebe Mutter, gegeben, und in Dir kräftig geworden, wie der Vater schreibt, so daß Dein Glaube auch Andern nachahmenswerthes Vorbild ist. In Deiner größten körperlichen Schwäche ist also eine Kraft in Dir, die Alles überwindet. Wohl hast Du darum Deinem Gott zu danken, daß er Dir diejenige Kraft gegeben hat, mit der Du durchdringen kannst zum ewigen seligen Leben der Kinder Gottes. Jenseits wird ja wohl kein Leid noch Geschrei noch Schmerz mehr seyn, denn Gott wird abwischen alle Thränen von den Augen derer die Leid tragen. Und wie man nun nie zum Kleinod kommen kann, man leide sich denn u. kämpfe bis auf's Blut, so kommt auch kein Mensch zur Himmelsfreude, er habe denn den Kelch des Erdenelendes bis auf die Neige geleert. Nun, es wird auch bei Dir heißen, wenn denn die Stunde Deiner Erlösung kommt: "Du bist über Wenigem getreu gewesen, gehe ein zu Deines Herrn Freude." -

Ich habe wegen meiner Vakanzreise noch Einiges zu schreiben. Am Dienstag werden wir von Schönthal abgehen, aber wann? - dieß ist noch nicht bestimmt. Außer mir u. Lutz werden Alle in Chaisen nach Heilbronn fahren, ich könnte nun zwar auch unentgeldlich mitfahren, allein einerseits würde doch das großartige Essen in Neustadt u. dgl. mich immerhin 40 cr kosten u. andererseits fahren diese erst um 8 Uhr in Schönthal ab u. richten es so ein, daß sie um 11 Uhr in Neustadt, um 5 ¾ in Heilbronn und um 7 ¾ in Stuttgardt sind. So wäre es mir unmöglich, noch nach Hause zu gehen, und am anderen Tage wären die 6 Stunden zu anstrengend, da ich indeß nicht weiß, ob es gut Wetter ist oder nicht, ist´s auch nicht gewiß, ob ich bis 11 ¾ nach Heilbronn komme, jedenfalls komme ich am Dienstag nach Hause, um dann am anderen Tage mit dem Segen meines Gottes und meiner Eltern der Prüfung zuzugehen. Ich habe mich auch am Mittwoch noch über Einiges mit dem Vater zu verständigen. Das Übrige, wenn ich komme!

Euer dankbarer u. besonders die Mutter
aufs innigste grüssende Sohn Richard

1881 Schönathal
geb... in R. L.

"Aus dem Leben unserer lieben Mutter Agnes Lauxmann geb. Rebmann 6. Mai 1809 - 19. Januar 1853 [38]

Stuttgart im Nov. 1885
Notizen über unsere l. Mutter, welche schon seit 32 Jahren einge-
gangen ist zu Ihres Herrn Freude!

Mein l. Bruder Richard!
Weil Du mich schon so oft gebeten hast, ich möchte Dir doch
auch aus meinem Gedächtniß etwas von unserer l. seligen Mutter
erzählen, was ich noch von ihr wüßte, so will ich Dir einiges hier
niederschreiben, wobei Du aber entschuldigen wirst, wenn ichs nicht
so vorbringen kann, wie Du es wünschest.
Zum ersten was ich von unserer l. Mutter noch weiß, ist dasjenige,
was Sie oft selbst erzählt hat, nemlich daß Sie in Ihrem 19 Lebensjahr,
nachdem Ihre Mutter gestorben war, in Dienst zu Schloßer Wagner
gekommen ist, einem angesehenen Christlichen Manne, der so zu
sagen, eine vornehme Frau gehabt hat. Die 20 Jahre lang, bei einer
adligen Familie in Kleinglattbach gedient hatte, und in sehr gutem
Ansehen als ein fleißiges braves Mädchen gestanden ist, deswegen Ihr
Ihre Herrschaft vor Ihrem Tode, eine ganze Aussteuer, und ein
schönes Vermögen hat zukommen lassen im Vermächtniß, infolge
dessen dieße Frau ein fast vornehmes Haus geführt hat, bei dieser
Frau nun, die eine sehr pünktliche Haushaltung führte, und dabei
recht gut, und Christlich gesinnt war, aber auch recht streng sein
konnte, hat unsere l. s. Mutter 4 Jahre lang gedient, und wie Sie selbst
oft sagte, viel gelernt, daher kommt es auch, daß wo Sie in Ihrem
23ten Lebens Jahr , den Ehebund mit unserem l. sel. Vater geschlossen hatt, eine so gute Hausfrau geworden ist, daß die Leute oft sagten,
sie wäre zu vornehm geworden, aber das wars gerade, warum unsere l.
Eltern so gut trotz Ihrer Armuth gelebt haben, weil Sie das kleinste zu
Rath zu halten wußten, und unsern Vater so gut verstanden hatt,
trotzdem hatten Sie ja wie Du wohl weißt, mit vieler Armuth zu
kämpfen, zumal weil d. l. Mutter immer viel krank war, und der Vater
längere Jahre kein erträgliches Geschäft finden konnte, mit dem Er
die Haushaltung ernähren konnte.

---

[38] Die Absätze in diesem Text sind übersichtsalber hinzugefügt.

Das längste, was ich mir von Ihr denken kann, ist, als unser Bruder Christian geboren ist, da war ich 4 Jahre alt, und durfte das Kind, zur Heil.Taufe in die Kirche begleiten, die l. Mutter war damals so viel ich weiß, bald wieder gesund,

und ich weiß noch ganz gut, wie Sie oft erzählte, was Sie für eine Freude gehabt hätten, als das erste Kind Georg geboren wurde, das aber blos 30 Wochen alt geworden ist, was das für Sie ein großer Schmerz gewesen sei, wo es wieder gestorben sei, Sie hätte es fast nicht überwinden können,

um so größer sei aber die Freude gewesen, als Du l. Bruder, ein Jahr nachher geboren seiest, zumal weil Du so gesund und kräftig gewesen seiest, Sie hatt ja immer an Dir die größte Freude gehabt, und oft das kleinste von Dir erzählt,

auch hatt Sie oft erzählt von Ihrer schweren Krankheit, wo unser Br. Jakob geboren ist 2 Nov. 1842, es seie gerade Kirchweih Abend gewesen, und unser Vater sei über Feld gewesen, da sei ein Brand in der Großgasse ausgebrochen, und die Funken seien im Garten, hinter unserem Haus herumgeflogen, so daß d.l.Mutter alle Augenblicke glaubte, das Haus fange auch an zu brennen. Der Vater ist zwar bald heimgekommen, aber schon zu spät für die l. Mutter denn in selbiger Nacht ist das Kind bälder in Folge des Schreckens geboren, und die l. Mutter ist in Folge dessen 3 Jahre lang krank gewesen, der l. Vater meinte oft, der Brand hätte Ihm mehr geschadet, als dem Bürger, dem das Haus abgebrannt ist, und die l. Mutter sagte immer, von daher sei Sie nie mehr gesund geworden, und habe den kurzen Athem bekommen, den Sie bis zu Ihrem Tod hat haben müßen,

Nun will ich Dir schreiben, was der l. Mutter Ihre frühere Freundin Frau Wacker, und Frau Kempf mir oft erzählt haben, wie Die l. Mutter wo Sie noch ledig gewesen sei, ein so vergnügtes und gesund aussehendes Mädchen gewesen sei, Sie hätte immer so gern gesungen, und Jedermann hätte eine Freude an Ihr gehabt, Sie wären oft beieinander gewesen, in den Winternächten, beim Spinnen, wo die l. Mutter immer die vergnügteste gewesen sei. Die l. Mutter hat selbst öfter davon gesprochen,

aber so lang ich Sie kannte, ist Sie fast immer am Spulrad gesessen, und hat dem l. Vater neben der Haushaltung im Geschäft geholfen, ja nie recht gesund habe ich die l. Mutter gekannt,

und doch erinnere ich mich noch ganz gut, wie Sie oft bei Ihrer Arbeit, die schönen Lieder von Hiller gesungen hatt, zum öftern sind mir die nachfolgenden in Erinnerung. Meine Seele darf sich freuen u.s.w. und Wir warten Dein o Gottes Sohn, und in Ihrer letzten Lebenszeit hatt Sie so oft das gesungen, Mein Herr ging gen Jerusalem u.s.w. noch verschiedene andere sind mir in Erinnerung.

Und was mir noch so gut im Gedächtniß ist, das bist Du l. Bruder, wie viel hatt die l. Mutter oft von Dir erzählt und eine Freude gehabt, weil Du so gut gelernt hast. Sie hat freilich oft gejammert daß Du immer den weiten Weg nach Böblingen, hast machen müßen, besonders im Winter, und manchmal hat Sie gesorgt, ob Du auch wieder Abends gut heimkommen werdest, was immer eine Freude war, wie oft hieß es, wenn nur Richard da wäre, es wird Ihm doch nichts geschehen sein, auch weiß ich ganz gut, wie Sie oft den bekannten Frauen, von Dir erzählt hatt, wie Du so gut lernst,

ein Lichtpunkt in meinem Kindesleben war es, so wie auch der l. Mutter, wo es einmal so viele Äpfel gegeben hat, ging der l. Vater und die l. Mutter mit einem Korb voll schönen Rosen Aepfel nach Böblingen zu Deinem Präzeptor, und brachtens Ihm zum Geschenk, ich habe damals in meinem Leben zum erstenmal mit beiden Eltern gehen dürfen, das war ein Festag für mich, denn ich durfte an ein Kinder Tischchen sitzen, und ein gutes Gsälsbrod verzehren, und die schöne Stube war ganz was Neues für mich, ich habe selbigen Tag nie vergessen, auch die l. Mutter war so vergnügt, denn Sie kam höchst selten nach Böblingen, mit dem l. Vater, oft konnte Sie nicht, und hatte auch keine Zeit,

und nun weiß ich noch ganz gut, wie Deine Konfirmation kam, und ich mit der l. Mutter in der Kirche war, wir saßen ziemlich vornen, damals hat Sie Freudenthränen geweint, besonders hat Ihr Dein schöner Denkspruch viel Freude gemacht, ja das waren Lichtpunkte in Ihrem Leben, wie Du nun ins *Landexamen* aufgenommen wurdest, und es so gut bestanden hast, was war das für eine Freude;

Und nun muß ich noch auf ein Ereigniß zurückkommen, zwei Jahre vielleicht auch 3 Jahre nach D.Br. Christian ist uns auch wieder ein Schwesterlein geboren, welches der l. Mutter zu lieb Angnes getauft wurde, auch das durfte ich zur Kirche tragen, die l Eltern hatten beide und dem Kind eine große Freude, aber der himmlische Vater hats nach 1 1/2 Jahr wieder zu sich genommen, es war ein großes Leid damals, es hat der l. Mutter recht wehe gethan,

damals gings bei den l. Eltern noch ziemlich gut, wir hatten noch nicht so viele Nahrungssorgen, das Geschäft ging gut, auch hats Anno 1847 viel Obs und Kartoffel gegeben, nur im Jahr 1848, machte das Kriegsgeschrei und die Angst vor der Revolution viel Sorge, doch ging es ja dann wieder gut vorüber, aber es kamen dann theure jahre, wo es knapp herging Du selber weißt es ja noch besser als ich,

nun kamst Du aber damals nach Schönthal das war eine große Freude für d.l. Mutter, ach wie oft hatt Sies im Dank gegen Gott immer und immer wieder erzählt, wie es Dir gegangen ist, und daß Ihr nur das Eine vergönnt sein möchte, daß Sie Dich l. Bruder auf der Kanzel sehen dürfte, und d. l. treue Gott hat Ihr diesen Wunsch freilich nicht mehr erfüllt, aber wenn ein Brief von Dir kam, das war immer wieder eine Freude, und wenn dann die Vakanz kam freute Sie sich, und zählte oft die Stunden wo Ihr l. Richard wieder kommen werde,

und ich kann Dich noch sehen, wie Du das erstemal von Schönthal kamest, wir sahen alle zum Fenster hinaus, und hatten eine große Freude denn Du hattest so lange Haare, welche Dir aber der Vater dann abgeschnitten hat, denn d. l. Mutter meinte, es wäre doch gar zu lang,

nun aber eben wo Du in Schönthal warst, kamen theure Jahre, und das Geschäft ging sehr langsam, und es sind besonders die Karthoffeln alle schlecht geworden, und Obst hats gar keines gegeben, auch die Frucht ist sehr schlecht gerathen, da hatt die l. Mutter viel Sorgen gehabt, und ich weiß noch gut wenn Du als in die Vakanz kamst, hast Du Ihr öfter was von Deinem Weingeld mitgebracht, was Sie sehr hoch angeschlagen hatt, da Sie wußte, daß Du es Dir vom Munde abgespart hattest,

damals kam ja auch noch das Ereigniß wo Du bei einer Vakanz Reiße am Weihnachts- Abend Dich im Wald bei Böblingen verirttest, selbiger Abend vergieng d.l. Mutter fast vor Sorge um Dich, Sie sagte immer, Sie spüre, daß etwas mit Dir sein müße, Du werdest doch nicht unterwegs erfroren sein, und wie trug Sie Sorge, daß Du wenn Du heim kommst, doch eine warme Suppe finden mögest, aber Du kamst immer nicht, Sie hat geweint und gebetet, daß Dich doch der l. Gott behüten möchte, und horchte auf jeden Tritt auf den Straßen es wurde 8 Uhr ja Neun Uhr, und Du kamest immer noch nicht, das war ein schwerer Abend für d. l. Mutter, der Vater tröstete Sie so gut es ging mit allerlei Gründen, obwohl es Ihm selber auch Sorge machte, und Er sich sagte, daß etwas besonderes mit Dir sein müßte, endlich um 10 Uhr ging die Thüre, und Du kamst herein, und sagtest, man solle Dir nur gleich etwas zu essen geben, Du habest , so großen Hunger, hättest nicht einmal in Stuttgart etwas getrunken, nur einen Schokolad wo Dich dann der Vater zankte, und meinte, das hättest nicht thun sollen, und dann erzähltest Du erst, deine wunderbare Erettung, vom Tode des Erfrierens, ach diese Freude die l. Mutter meinte damals, der l. Gott hätte Dich Ihr aufs Neue geschenkt, und wir feierten damals trotz unserer Armuth, glücklich, daß Du da warest, und glücklich über unsre Gaben vom l. Christkindlein, ein recht schönes Christfest, und d. l. Mutter hat, es von diesen Tagen, in der

Stunde und nachher den verschiedenen Bekannten, mit vieler Freude und Dank gegen den l. Gott erzählt,

es war immer für Sie eine Freude wenn Du kamest, und freute Sie sich auch sehr, als Du nachher nach Tübingen kamest, aber so viel ich mich erinnern kann, ist da der Johannes schon geboren gewesen, ich weiß noch ganz gut, wie oft Sie sagte, in der Zeit, ehe d. l. Br. geboren wurde, es ist mir nur um die Kinder, denn ich mache es nicht durch, ich wußte freilich oft nicht, um was es sich handelte, aber Sie glaubte, Sie überlebe die Geburt nicht, die l. Mutter muß in dieser Zeit viel gelitten haben, denn Sie hatte so viel mit Athemnoth zu kämpfen, und auch die Sorge um das tägliche Brod, hat Sie oft bedrückt, auch wir Kinder hatten da manches darunter zu leiden, doch ist man ein Kind, und nimmts nicht so schwer,

aber manches bittere ist mir noch davon in Erinnerung, besonders aber ganz genau eine Sache, etwa 14 Tage vorher, ehe d. l. Johannes geboren ist, war ich allein bei der Mutter, Sie mußte im Bett sein, und konnte nicht aufstehen, da kam ein Onkel von Ihr, Er war ledig, Ihrer Mutter Bruder, derselbe hatte Sich ein schönes Vermögen erworben, und war bei Verwanden in der Wohnung, da klagte die Mutter dem Vetter eben auch Ihre Noth, wie es eben wirklich hart gehe, bei den theuren Zeiten, mit einer so großen Familie, und alle noch klein, das Geschäft gehe nicht gut, und Sie seie eben viel krank, da meinte Er, ich weiß noch ganz gut, wie ers sagte, Je nun es geht Euch jetzt eben hart, das kommt auch wieder besser, ich habe ja auch ein schönes Sach beieinander, und bleib nicht lang mehr da, dann geht es Euch wieder besser, denn ich nehme ja nichts mit, die liebe Mutter, erzählte nachher das Gespräch dem l. Vater, aber Er meinte, das seie schon wahr, aber der Vetter könne noch lange leben, und im Sprüchwort sage man, wer sich verläßt aufs *Erben*, kann wann er will verderben, auf das dürfe man sich ja nicht verlassen, und dem Vetter könne schon auch noch ein anderer Kopf wachsen, und Er hat Recht gehabt,

Nun eines Morgens d. 6. März 1852 wurden wir durch die Ankunft eines kleinen Brüderleins überrascht, was uns damals sehr freute, und der l. Mutter ist es gut, oder besser gegangen, als Sie geglaubt hatt, Sie hatt damals gemeint, es seie Ihr noch gar nie so leicht gegangen, und war voll Dank gegen d. l. Gott, aber leider ist für Sie in der Folge ein schweres Leiden gekommen, das Ihr Leben in den ersten Wochen nachher bedrohte, nemlich Ihr Herzleiden, hatt sich zu einer Wassersucht ausgebildet, und Sie jammerte oft sehr, daß Sie an dem kl. Kinde gar nichts thun könne,

und dazu kam noch, daß der vorher erwähnte Vetter sehr schnell gestorben ist, ganz unverhofft, nun glaubte die l. Mutter so wie noch

142

2 ärmere Brüder von Ihr, die Noth seie jetzt für einige Zeit vorüber, aber es hat Sich ein Testament vorgefunden, das der Vetter 8 oder 10 Tage vor Seinem Tod gemacht hatt, und worin Er d. l. Mutter, so wie auch 2 Brüder von Ihr ganz ausgeschlossen hatt, Er hatt nämlich auf Einfluß der anderen, den Verwanden bei denen Er wohnte, einem Bruder und einer Schwester d. l. Mutter alles vermacht, was natürlich für d. l. Mutter bei Ihrer Krankheit sehr nachtheilig war, weil das Testament so ungerecht war, daß das ganze Ort sich dawider aufgelassen hatt, die Richter meinten, es wäre in vielen Jahren kein so ungerechtes Testament vorgekommen, weil lediglich gar kein Grund vorhanden war, der Mann müße beeinflußt worden sein, was ja freilich der Fall war, obgleich die ungerechten *Erben* es leugneten, einige Jahre nachher haben Sies freilich im Beisein v. Br. Georg einander auf dem Rathhauß vorgeworfen, und gesagt, die Erbschaft freße Ihnen ihr anderes Vermögen, nun Du weißt ja die Sache so gut wie ich, doch warst Du nicht zu Hauße, und weiß ich deshalb die Einzelheiten doch noch besser, was die l. Mutter anbelangt, hat Sie die Sache im Anfang recht schwer genommen, obwohl der Vater sie tröstete, so gut es ging, und da wir dann so sicherlich Gottes Hülfe erfahren durften, in den schwersten Tagen der Noth, so hats auch Sie ertragen gelernt, und hat nicht Böses mit Bösem vergolten, Ihre einzige Schwester, die die Haupt Urheberin davon war, hat ja auch selbst nichts mehr von der Erbschaft gehabt, denn Sie ist ein Jahr nachher auch gestorben;

In dieser Zeit aber nahm die Krankheit der l. Mutter immer zu, und bildete sich förmlich zu einer Wassersucht aus, ach es war eine harte Prüfung für die l. mutter, wo Sie einsah daß Sie nun gar nichts mehr in Ihrer Haushaltung thun konnte, und besonders das kleine Kind machte Ihr viel Sorge, doch lernte Sie sich auch in Gottes Willen schicken, und meinte oft, ach Sie ginge so gerne heim, wenn nur die Kinder nicht wären, wie werde es Ihnen wohl noch gehen,

aber gegen das Frühjahr - genau weiß ich es nicht mehr, glaubte man Ihr Ende sei ganz nahe und wo ich von der Schule mittags heim gekommen bin, war unser Herr Pfarrer Schöll bei Ihr, und hat auf Ihr Verlangen, Ihr das heilige Abendmahl gereicht, für uns Kinder war das ein Ereigniß, und der Vater sagte uns, mit betrübtem Herzen, das die l. Mutter uns bald verlassen werde, das sind schmerzliche Erinnerungen, obwohl der treue Gott und Vater d. l. Mutter noch eine längere Leidenszeit vorbehalten hatte, dann sagte Sie oft, ach l. Kinder, es ist immer noch besser so lange ich bei Euch bin, wenn ich auch nichts mehr thun kann, ich kann Euch doch noch sagen, was Ihr zu thun habt, und noch zu Euch sehen,

Sie schwebte in diesem Sommer immer zwischen Furcht und

Hoffnung, und öfter glaubte Sie, bei Gott sei kein Ding unmöglich, und Sie könnte vielleicht doch noch länger bei uns bleiben dürfen, denn durch die Arznei hat der Arzt zweimal das Wasser wider vertrieben, do daß d. l. Mutter eine Zeitlang wieder aufstehen konnte, so daß Sie mit Hilfe eines Stockes wieder im Zimmer auf und abgehen konnte, ja sogar im Sommer ist Sie einigemal auf die Straße gekommen, was Ihr sehr zum Dank wurde, denn Sie hoffte aufs Neue, daß es Ihr vergönnt sein möchte, noch länger bei Ihren Kindern bleiben zu dürfen, und glaubte immer Sie würde es erleben, daß Sie Dich noch predigen hören werde, aber der l. Gott hat Ihr in Seiner Weisheit, diesen Wunsch nicht mehr erfüllt, und die Bessrung war von kurzer Dauer, die Krankheit nahm wieder zu, und Sie mußte von neuem wieder liegen, und keine Arznei konnte Ihr mehr helfen, so sehr der Arzt sich Mühe gab, d. l. B. Michael und ich mußten in dieser Zeit immer wieder nach Waldenbuch um Arznei zu holen, aber es wurde immer schlimmer, und da erinnere ich mich noch ganz gut, wie Sie eine Freude hatte, wann von Dir ein Brief ankam, und Du Ihr darin jedenfalls manches geschrieben hast, was Ihrer Seele wohlgefallen hat, auch wenn Du von Tübingen zu Besuch kamest, freute Sie sich immer sehr, ach wie oft hatt Sie eben, wenn der l. Vater jammerte, was Er wohl ohne Sie anfangen werde, Ihm Muth zugesprochen, und gesagt, der treue Vater im Himmel werde Ihn und die Kinder gewiß nicht verlassen , und hat Ihm oft gedankt, für die viele Liebe und Geduld, die Er mit Ihr in Ihren vielen Krankheiten gehabt habe, und der l. Gott wolle es Ihm an den Kindern vergelten, und Ihnen Seinen Segen geben,

und Du weißt ja l. Bruder, daß der l. Mutter Ihr Segen mit uns gewesen ist, bis hieher, und wenn wir auch sagen müßen, und schon oft erfahren haben, daß ja auf dieser Welt alles unvollkommen ist, so haben wir doch in besonderem Maß, mit dem Erzvater Jakob zu sagen, Herr wir sind viel zu gering, aller Treue und Barmherzigkeit, Die Du uns gethan hast,

und wenn ich heute auf diese schwere Trübsalszeit zurückblicke, wo wir nichts mehr hatten als Gottes Wort und Verheißungen zum Trost, und Gottes Hilfe, denn in der Noth da ziehen sich die guten Freunde zurück, und sind selten, fast alle haben uns verlassen, nur eine Tante von uns, eine Frau von unserer Mutter Bruder, welche damals auch enterbt worden sind, hat nach uns Kindern gesehen, und ist uns in der schweren Zeit, so viel Sie konnte beigestanden,

der Vater sagte oft, wenn Er Gottes Wort, und *Scrivers* Seelenschatz nicht hätte, er sähe nicht mehr hinaus, ach die l. Mutter seufzte oft ach Herr wie so lange, aber Ihr Glaube hatt Sie aufrecht erhalten, Sie

hatt eine gewiße Hoffnung d. ewigen Lebens gehabt, und freute Sich
aufs Sterben, denn es wurde so schlimm mit Ihr, daß Sie beinahe
nicht mehr liegen und athmen konnte, und einige mal mußten wir die
Verwanden holen, weil man glaubte, Ihre letzte Stunde seie gekommen, aber immer erholte Sie sich wieder, wie oft hatt Sie in dieser
letzten Zeit Deiner noch mit Liebe gedacht, weil Du allein fort warest,
     nun kam es aber zum äußersten Die Athemnoth wurde immer grö-
ßer, und der Arzt sagte Ihr, daß Ihr nur noch die Wahl bleibe, ob Sie
noch etwas länger leiden wolle, oder sich einer Operation unterziehen
wolle, Sie würde jedenfalls einen leichteren Tod für sich haben, denn
wenn das Wasser weg sei, werde es Ihr leichter sein, die l. Mutter sagte
dann, daß die Schmerzen unerträglich wären, und Er deshalb in
Gottes Namen die Operation vornehmen solle, und so wurde ich
nach Waldenbuch geschickt mit einem Brief an Wundarzt Schuler,
welcher mir eine Lanzete mitgab, ich kann das Ding heute noch
sehen, ich glaube Br. Michael war auch bei mir, es war hart für uns
Kinder denn wir wußten wohl, was wir an unserer l. Mutter verlieren
würden, obwohl wir noch jung waren,
     damals schon haben wir auf alle Freude, die sonst Kinder haben
verzichten müßen, aber ich habe schon oft dem l. Gott dafür gedankt,
daß Er mir schon damals alle eitle Freude entleidet hatt, doch wieder
zu unsrer l. Mutter, was hatt Sie geseufzt und gebetet, der l. Gott
wolle Ihr doch über diesen schweren Kelch hinüber helfen, und als
wir anderen Tags aus der Schule kamen, sagte uns der l. Vater wir
sollten nur recht stille sein, die l. Mutter schlafe, es sei alles glücklich
vorüber gegangen, und sehr viel Wasser abgelaufen, er meinte, ach es
sei am Ende doch noch möglich, daß die l. Mutter wieder gesund
würde, Er könnte fast nicht glauben, daß wir sie verlieren sollten,
     aber d. l. Gott hat Ihrem Leiden vollends schnell ein Ende ge-
macht, 2 Tage lang war es Ihr ganz leicht, aber am dritten Tag nachdem Sie den ganzen Tag auf einen Brief von Dir gewartet hatte, weil
ein Mädchen am selbigen Tag nach Tübingen ging, ist Sie Abends um
7 Uhr ganz sanft entschlafen, ich war im selbigen Zimmer im Bett,
weil ich Kopfweh hatte, der Vater hatt zum drittenmal nachgesehen
ob immer noch kein Brief von Dir da sei und die Geschwister arbeite-
ten außen in der Stuben, ich habe Sie wohl seufzen gehört, aber das
war eben gar oft der Fall, und dachte nicht, daß das Ihr letzter gewesen sei, ach wie leid war es uns wo der Vater eine kleine Weile nachher
heim kam, und der l. Mutter, Deinen Brief bringen wollte, er kam
ganz schnell herein zur Kammer, und sagte, l. Mutter jetzt habe ich
Dir einen Brief v. Richard, aber Sie gab ihm keine Antwort, da rief er
Ihr ob Sie schlafe, als Er wieder keine Antwort erhielt, holte Er ein

Licht, und sahe daß die l. Mutter heimgegangen war,

ach es war ein großer Schmerz, so oft bei Ihr gewesen zu sein, und Sie nicht einmal sterben sehen, Abschied hatte Sie zwar von uns allen genommen, denn Sie sagte mir noch am selbigen Abend, es war ein Mittwoch, und ich kam gerade um 4 Uhr von der Nähschule, ach liebes Kind, ich bin nun nicht mehr bei Euch, ich fühle es daß es mit mir ausgeht, und es ist mir oft so bange, besonders auch um Dich, Du bist so alleine als Mädchen, was wird noch alles auf Dich warten, dann sagte Sie, ach es wird so dunkel um mich, ich sehe fast gar nichts mehr, und dann sagte Sie, ich solle Ihr noch Apfelkörbchen geben, denn in Ihrer ganzen Krankheit, hat Sie immer Obs gegessen weil das Ihr am besten gut geholfen hat, als ich Ihr die Äpfel brachte, sagte Sie noch zu mir theile die Äpfel nur unter die Kinder aus, denn ich brauche jetzt keine mehr,

wenn ich freilich einige Jahre älter gewesen wäre hätte ich alles noch besser verstanden, wie es gemeint war, aber ich konnte es immer nicht glauben, daß die l. Mutter sterben würde, ich erfüllte zwar nun d. l. Mutter Ihren Wunsch, und sagte, aber warum die Äpfel theilen, Du hast ja dann keinen mehr, Sie sagte thus nur ich brauche keinen mehr, ja und dann sagte Sie nichts mehr und ist still gewesen, bis Sie der Tod erlöst hatt, als der erste Schmerz über Ihren Verlust sich gelegt hatte, meinte d. l. Vater, Ihr seie es freilich von Herzen zu gönnen, und wir sollen dem l. Gott noch danken, daß Er Ihr ein so ruhiges Ende beschert habe, und Ihr den letzten schweren Kampf erspart habe, aber ich vergesse nie diesen schweren Abend, ich meinte damals ich könnte nie wieder in meinem Leben froh werden,

der l. Bruder Michael mußte anderen Tags nach Tübingen, und Dir die Nachricht bringen, es war ein bitter kalter Tag, und Er ist beinahe erfroren heimgekommen Abends. 17 Jan 1853 war mein 12ter Geburtstag, am 19 Jan 1853, ist die l. Mutter gestorben, und am 22 Jan ist Sie beerdigt worden, du kamst dann zu Ihrem Begräbnis heim, es waren traurige Tage in unserer frühen Jugend, welche ich Zeit meines Lebens nicht mehr vergessen werde,

wo Sie die l. Mutter hinaustrugen, ist mir noch so gut erinnerlich, daß Sie das letzte Lied im Gesangbuch gesungen haben, Wer sind die vor Gottes Thron, u.s.w. und o wie gut hat man es auf unsere l. Mutter anwenden können, denn Sie hat Ihr Kreuz zu tragen gehabt, wie wenige, und wir durften Ihr die Überwinder Krone von Herzen gönnen, Sie durfte nun schauen, was Sie geglaubt hatte, In der Kirche wo Herrn Pfarrer Schöll die Leichenrede hielt, weiß ich allerdings den Text nimmer, aber das Lied weiß ich noch, es ist im Gesangbuch N 487. Ach treuer Gott, barmherzig Herz. u.s.w. was dem l. Vater viel

Trost gegeben hatt.

Das lieber Bruder sind die Erinnerungen die ich von unsrer l. seligen Mutter noch habe und mein Lebenlang vergesse ich das Wenige nicht, was ich noch weiß, und Ihr Andenken sei uns allen heilig. was verlieren Kinder nicht alles an einer l. guten Mutter; besonders wenn Sie gesund gewesen wäre. Ich denke zwar Du werdest von der l. Mutter noch manches wissen, was ich nicht weiß, denn Du warest doch älter, einige Jahre, nimm deshalb vorlieb mit dem Wenigen, was ich mich noch habe erinnern können. Ich schließe mit dem Vers. Der Herr hat alles Wohlgemacht, und alles alles recht bedacht, Gebt unsrem Gott die Ehre.

Schönaicher Kirche – Aquarell von Richard Lauxmann (III.)
zur Silberhochzeit seiner Eltern 1888

Richard Lauxmann (II.) 1834-1890

Kindheitserinnerungen

1. Im Gäßle

Das heimatliche Dorf, welches im ganzen ziemlich regelmäßig angelegt ist, besteht, abgesehen von den Ausläufern des Dorfes, wesentlich aus zwei langen Straßen mit breiter Bahn, der Großgasse und der Kleingasse, welche durch drei Quergäßchen verbunden sind: Die Entengasse, die Weckgasse *(Wettgasse? Frage des Herausgebers)* und das Gäßle. Hier nimmt die eine Seite fast ganz ein stattliches Bauernhaus ein, an welches sich einzelne Gärten und Scheunenräume anschließen und welches den Angehörigen einer Familie Kleinfelder gehörte. Im einen Teil desselben sind zwei Mietwohnungen, eine zu ebener Erde. Hier hatten sich die Eltern am Anfang der dreißiger Jahre eingemietet, als sie ihren Hausstand gründeten. Das breite Törchen führte zunächst in den Küchenraum und von da in die geräumige Wohnstube, wo neben dem Ofen das Bett und in der Ecke der Tisch sich befand, von da aus aber in eine Nebenkammer, wo der Vater noch kaum erst seinen Webstuhl aufgeschlagen hatte. Man darf nicht sagen, daß diese wenigen Räume irgend ungenügend gewesen wären für das Bedürfnis; war und ist man ja doch bis auf den heutigen Tag im Dorfe sehr anspruchslos in solchen Dingen. Je kleiner, desto niedlicher war die Hütte für das junge Paar. Und gerne gingen Freunde und Anverwandte hier aus und ein. Insbesondere gefiel es dem Großvater mütterlicherseits gar gut bei ihnen, einem einfachen und demütigen Mann, der im Witwerstande einen lieblichen Nachsommer genoß und die Kunst lernte, welche so viele nach dem Fleisch nicht verstehen, christlich zu leben und selig zu sterben.

Der Taufname
Der Name "Richard", den ich bei der Taufe empfing und welcher gerade in den Dorfkreisen ein völlig ungewohnter sein mußte, der

148

aber auch erst in den letzten Jahrzehnten zu einem der beliebtesten im Volke geworden ist, sollte mich Zeitlebens nicht nur an den eigenen Vater, sondern auch an den Urgroßvater erinnern, der mit seiner stillen Frömmigkeit als "Reicherts-Ehne" noch einen Segen auf den Urenkel mit seinem hellklingenden Richards-Namen flößen konnte.

Die ersten Schritte

Unter den Erinnerungen der Kindheitszeit, welche mit dämmerndem Schein in meinem Gedächtnis auftauchen, führt eine bis auf die Stunde zurück, wo mir der erste Versuch des Gehens gelang. Draußen vor der Schwelle der Haustüre, welche zu der elterlichen Mietwohnung führte, meine ich, eines Tages aufgestanden zu sein, um von nun an auf eigenen Füßen zu stehen und zu gehen. Wenn mich hierin meine Erinnerung nicht täuscht, so würde sich in diesem Erfassen des entscheidenden Augenblicks der zärtesten Jugend ein lebendiger Geist kundgeben, dem ich alle Zeit zugetraut habe, daß er in der Kinderseele früher als man gewöhnlich annehmen will, eine Fülle von Gedanken in Bewegung setzen kann.

Der gemalte Kriegsknecht

Gegenüber lag das anständige und etwas vornehme Haus des Ortschirurgen, den man den Balbierer im Dorfe nannte. Der hatte unten am Eingang, wo der Haustüre gegenüber eine Stubentüre sich fand, eine militärische Figur an die letztere malen lassen. So oft ich vor die Haustüre kam und der lebensgroße , grimmig aussehende Soldat sich dem Kindesauge vorstellte, ging ein Schauer der Furcht durch mein Gemüt, der sich nicht verzog, wenn ich auch gleich Grund hatte zu glauben, daß es nur ein gemalter Kriegsknecht sei.

Vom Vater getragen

Ich weiß es recht gut, wie der Vater besonders an Sonntagmittagen oder -abenden mich durch Feld und Wald trug, gleich dem guten Hirten, der sein Schäflein auf seine Achsel nimmt mit Freuden. Da klangs von den sangeslustigen Lippen:

Wo ich nur mein Aug' hinkehre, find ich, was mich nährt und hält ... überall ist meine Weide. Alles Ding währt seine Zeit - Gottes Lieb in Ewigkeit.

Wenn sie Uhlands ergreifendes Gedicht "Das ist der Tag des Herrn" nach Kreutzers noch ergreifenderer Weise singen, so kann ich mich recht gut mit solcher Sonntagsweihe befreunden Aber d a s kenn ich nicht aus eigener Erfahrung: "Ich bin allein auf weiter Flur". Denn wo die Glocken luden, da ging es schon im zartesten

Alter zur Kirche; und wo ich Sonntagsstille genoß, da war sie in Gemeinschaft des Vaters. Die grünen Wiesen mit gelbem Schmelz bestickt, von manchen Bäumen umsäumt, wo die Vögel sangen und die Insekten zirpten, wo die Sonne von oben ins wassergedrängkte Wiesental leuchtete und nun des Vaters melodischer Gesang sich hören ließ - droben im Röhrle - das sind meine Sonntagserinnerungen voll Feier und Wonne; denn es mischte sich in das Lob Gottes noch die Liebe, von welcher Gott bei Mose redet: "Wie ein Mann seinen Sohn träget."

Selten ist wohl ein Kind so viel auf Vaterarmen getragen worden.

2. Beim Küfers-Ehne

Die Eltern brachen in den ersten Jahren bald aus der Mietwohnung auf, um zu den Großeltern im Küfershause überzusiedeln. Was der Grund war, ist mir nicht ganz deutlich. Jedenfalls ist die Tatsache selbst ein Beweis gewesen, daß sich der Großvater besser als in den ersten Jahren in die Art der jungen Leute schicken lernte. Einen Gewinn hatte ich jedenfalls, daß ich nämlich als sorgloses Kind einen Garten zur Verfügung bekam, in welchem ich meine Spiele erlebte. Obst gab es nicht gerade viel; dagegen bekam ich in einem kleinen Teil am Bächlein den ersten Anschauungsunterricht im Gartenbau. Der Vater und die Mutter verstanden es, durch sorgsames Bauen der kleinen Fläche eine Fülle der schönsten und besten Küchengewächse zu ziehen. Es war ihnen eine Lust, ihren Salat, ihre Zwiebeln, ihre Gelberüben und anderes zu bauen. Der Brunnen, den sie dabei hatten, und der Bach, den sie benützten, war mir höchst interessant, und ich habe immer daran lernen können, was ein kleiner Raum für ein Kindesauge so viel bieten kann.

Auch heute spielt jener Garten in meiner Phantasie eine Rolle: Wenn ich an Augustin denke, wie er im Sturm seines Herzens zu Mailand in den Garten eilt, sein Testament aufgeschlagen hat und sein "Nimm und lies!" vernimmt, so ist mir der großelterliche Garten noch immer der Untergrund meiner Vorstellung dabei gewesen, so gewiß diese beiden Gärten keine Ähnlichkeit hatten außer der, daß sie eben Gärten waren.

Brüderstunde

Mitten in der Großgasse stand ein Brunnen, den sie den Gallbrunnen hießen und um den sich die Straße etwas weitet. Hüben auf der inneren Dorfseite befand sich des Großvaters Haus, drüben auf der anderen Seite wohnte des Vaters Freund, ein gebrechlicher Mann, der Kasper. Mit diesem fand sich der Vater am liebsten zusammen, und dort war auch die Brüderstunde, wo man am Sonntag und am Donnerstag abends sich im Wort Gottes und mit Gesang erbaute. Da bin ich schon als kleines Kind mitgegangen, mag auch manches Stündlein, wenn ich so ruhig auf dem Schoße des Vaters saß, verschlafen haben; denn die Stunde war für das Kind zu lang und die Luft im dichtgefüllten Stüblein zu dumpf. Aber wohl war mir's doch unter den fröhlichen Gesängen; und ganz vergeblich waren auch einzelne Eindrücke nicht, wenn auch das Gesamtgefühl die Hauptsache war. Der hervorragendste unter den Brüdern war Michael Walz aus Döffingen, ein in den Schriften unserer Kirchenlehrer wohl belesener Mann. Der kam oft zum Besuch auch nach Schönaich und wußte in seiner erfahrenen und beredten Art manches Ermunternde zu sagen. Ich erinnere mich, wie wenn es erst gestern geschehen wäre, daß einmal im brüderlichen Kreise nach der Gemeinschaftsstunde sich über einen Gegenstand Heiterkeit unter den Brüdern ausbreitete. Da klopfte mich jener Bruder Walz sacht mit seinen Fingern auf das Köpflein und erzählte mir, wie Sirach sagte: "Ein Weiser lächelt nur, aber ein Narr lacht überlaut." (Sirach 21, 29)

Ein neuer Pfarrer

Es war im Mai 1839, wenn mich meine Erinnerung nicht trügt, daß in Schönaich ein neuer Geistlicher seinen Einzug hielt. Der alte Pfarrer, welcher vor Jahresfrist schon gestorben war, muß eine etwas sehr einfache Natur gewesen sein. Wenigstens erzählte der Vater gerne von ihm, daß der gute Mann um den Predigtschluß selten in Verlegenheit gekommen sei. Er habe in der Regel mit den Worten geschlossen: "Lasset uns Gutes tun und nicht müde werden; denn zu seiner Zeit werden wir auch ernten, ohne aufzuhören." (Galater 6, 9) Die Gemeinde muß das Gefühl gehabt haben, daß es sich beim Einzug des neuen Geistlichen um etwas sehr wichtiges handle. Unter der großen Menge, welche der Ankunft harrte, stand auch ich in der sogenannten "Lachen" und freute mich des Einzugs der neuen Pfarrfamilie und des Gesangs, den man ihr entgegenbrachte.

Pfarrer Schöll war ein kräftiger und tätiger Mann, unter welchem nun sofort ein wichtiger Schritt im kirchlichen Leben geschah: Der Bau einer neuen Kirche.

Das alte Kirchlein

Ich erinnere mich des alten Kirchleines zum Heiligen Laurentius noch recht gut: Eine etwa 15 Schuh hohe und an etlichen Stellen mit Schießlöchern versehene Mauer, an deren Außenseite sich ein ziemlich breiter Graben hinzog, umschloß das Kirchlein und den Kirchhof, und die Schießlöcher treten mir noch heute vor Augen, wenn ich an Uhlands Lied vom "Ruheplatz der Toten" zu *Döffingen* komme. In dem engen Kirchlein wohnte ich 1839 der Taufe meines Bruders Michael bei, der als dritter Sohn in die Reihe getreten war.

Die neue Kirche

Unter der Führung des neuen Pfarrers wurde nun rasch ein Neubau beschlossen und im Sommer 1840 ausgeführt. Professor Heideloff in Nürnberg, der bekannte Gotiker, entwarf den Plan; sein Bruder hatte den Bau zu leiten. Mitte April wurde das alte Kirchlein abgebrochen, und als die Erdarbeiten und die Aufmauerung des Fundaments vollendet waren, konnte am 5. Mai der Grundstein gelegt werden. Da sangen sie in einem vollen Chor:

Auf Dich, Herr, bauten wir, eh noch zum Werk sich hier
Hände begannen zu regen.
Durch Dich sehen wir's gedeih'n, freudig im Sonnenschein,
himmelan sich rasch bewegen.

Das Wort der Antrittspredigt

„Einen anderen Grund kann niemand legen,
außer dem, der gelegt ist, welcher ist Christus! (1. Kor. 3,11)

wurde nun auch die Losung der Grundsteinlegung, und ich weiß wohl noch, wie mir das Herz klopfte, als ich mich herzudrängte, ein sechsjähriger Knabe, um zu sehen, was man in den Grundstein legte.

Den Sommer über versammelte sich die Gemeinde im Pfarrhof, um das sonntägliche Gotteswort zu vernehmen. Es war ein malerischer Anblick, die versammelten Scharen in dem Hof zu sehen, wo im Hintergrund ein Bauernhaus und der alte Ziehbrunnen des Pfarrhauses sich befand, während zur Rechten die Bäume des Pfarrgartens hereinwinkten. Aus einem Fenster des Pfarrhauses mit übergespannter Markise predigte der Geistliche; und es war ein Wunder Gottes, daß in den acht bis neun Monaten auch nicht ein einziges Mal die Witterung dem Gottesdienste Eintrag getan hatte.

Am 1. November 1840, wo nach einem regnerischen Abend und nebeligen Morgen die Sonne in leuchtender Freundlichkeit hervorbrach, konnte Kirchweihe gehalten werden. Die Arbeiten waren ungemein rasch gefördert worden, und die Steine waren ebenso aus den Brüchen wie die eichenen Pfeiler aus den Wäldern der Markung rüstig zur Stelle geschafft worden. Stattlich erhob sich das Gotteshaus, eine der ersten neugotischen Kirchen des Landes, in deren Schiff sich zwei Emporen übereinander zeigen, aber um ihrer nicht beträchtlichen Breite willen, den Anblick nicht plump erscheinen lassen. Ein Glanzpunkt der Kirche bleibt der herrliche Kruzifixus des Chors und die Walker'sche Orgel auf der oberen Empore am Turm. Der letztere ist das einzige Altertum, das stehenbleiben durfte.

Bei der Kirchweihe selbst war ich auch zugegen, ohne von den Worten des Dekan Rapp von Böblingen oder der Predigt des Pfarrers selbst eine Erinnerung gerettet zu haben. Aus dem damals gedruckten Bericht ersehe ich, daß der erstere den schönen Spruch zugrunde legte:

"Wie heilig ist diese Stätte! Hier ist nichts anderes denn Gottes Haus, und hier ist die Pforte des Himmels!" 1. Mose 28, 17

Und daß der andere über Petri Wort gesprochen:

"Ihr, als die lebendigen Steine, bauet euch zum geistlichen Hause!" 1. Petrus 2, 5

Es war um den Preis von 16 000 Gulden ein herrlicher Raum für die Gemeinde mit 1 500 Sitzplätzen. Ein wohlgelungenes Werk Heideloffs, der bei der Einweihung selbst zugegen war. Wie dieser kirchliche Bau auf die Einwohner selbst einen erhebenden Eindruck machte, und ihnen um so lieber war, je mehr sie sich aus den eigenen Kräften dafür bemühen konnten, so war auch für mein kindliches Gemüt, dieser Bau das wichtigste Ereignis, welches das einsame stille Dorfleben unterbrach. Und meine Teilnahme mit Macht auf den Gedanken Jesu zog:

"Muß ich nicht sein in dem, das meines Vaters ist?" Luk. 2, 49

3 - Die Volksschule

Es war im Herbst 1838, daß ich mit zwei Kameraden aus meinem Alter durch die Straßen ging. Wir waren eben in der sogenannten Weckgasse am Rathaus, als ein Mädchen aus ihrem Hause herauskam und an den Knaben vorüber zur Schule ging. Das Mädchen, das in unsere Verwandtschaft gehörte, rief einem der beiden zu: "Jakob, willst du nicht mit zur Schule gehen?" Der lehnte es ab; ihm war die goldene Freiheit lieber, und er war ja noch zu jung. "Aber du?" sagte sie zum anderen. Auch der war nicht einverstanden. Auf mich dagegen hatte schon zuvor einmal der Anblick eines jungen Lehrers, hinter dem seine Kinder wie eine willige Lämmerherde gezogen kamen, einen ansprechenden Eindruck gemacht. Also sagte ich rasch: "Aber ich!" Das war ihr recht und lieb. Ich ließ die beiden Bürschlein stehen und kam zur Schule. Dort - es war die mittlere Klasse unter dem Unterlehrer Bauer - bekam ich allerdings schnell einen gewaltigen Respekt vor dem Ernst der Schule; denn der Mann hatte neben dem Katheder auf dem Boden eine Auswahl von Haselstöcken ausgebreitet, da in ihm noch nicht die blasse Ahnung von dem Goltherschen Befehl über 0,5 aufgestiegen war. Allein drüben auf dem Seitenbänkchen, welches sie sonst als Strafort "Katzenbänkchen" hießen, gefiel mir die Schularbeit doch gar nicht schlecht. Wenn ich fleißig lernte, hoffte ich im stillen, auch über jene Stäbe, die mit Aarons blühendem Mandelstab richts zu tun hatten, leichter hinwegzukommen. Als ich zur Mittagsstunde nach Hause kam, erklärte ich frank und frei den Eltern: "Jetzt will ich aber Hosen haben, ich gehe zur Schule!" Diese Erklärung des jungen Menschen von viereinhalb Jahren fand beim Vater williges Entgegenkommen, er versuchte es, mit den Lehrern die Sache einzuleiten, und die gingen bereitwillig auf den Wunsch des Kindes ein. Es war, was man auch sonst gegen einen allzu frühzeitigen Besuch der Schule sagen mag, der erste glückliche Schritt auf meiner Lebensreise.

In die Schule zu wandern war nun meine Herzenslust. Gerade um jene Zeit war in der Elementarklasse mit ihren beiden Jahresabteilungen ein junger Mann eingetreten, namens Knapp, welcher es vortrefflich verstand, mit Kindern umzugehen. Da handelte es sich nicht um den Stab, worauf mein erster Schulbesuch hätte deuten mögen; mit Lust und Liebe faßte der junge Lehrer seine Schülerlein an und erlangte so am leichtesten sein Ziel. Wohl war ich im Herbst, also in der Mitte des Schuljahres eingetreten, allein dem Vater zu Hause war es eine Lust, mitzuarbeiten, die Buchstaben, das Einmaleins einzuüben, und so hatte ich in kurzem die ABC-Schützen eingeholt. Sprüche und Lieder, welche schon hier zum Teil verlangt wurden, waren ohnehin die Lust des elterlichen Hauses. Ich erinnere mich noch gut, wie ich einmal fünfzig Sprüche auf einmal, statt fünf und sechs in der Schule aufsagen konnte, so daß mein Vorauseilen dem Lehrer fast eine Verlegenheit wurde. Nur einmal, weiß ich, daß eine ernstlichere Zurechtweisung erfolgte, als das fünfjährige Schülerlein zum selbstvergessenen Spielerlein zurückgesunken war. Dagegen brachte ich mit heller Freude meine Lobzettelchen mit nach Hause; und es war ein Ereignis, als an einem Tage die Summe derselben zu dem ersten großen Belohnungsholgen sich umschmolz. Es war Fürst *Kolokotronis* von Griechenland, ein stattlicher Reitersmann, der nun über dem

Spiegel der Wohnstube angenagelt, seinen Präsidenstuhl lange behauptete. Sonstige Bilder traten mir in jener Zeit selten entgegen, nur eines kleinen Bilder-ABCs erinnere ich mich, das mit seinen Versen mich lange beschäftigte; es waren über jedem Buchstaben zwei Gegenstände zusammengefügt und mit einem Reim verbunden, zum Beispiel:

> Laß den Quacksalber immer schreien;
> die Welt ist voller Betrügereien;
> Bedarf dein Magen etwas Hitz,
> so esse etlich Quittenschnitz.
> Das Muster aller bösen Frauen, ist Xanthippe.
> Sehet sie mit Grauen!
> Xerxes verließ sich auf sein Heer,
> darüber ward er g'schlagen sehr.

Am allermeisten Bedeutung hatte für mich ein Reim, welchen mir der Vater zum anspornenden Erinnerungswort vorzuhalten pflegte:

> Laß dir den Gänsekiel belieben;
> manch Kleiner hat sich groß geschrieben.
> Doch schwing damit dich nicht zu Raub
> als wie der Geier nach der Taub'!

Wie es mit dem "groß Schreiben" gegangen ist, läßt sich schwer sagen; daß in meiner Art nichts Geierhaftes Anklang gefunden hat, darf ich ohne Verletzung der Bescheidenheit wohl versichern; aber dem Gänsekiel bin ich treu geblieben bis auf den heutigen Tag.

In die zweiten Klasse, welche wieder zwei Jahresabteilungen umfaßte, durfte ich - nun im sechsten Jahr - eintreten. Zu gleicher Zeit da meine Altersgenossen überhaupt die Schule betraten. Auch der Unterlehrer - mit Namen Wacker - ist ein ganz tüchtiger Lehrer gewesen, der seine Liebe zu meinem Lernen einmal durch einen Versuch, mich ins Zeichnen einzuführen, betätigte. Obwohl es damals nicht weit gelang, ist doch von da an das Zeichnen in meinem Gemüt und in meinem Hause zu den Lieblingsgegenständen zu rechnen gewesen. Damals hatte ich vielfach das Ehrenamt eines Zensoren und Aufsehers, das nicht ganz ohne Dornen war. Es war ja wohl am Ende ein lustig Ding, wenn zwei vierzehnjährige "Schulahnen" das achtjährige Primuslein anflehten, er möchte sie wegen Plauderns oder sonstiger Unzuträglichkeiten nicht zu oft angeben. Aber ernster war es dann doch, wenn ein Bauer im grimmigsten Zorn ins Haus des gestrengen Zensors eintrat und den jungen Burschen beim Mittagessen mit

Ohrfeigen oder sonstigen Schreckensdingen bedrohte, falls er seinem Sohne wieder einmal Schläge verschaffte. Denn gar zart und schüchtern war der junge Bursche doch; und wo sich physische Kraft geltend machte, da konnte er sich nicht hervortun. Er hatte darum manche Angst vor bösen und mutwilligen Buben auszustehen, welche ihm zum Teil auch um seiner gewählteren Kleidung willen aufsässig geworden waren.

Auch in der obersten Klasse gings in der erwünschten Weise voran. Dort sammelten sich die Schüler des fünften bis achten Schuljahres unter einem ständigen Lehrer. Dieser, Ellwanger war sein Name, konnte als ein in weltlichen Dingen grundgescheiter Mann gelten, doch ließ er die Schularbeit nicht ganz seine vornehmste Sorge sein. Er war vermöglich und richtete auf die Vermehrung seiner Habe seine Gedanken. Auch im Verkehr mit den Leuten außerhalb des Dorfes fand er wohl mehr Genuß als mit seinen Schülern. Ich darf indessen nicht klagen: Er war mir und meinen Fortschritten im Lernen mit Liebe und Freundlichkeit zugetan. Heilsam mag in jenen Jahren der Umstand gewesen sein, daß mir nicht unbedingt der Sitz an erster Stelle zufiel. Es waren Schüler aus älteren Jahren vorhanden, die sich nicht so leichten Kaufs zurückdrängen ließen. Unter ihnen war mein lieber Georg Wacker, welcher sich wacker auf seinem Posten behauptete und dadurch immer meinem Fleiße ein Ziel steckte und dem kindlichen Selbstgefühl einen Damm setzte. Der ist dann auch mein Kamerad geworden, welchem ich ich bis zu seinem Tode treu verbunden blieb. Auch diese Klasse konnte ich in beiden Jahrgängen so durchmessen, daß ich bald zur Repetition in der obersten Stufe Zeit fand, und doch hatte ich noch kaum das zehnte Lebensjahr überschritten.

Wie das eigentlich nun hätte fortgehen sollen, war gar nicht abzusehen. Bereits freute ich mich über einzelne Gelegenheiten, außerhalb der Schule eine Fortbildung zu gewinnen. Ich erinnere mich einer Rechenstunde, welche bei einem vermöglichen Bauern oder meinem ersten Lehrer Knapp uns gegeben wurde. Da saß ich als jüngster Schüler unter drei und vier anderen drin: und es war mir, obwohl ich in der Tat kein großes Talent in der Mathematik entfaltete, eine Lust, unserem Provisor zuzusehen, wie er mit uns sich an einem Rechenbuche von Decker übte und so freundlich gemeinsam arbeitete, als ob wir Mitarbeiter sein müßten, obwohl er unserer Hilfe nicht bedurfte. Eine Lust war mirs auch, den strammen Fortschritt der arithmetischen Aufgaben zu bewundern. Jedenfalls war die Schule meine Lust; und wenn wir im Schwabenlande von einem Schulsack reden und dabei finden, daß gerade die Schüler der gelehrten Schulen des einfachen Schulsacks in Sprüchen und Liedern, im Lesen und Schreiben entbehren müssen, so muß ich es als eine ganz wunderbare Führung begrüßen, daß ich alle Klassen der deutschen Volksschule durchlaufen konnte, ehe sich ein weiteres anschloß. Was die Sprüche und Lieder anlangt, so kam ich gerade in die Schulzeit, wo leider das alte Spruchbuch und gottlob das alte Gesangbuch weichen mußte. Das letztere war fürm ich ein großer Vorteil, die Lieder unseres heutigen Gesangbuches wurden mein voller Besitz und es war eine herrliche Fülle, welche mein Gedächtnis aufnahm. Das erstere konnte soviel nicht schaden, weil es keinem Schulmanne einfallen konnte, den biblischen Wortlaut zu ändern. Selbst die zum Auswendiglernen nicht geeigneten historischen Sprüche lernten wir damals mit Ernst, und so bekam ich von dieser Seite für mein ganzes Leben und Wirken einen eisernen Bestand geistiger Vorräte. Darum bin ich meiner Schönaicher Volksschule zum innigsten und herzlichsten Danke verbunden.

4 - Im häuslichen Schoße

Es muß um das Jahr 1839 gewesen sein, daß die Eltern ein altes Häuslein bezogen. Das war für den Stand der Eltern eine ganz liebliche Behausung. Zu ebener Erde sind ein Raum für Wirtschaftsgeräte, Stroh und Holz, rechts desgleichen sowie zum Aufenthalt des Geflügels: im Hintergrund ein bescheidenes Kellerchen, in welchem aber doch meist ein kühler Trunk Most aus dem obstreichen Gau zu finden war. Das Baumfeld der Eltern in den "Mausäckern" trug fast jedes Jahr soviel wir bedurften: Kraut, Birnen zu Schnitzen für die Bühne, Bratbirnen, deutsche und welsche, sowie Palmischbirnen zu Most und wundervolle Rosenäpfel für den Winterkeller. Eine kleine Freitreppe aus Stein führte zu den Wohngelassen: vorne die Küche mit dem Backofen, dann ein schönes Wohnzimmer mit Licht auf die Straße und auf der Rückseite zum Garten, daneben eine Schlafkammer, welche allerdings für die erwachsende Familie kaum genügend Raum bot, so daß gar bald die größeren Kinder eine Treppe höher auf den Boden des Hauses und unter dem Dach auswandern mußten. Wie unendlich oft ich auf der engen Bühnenstiege zur großen Bettlade gewandert bin, ist nicht zu sagen. Dort befand sich auch der einzige Kleiderkasten des Hauses, und daneben die große alte Schnitztruhe, in welcher die Mutter im Notfall alles unterbrachte, was im Kasten nicht Raum fand.
Der Kauf des Häuschens war ein Wagnis des Vaters, denn es konn-

te nicht aus irgend welchen Barmitteln geschafft werden, vielmehr bildete es den Grundstock der Schuld, welche auf den Schultern der Eltern lag und sie niemals eigentlich fröhlich aufatmen ließ. Wir Kinder merkten damals noch nichts davon und waren vergnügt, in einem eigenen Hause ein- und ausgehen zu dürfen.

Sturz von der Treppe

Der Einzug ins Haus war durch die erste Lebensrettung bezeichnet, welche mir zuteil ward. An der freien steinernen Staffel, welche zur Wohnung führte, war ein hölzernes Geländer angebracht, das sehr leicht morsch und hinfällig wurde. Als man nun mit dem kleinen Hausrat einzog, standen unten vor dem Hause allerlei Gerätschaften, auch zwei Fässer und anderes dergleichen. Der bewegliche Knabe, welcher sich des Geländers freute, kletterte daran herum und schwang sich hinauf so lange, bis das morsche Ding ins Wanken geriet und er kopfüber auf das Pflaster hinunterstürzte. Wie durch ein Wunder fiel ich nicht nur zwischen den beiden Fässern hindurch, ohne den Kopf anzuschlagen, sondern es scheint auch durch die Fässer das Kleidchen etwas aufgehalten worden zu sein. Der Sturz hatte nicht die geringsten Folgen; nur eine leichte Schürfung mahnte das fünfjährige Bürschlein an den Dank, welchen es dem Herrn schuldig war. Es blieb nicht der einzige Fall, davon meine Seele hernach sagen sollte:
In wieviel Not hat nicht der gnädige Gott über dir Flügel gebreitet!

Arbeit

In diesem Hause bewegte sich nun die Arbeit der Eltern früh und spät. Unverdrossen standen sie an der nicht leichten Mühe der Zwirnmaschine, der Vater dieselbe unmittelbar lenkend, die Mutter ihr Nahrung zuführend durch ihre Arbeit am Spulrade. Einzelne Gehilfen der Arbeit gingen ab und zu. Als beide Maschinen im Gang waren, wurde ein gutmütiger Schwager des Hauses angespannt, nicht ohne daß dieser es gründliche empfunden hätte, daß Handwerksarbeit noch mehr Schweiß erfordert als Landmannsarbeit. Das war den Leuten im Dorf immer eine Lieblingsmeinung gewesen, daß die Feldarbeit doch eigentlich die schwerste sei und daß das Sitzen zu Hause eben doch ein bequemeres Leben in sich schließe. Sie bedachten nicht, wie stärkend auf der anderen Seite auch der Aufenthalt in der freien Luft war, denn man war dessen einfach zu gewohnt, als daß man es hätte schätzen können. Darum war es nicht übel, wenn der eine oder andere auch einmal selbst angriff. Er hatte es bald genug. Nach und nach wurden auch die Kinder von der Gasse ins Haus gezogen und frühe schon an die Arbeit im Schweiße des Angesichts

gewöhnt, damit sie etwas von dem Prophetenspruche erfühzen: "Es ist einem Manne gut,
daß er das Joch trage in seiner Jugend." (Klagelieder 3, 27) Wenn nun alles im Gange war, dann bekamen wir schon recht den Begriff des modernen Fabriklebens. Ein ununterbrochenes Rasseln der sechzig oder hundert Spindeln erfüllte das kleine Haus mit einem Geräusch, das der sonstigen idyllischen Stille im Ort bedeutend widersprach. Und von dem Weberschifflein in den Werkstätten hin und wieder weit nicht erreicht wurde. Das Geräusch der Maschinen schloß aber darum weder das Stilleben noch den Frohmut der Bewohner aus. Ich habe es in einem früheren Abschnitt gezeichnet, wie das frohe Lied vom Frühmorgen bis zum Spätabend die Arbeit durchwirkte; ja wie selbst das Lesen erbaulicher Schriften bei dem Vater neben der Arbeit herging, ohne diese Aufzuhalten oder zu beeinträchtigen. Wir mußten dabei wohl oft an Hillers Sprüchlein denken: "Treibt mich sein Geist, stärkt mich sein Wort, so geht es Schritt vor Schritte fort."

Ratsuchende

Zuweilen trat dann ein Nachbar oder Freund ins Zimmer und fragte um Rat über dies und jenes; das gab dann einen willkommenen Stillstand der Maschinen, der Vater erzählte dann wohl dies und das aus seinem Leben, oder versprach auch in nächtlicher Abendstunde seine Feder zur Hand zu nehmen, um einen Brief in die Ferne oder eine Eingabe und Bittschrift in die Nähe zu machen. Der Mann war ein willkommener Ratgeber, und wir Kinder hörten gerne zu, wenn auch dieselbe Geschichte oft und derselbe Gedankengang immer wiederkehren mochte.

Unterwegs

Die Ablieferungstage, wo es nach Böblingen und Plieningen auf den Fildern ging, waren dann bei aller Last und Mühe Erholungstage für den Vater, die man ihm wohl gönnen mußte. Gerne nahm er bei solcher Gelegenheit seinen Ältetsen mit. Wie oft bin ich da auch schon in den Kindheitstagen nach Böblingen mitgegangen, dem hübsch am alten Schloßberg aufgebauten Städtchen. Ja, auch Plieningen, zu dessen Erreichung wohl eine größere Anstrengung nötig war, durfte ich besuchen. Dort sah ich zufällig auch das erste Mikroskop, welches mir die Wunder der Schöpfung deutlich machte. Seitdem spielt der Unterschied zwischen dem Rosenblatt der Natur mit seinem feinen Geäder und dem Rosenblatt der Kunst mit seinen dicken Stricken eine ständige Rolle in meiner Betrachtung des ersten Glaubensartikels. Daß ich einmal die Aussicht erhielt, ins oft besprochene Leonberg, in die Städte der Lehrlingsschaft meines Vaters mitzugehen, war leider nur Anlaß, meine kindliche Ungeduld auf eine harte Probe zu setzen.

Als am Morgen des Tages dichter Regen vom Himmel goß, entschloß sich der Vater, allein zu gehen, und der Knabe konnte diese vereitelte Hoffnung so wenig verschmerzen, daß er mit den gewaltigsten Herzstößen den Tag beweinte.

Etwas Wohlstand

In jenen Jahren, im Anfang der vierziger Jahre, ging es den Eltern ökonomisch nach Verhältnis gut. Das Inventar des Hauses war ja natürlich von einer verblüffenden Einfachheit: Ein schöner Tisch aus Zwetschgenbaumholz und eine Bank um denselben her, sowie eine kleine Zahl hölzerne Stühle - das war neben dem Bücherbrett alles. Nun kam eines Tages ein ungeahnter Luxus ins Haus: eine Kommode, welche über einigen Schubladen oben eine Einrichtung als Schreibtisch besaß und dabei einige kleine Lädchen zum Aufnehmen des Hauskäßchens und anderer besserer Habseligkeiten. Da machte nun der kleine Sohn große Augen, als das vornehme Hausgerät seinen Einzug hielt. Ein Schreiner aus der Verwandtschaft hatte es gefertigt, aber noch größere Augen machte das Kind, als der Vater einen Dukaten zum Vorschein brachte, um den Schreinervetter zu bezahlen. Ich hatte noch nie Gold gesehen in der Hand des Vaters, aber ich sah es erst in dem Augenblick, wo der reizende Dukaten in die Hand des Handwerkers wanderte.

Mir gingen die Augen über. Ob ich hernach wieder Gold im elterlichen Hause gesehen, ich weiß es nicht. Das goldene Zeitalter des Wohlstandes war ein sehr bescheidenes, und die goldene Zeit nach der Führung Gottes war erst die des Kreuzes und der Tränen, als die mit den "Regenbogenschüsselchen" erschienen, von welchen wir schon erzählt haben.

Lektüre

Das Bücherbrett, von welchem ich hier noch besonders reden muß, war von meiner Kindheit an das schönste und interessanteste Stück im Hause. Zwar die eigentliche Leserei aus Weihnachtsgeschenkbüchern blieb mir gänzlich fern. Von "*Ostereiern*", "Genofeva", "Rosa von Tannenburg", "Heinrich von Eichenfels" und anderem erfuhr ich erst in späteren Jahren, wo der Geschmack für die Schmidschen Schriften nicht mehr im vollen Sinne vorhanden war. Es war darum dennoch eine mannigfaltige Lektüre. Zunächst hatte ich als

Knabe von sechs bis zehn Jahren dem Vater mancherlei vorzulesen. Zur Hausandacht waren es die schön gereimten Morgen- und Abendsegen von Hiller:

> Hilf, Herr, der Tag tritt auf
> in seinen lichten Stufen.
> Der König höret uns,
> da wir jetzt zu ihm rufen.

Die reiche Gedankenreihe dieser poetischen Beschreibungen des heiligen Vaterunsers war dem Kind ein täglich Brot, das ihm dennoch immer neu und schmackhaft blieb. Ich konnte wohl das ganze völlig auswendig. In Pausen der Arbeit waren es Luthers Tischreden, die man oftmals durchblätterte, und Heinrich *Müller*s "Erquickungsstunden", jene frischen, köstlichen Aphorismen, manchmal auch des Stephan *Prätorius* "Schatzkammer der Gläubigen". Das war eine körnige gediegene Nahrung, zugleich so packend, daß auch die Kindesseele daran sich halten konnte. Am meisten aber wurde der "Seelenschatz" des ehrwürdigen Magister Christian *Scriver* gelesen, welcher der eigentliche Hausschatz bei uns war. Mich zogen natürlich seine sinnigen Gleichnisse und die Fülle seiner eingestreuten Erzählungen so an, daß ich die beiden Folianten hundertmal durchblätterte, um längst Bekanntes immer neu zu lesen. Während Heinrich *Müller* eine witzige, sprudelnde Beredsamkeit voll Feuerfunken entfaltete, ging die Sprache *Scriver*s in einem so sanften Fluß und atmete einen so reinen Duft, daß das Kinderherz sich völlig daran erlaben konnte.

Als die Sterbenden und siehe, wir leben! 2. Korinther 6, 9 Diesen Wahlspruch unter seinem Bild, das ich im Herbst 1883 im Schloß zu Quedlinburg im Original wieder gefunden habe, durfte ich an mir selbst immer neu erleben. Seit jenen Kindheitstagen steht vor meiner Seele ein Ideal der Predigt, das auf Grund der Heiligen Schrift in *Scriver*s Lieblichkeit und Heinrich *Müller*s Geistesfrische sich auferbaut. Erst ziemlich lange hernach hat sich mir für das Ideal, dem ich nachjage, mit *Scriver* und Heinrich *Müller* der Württemberger Georg Konrad *Rieger* verbunden, dessen Schriftfestigkeit meine Bewunderung gewann.

Dieser erbaulichen Lektüre zur Seite lief eine zweite geschichtliche. Es war eine alte Chronik. Sie war wohl aus dem Ende des 16. Jahrhunderts und, wie ich vermutete, von irgend einem Schüler Melanchthons hergestellt. In diesem Buch, ohne Titel und Schluß, ohne Vater und Mutter wie Melchisedek, trat mir zum ersten Mal die Geschichte der alten Perser, der Griechen und Römer, der germanischen Völker bis zu den Anfängen des Mittelalters entgegen. Die Gestalten wie die von Cyrus, Cambyses und Darius, Solon bei Krösus, Gelimer, der Vandale, mit seinem Rufe "Vanitas vanitatum!" "Es ist alles ganz eitel!" prägter sich mir schon damals für immer ein. Endlich war auch eine alte Nürnberger Bibel unter unseren Schätzen, herausgegeben von Johann Michael Dillherr, und diese zog mit ihren nicht besonders künstlerischen Kupfern und immer naiven Reimen um die Bilder her die kindliche Aufmerksamkeit an sich. Oft genug mußte dieser Bibelfoliant unter den Händen der Kleinen sich leiden. Es gehört zu meinen lebhaftesten Erinnerungen aus jener Zeit, wie ich an einem stürmischen Abend über dem großen Buch saß, der Vater war in die Mühle gegangen, wo er sein Mehl bearbeitete, das wir eine Zeitlang selbst beschafften, es wurde Nacht, die Mutter, vielleicht schon damals leidend, war zu Bette gegangen und die Kindlein waren bei ihr in der Kammer. So saß ich allein am großen Tisch in der rabenschwarzen Nacht und vor mir lag die Stelle im Daniel, wo er die Geschichte von Belsazer erzählt

"Mene mene tekel upharsin!"

Diese Geisterschrift an der Wand trat mir so klar wie möglich vor den kindlichen Geist. Während der Sturm furchtbar an das dünngebaute Haus stieß und die Scheiben rüttelte, war das flackernde Lichtlein nicht imstande, die Angst des Knaben zu beschwichtigen. Endlich erschien der Vater, und der Schlummer im Bettlein deckte die Stürme Babels mit seiner Hülle in meiner Seele.

Dies waren Schriften, welche ganz dazu sich eigneten, die kindliche Phantasie zu wecken und zu heben, aber auch zugleich sie zu bewahren, trefflichste Stoffe in einfachster Gestalt, um den kindlichen Geist vorwärtszuführen.

Blick vom Schönaicher First auf die Bergkette der Schwäbischen Alb
Aquarell von Richard Lauxmann (III.) zur Silberhochzeit seiner Eltern 1888

Einige Lieder- in den Briefen zitiert -

aus dem Gesangbuch von 1841:

35 "Was freut mich noch" Melodie: "Wie schön leucht'" Text: Philipp Friedrich Hiller 1762, Strophe 3. von Albert Knapp 1837. (Psalm 43, 4)
1. Was freut mich noch,/ wenn du's nicht bist, / Herr Gott, der doch mein Alles ist, / Mein Trost und meine Wonne? / Bist du nicht Schild, / was decket mich? / Bist du nicht Licht, / wo finde ich / Im Finstern eine Sonne? / Keine, Reine, Wahre Freude, / Auch im Leide, / Auch für Sünden / Ist, Herr, außer dir zu finden.
2. Was freut mich noch,/ wenn du's nicht bist,/ Mein Herr, Erlöser, Jesu Christ,/ Mein Friede und mein Leben?/ Heilst du mich nicht,/ wo find' ich Heil?/ Heilst du mich nicht,/ wo ist mein Teil?/ Gibst du nicht, wer wird geben?/ Meine Eine Wahre Freude,/ Wahre Weice,/ Wahre Gabe/ Hab' ich, wenn ich Jesum habe.
3. Was freut mich noch,/ wenn du's nicht bist,/ O Geist, der uns gegeben ist/ Zum Führer der Erlösten? / Bist du nicht mein,/ was sucht mein Sinn?/ Führst du mich nicht,/ wo komme ich hin?/ Hilfst du nicht, wer will trösten?/ Meine Eine Wahre Freude, / Trost im Leide,/ Heil für Schaden/ Ist in dir, o Geist der Gnaden.
64 "Sollt ich meinem Gott nicht singen" 325. Ev. Gesangb. 1996
86 "Nun freut euch, liebe Chtristen g'mein" 341 Ev. Gesang. 1996
91 "Sieh, dein König kommt zu dir!" 537. Ev. Gesangb. 1996
105 "Fröhlich soll mein Herze springen" 36. Ev. Gesang. 1996
113 "Ich steh an deiner Krippe hier" 37 Ev. Gesangb. 1996
131 "Jesu, dein Passion will ich jetzt bedenken" 88. Ev. Gesangb. 1996
141 "O Welt, sieh hier dein Leben" 84. Ev. Gesangb. 1996
211 "Fahre fort" 213 Ev. Kirchengesang. 1953
212 "Ein feste Burg ist unser Gott" 362. Ev. Gesangb. 1996
228 "Gott der Wahrheit und der Liebe" Philipp Friedrich Hiller 1729.
240 "Ewig, ewig bin ich dein" 441 Ev. Kirchengesangb. (Württ.) 1953
264 "Gott, gib mir deinen Geist zum Beten" 509 Ev. Kirchengesb. (Württ.) 1956
310 "Jesus nimmt die Sünder an" 353 Ev. Gesangbuch 1996
313 "Es ist das Heil uns kommen her" 342 . Ev. Gesangbuch 1996
315 "Der Glaub ist eine Zuversicht"
327 "Sollt ich jetzt noch, da mir schon ..." Balthasar Münter 1735. - 1792.
1. Sollt ich jetzt noch, da mir schon / Deine Güt erschienen, / Dich verlassen, Gottes Sohn, / Und der Sünde dienen? / Mit den Lüsten dieser Zeit / Wieder mich beflecken / Und nicht mehr die Süßigkeit / Deiner Liebe schmecken?
2. Hab ich doch allein bei dir / Meine Ruh gefunden!/ Mittler, heiltest du doch mir / Alle meine Wunden / Und ich sollte dein Gebot/ Wie die Sünder hassen?/ Und mein Recht an deinen Tod/ Wieder fahren lassen?
3. Nein, ich bin und bleib ein Christ,/ Halt auf deine Lehren,/ Lasse mir nicht Macht noch List/ Meinen Glauben wehren./ Fielen tausend ab, - nicht ich!/ Mag's die Welt verdrießen,/ Die wird mein Vertraun auf dich/ Mir doch gönnen müssen.
4. Zeigt sie mir ein Heil wie du`,/ Bringt sie Kraft den Müden;/ Den bedrängten Trost und Ruh,/ Sündern Gottes Frieden?/ Gibt sie mir die Zuversicht,/ Daß ich trotz dem Grabe/ Deiner Ewigkeiten Licht/ Zu erwarten habe?

5. Rettet sie mich, wann vor Gott/ Einst die Völker stehen/ Und das Leben und den Tod/ Ihm zur Seite sehen?" Wann der Sichre, nun zu spät,/ Aus dem Schlaf erwachet,/ Und der Spötter, der hier schmäht,/ Glaubt und nicht mehr lachet?

6. O wie töricht, wenn ich mich/ Noch verführen ließe,/ Jesu, da ich schon durch dich/ Gottes Huld genieße,/ Da ich weiß, auf wessen Wort/ Ich die Hoffnung gründe,/ Daß auch ich unfehlbar dort/ Gnad und Leben finde.

7. Nicht das Leben, nicht der Tod, / Trübsal nicht noch Freuden,/ Mein Erlöser und mein Gott,/ Soll von dir mich scheiden./ Welt und Sünd und Eitelkeit/ Und des Fleisches Triebe,/ Alles überwind ich weit,/ Herr, durch deine Liebe.

344 "Es glänzet der Christen inwendiges Leben" 265 Ev. Kirchgesb. 1953

359 "Mein Alles, was ich liebe" 507 Ev. Kirchgb. (Württ.) 1953

364 "Befiehl du deine Wege" 361 Ev. Gesangbuch

367 "In allen meinen Taten" 368 Ev.. Gesangbuch 1996

371 "Du bist ein Mensch ..." 533 Ev. Kirchgb. (Württ.) 1953

373 "Ist Gott für mich, so trete gleich alles wider mich" 351 Ev. Gesangbuch 1996

377 "Mir nach! spricht Christus, unser Held" 385 Ev. Gesangbuch 1996

408 "Wer ausharrt bis ans Ende" . 529 Ev.Kirchgb. (Württ.) 1953

435 "Die Weishet dieser Erden / Ist noch die wahre nicht"
Philipp Friedrich Hiller 1767. - Melodie: Herr Christ, der einig Gotts Sohn

1. Die Weisheit dieser Erden / Ist noch die wahre nicht;/ Sie wird zur Thorheit werden/ Im göttlichen Gericht./ Herr, mache dir zum Preise/ Mich zu dem Himmel weise/ Und sende mir dein Licht!

2. Wüßt ich, was Schul und Staaten/ Auf Erden glücklich macht,/ Wie wäre mir geraten,/ Wenn mein Gewissen wacht,/ Und ich bin nicht daneben / Auf ein unendlich Leben / Zu meinem Heil bedacht?

3. Was helfen mir Verdienste,/ Wenn ich ein Sünder bin?/ Was nützen mir Gewinnste,/ Wenn ich nicht den gewinn,/ Auf den wir selig sterben,/ Mit dem wir ewig erben?/ Was hat man ohne ihn?

4. Gott nur als Gott erkennen,/ Das hat noch wenig Lohn;/ Man soll ihn Vater nennen / In Jesu seinem Sohn./ Das sind die wahren Weisen,/ Die nur die Weisheit preisen/ Von Christi Kreuz und Thron.

5. O Geist der Weisheit, präge / Mir meinen Heiland ein,/ Und richte meine Wege / Auf dieses Ziel allein!/ So geh ich nicht verloren, / So sterb ich nicht wie Thoren, / So werd ich selig sein.

457 "Es jammre, wer nicht glaubt!" 304 Ev. Kirchgb. 1953

479 "Je größer Kreuz, je näher Himmel! ".543 Ev.Kirchgb. (Württ.) 1953

487 "Ach treuer Gott, barmherzigs Herz" 535 Ev. Kirchgb. (Württ.) 1953

512 "Du kanntest schon und liebtest mich" Leonhard Friedrich Dürr, 1743. - 1813

1. Du kanntest schon und liebtest mich,/ Eh deine Hand mich schuf;/ Zu kennen und zu lieben dich/ Ist, Vater, mein Beruf.

2. Dein sei der Jugend Blüte, dein/ Die ganze Lebenszeit;/ Und mein sei deine Gnade,/ Mein noch in Ewigkeit.

3. Mit Weisheit, ach ich bitte dich,/ Erfülle den Verstand;/ Und naht mir ein Verführer sich,/ So beut mir deine Hand.

4. Der Jugendlüste Eitelkeit/ Laß ferne von mir sein,/ Der Tugend und der Sittsamkeit/ Und deiner Furcht mich weihn.

5. Ist mir von deiner Gütigkeit/ Ein Vorzug, Gott, verliehn,/ So laß mich Selbstgefälligkeit/ Als eine Torheit fliehn.

6. Will meiner Jahre wallend Blut/ Mich eiligst hintergehn,/ So gib mir Weisheit, gib mir Mut,/ O Gott, zu widerstehn.

7. Die Lust, die unsern Sinn entzückt,/ Beflecket oft das Herz,/ Und Sünde, die das Herz berückt,/ Wirkt Reue, Schand und Schmerz.

8. Nichts ist mein bester Vorsatz, nichts,/ Herr, ohne deine Kraft;/ Nichts gilt am Tage des Gerichts,/ Was deine Hand nicht schafft.

9. Zum Lernen gib mir Treu und Fleiß,/ Laß Mühe nie mich scheun;/ So werd ich dir, o Herr, zum Preis/ Der Welt einst nützlich sein.

10. Du gabst mir Eltern, Lehrer mir;/ Ihr treuer Unterricht,/ Ihr lehrend Beispiel kommt von dir,/ Von dir, du höchstes Licht.

11. Hab ich sie nicht genug geliebt,/ Wie mir dein Wort gebeut,/ Und sie aus Leichtsinn oft betrübt, -/ Vergib's, es ist mir leid.

12. Du sollst, Gott meiner Jugend, noch/ Mein Gott im Alter sein;/ Und so will ich auch sterbend noch/ Dich preisen, dein mich freun.

640 "Wir warten dein, o Gottes Sohn" 152. Ev. Gesangbuch 1996

651 "Wer sind die vor Gottes Throne" Heinrich Theobald Schenk, 1656-1737

1. Wer sind die vor Gottes Throne,/ Was ist das für eine Schar? / Träget jeder eine Krone, / Glänzen wie die Sterne klar; / Hallelujah singen all, / Loben Gott mit hohem Schall.

2. Wer sind die, so Palmen tragen / Wie ein Sieger in der Hand, / Wenn er seiren Feind geschlagen, / Hingestrecket in den Sand? / Welcher Streit und welcher Krieg / Hat erzeuget diesen Sieg?

3. Wer sind die in reiner Seide, / Welche ist Gerechtigkeit, / Angetan mit weißem Kleide, / Das bestäubet keine Zeit / Und veraltet nimmermehr? / Wo sind diese kommen her?

4. Es sind die, so wohlgerungen / Für des großen Gottes Ehr, / Haben Welt und Tod bezwungen, / Folgend nicht dem Sünderheer, / Die erlanget in dem Krieg / Durch des Herren Arm den Sieg.

5. Es sind Zweige eines Stammes, / Der uns Huld und Heil gebracht; / Es sind die, so in des Lammes / Nachfolg Angst und Not durchwacht; / Nun sind sie erlöst vom Leid / Und geschmückt im Ehrenkleid.

6. Es sind die, so stets erscheinen / Hier als Priester vor dem Herrn, / Tag und Nacht bereit zu dienen , / Leib uns Seel geopfert gern./ Nunmehr stehn sie all herum / Vor dem Stuhl im Heiligtum.

7. Wie ein Hirsch am Mittag lechzet / Nach dem Strom der frisch und hell, / So hat ihre Seel geächzet / Nach dem rechten Lebensquell, / Wo ihr Durst gestillet ist, / Denn sie sind bei Jesu Christ.

8. Dahin reck auch ich die Hände, / O Herr Jesu, zu dir aus; / Mein Gebet ich zu dir wende, / Der ich noch in deinem Haus / Hier auf Erden steh im Streit: / Treibe, Herr, die Feinde weit!

9. Hilf mir in dem Kampfe siegen / Wider Sünde, Höll und Welt; / Laß mich nicht carniederliegen, / Wenn ein Sturm mich überfällt; / Führe mich aus aller Not, / Du mein Fels, mein Herr und Gott!

10.Gib, daß ich sei neugeboren, / An dir als ein grünes Reis / Wachse und sei auserkoren / Zu des ew'gen Vaters Preis; / Daß ich mich bewahre rein, / Meide jeden falschen Schein;

11. Daß mein Teil sei bei den Frommen, / Welche Herr, dir ähnlich sind, / Und auch ich der Not entnommen / Als ein treues Gotteskind / Dann genahet zu dem Thron / Nehme den verheißnen Lohn.

12. Welches Wort faßt diese Wonne, / Wenn ich mit der Heil'gen Schar / In dem Strahl der reinen Sonne / Leuchte wie die Sterne klar! / Amen, Lob sei dir bereit, / Dank und Preis in Ewigkeit!

Einige Namen und Begriffe,

auf die ein kursiv gedrucktes Wort hinweist

abmachen - vermutlich "Schulden tilgen". Siehe auch weiter unten im Brief: "wenn man seine Verbindlichkeiten nicht abmachen kann".

Arndt, Johann, 1555-1621, Pfarrer im Anhaltschen, abgesetzt weil er die Schwenkung seines Herzogs zum reformierten Christentum nicht mitmachen wollte, dann Pfarrer in Quedlinburg, Braunschweig, Eisleben. - Generalsuperintendent in Celle. In "Vier Bücher vom wahren Christentum" (1605) hat er zwei Ziele: . Gegenüber "bloßer Theoria" - "lebendige Erfahrung und Übung" 2. Gegenüber "unbußfertigem Leben" - "wahre Buße"

Baur, Ferdinand Christian, *Schmiden 1792 - +Tübingen; seit 1826 Professor in Tübingen, Kirchen- und Dogmenhistoriker, führte die historisch-kritische Methode in die neutestamentliche Forschung ein.

bette - Im alten Schwäbischen heißt "beten" oft "bätta", daher wohl das doppelte t.

Caspar Lutz (oder "Luz") ist von besonderer Bedeutung in den Briefen bis zu dessen Tod (Brief 36). Im Einleitungskapitel 2 schreibt Richard (II): "In ihre (Pregizianer) Gemeinschaften kam dann auch der Vater. Er hatte eine Freundschaft geschlossen mit einem krüppelhaften jungen Manne, Kaspar Lutz, bei dem er sich oft verweilte, da dieser auf seinen Krücken wenig beweglich war. Hie und da besuchten diesen aber auch andere aus jenem Kreise." Siehe auch in den "Kindheitserinnerungen" "Brüderstunde" In den Briefen wird er manchmal Caspar, Kaspar oder Kasper geschrieben. Zum leichteren Suchen vereinheitlicht auf "Caspar".

Compromotionale - Die Mitschüler eines Jahrgangs im evangelsich-theologischen Seminar. Siehe auch **Promotion**

Concurs – (Konkurs) Prüfung zur Aufnahme ins Tübinger evangelisch-theologische Stift.

desperata omnia - alles ist hoffnungslos

Döffingen - Schlacht bei Döffingen - 23. August 1388 - Graf Eberhard der Greiner von Württemberg siegt über den schwäbischen Städtebund. Darüber hat Ludwig Uhland eine Ballade gedichtet. Die Döffinger Schlacht *"Am Ruheplatz der Toten, da pflegt es still zu sein, Man hört nur leises Beten bei Kreuz und Leichenstein; Zu Döffingen war's anders, dort scholl den ganzen Tag Der feste Kirchhof wider von Kampfruf, Stoß und Schlag. ."* es folgen 19 weitere Strophen, die das blutige Gemetzel und sein Ende genauer beschreiben

Ephorus ist der Titel des Leiters eines Evangelisch-Theologischen Seminars wie in Schöntal, Maulbronn, Urach und Blaubeuren und des "Stifts" in Tübingen".

Erben - In der Lebensbeschreibung seines Vaters "Ein Handwerksmann aus vergangenen Tagen" schreibt der Sohn Richard: "Am nächsten Tag kehrte neue Sorge ein. Der Kummer hatte noch eine besondere Quelle. Man hatte in der schweren Zeit immer eine stille Hoffnung auf einen vermöglichen verwandten gesetzt, wiewohl man bereit war, sich ganz in Gottes Hand zu legen. Der Vetter starb, und das Sprichwort wurde wahr: 'Wer sich verläßt aufs Erben, kann, wann er will verderben.' Die Leutlein waren zu gunsten anderer enterbt. Und heute ist Testamentvollstreckung. Da wollte der Jammer groß werden."

Siehe auch bei Anna Maria Lauxmann die ausführliche Schilderung

Execoutive - Pfändung (Executor = Gerichtsvollzieher)

Eyth, Eduard, 1809-1884, Pfarrer und Dichter, Vater von Max Eyth, Ingenieur und Schriftsteller, 1836.1906

Friedrich war der erste Pfarrer von Korntal

166

Frisch, Johann David, .(Es ist nicht sicher, ob dieser hier gemeint ist) Nach Hermelink "Geschichte der Evangelischen Kirche in Württemberg" hat Frisch als Stuttgarter Stiftsprediger eine ältere anonyme Ausgabe und Erläuterung des Psalters überarbeitet "D e geistlich geführte Harfe Davids". Viele Zitate, zugleich wissenschaftliche und erbauliche Auslegung. Vom Pietismus angeregt, aber doch im Geist der lutherischen Orthodoxie gehalten. (5. Auflage 1740) 1726 arbeitete Frisch den Plan einer Neugestaltung des Volksschulwesens der Stadt Stuttgart aus. Als Prälat in Adelberg äußerte er sich 1728 und 1740 zu (pietistischen) "Privatversammlungen". Er stellt Kriterien auf, welche Versammlungen zu erlauben bzw. zu verbieten sind.

Gant (n.) Konkurs, Versteigerung

Gerhardt, Paul, der bekannteste evangelische Liederdichter

Hahn, Johann Michael, 1758-1819, nach ihm benennt sich die "Hahn'sche Gemeinschaft.". Er war Bauernsohn aus Altdorf bei Böblingen, entwickelte ein spekulativ-theosophisches System, fand großen Zulauf, aber auch Anfeindungen. (Richard Lauxmann I., der "Stricker und Weber" war kein Mitglied der Hahn'schen Gemeinschaft, wie es irrtümlich im Büchlein "Der keltische Münzschatz von Schönaich" auf Seite 36 steht.) Johann Michael Hahn wird oft verwechselt mit Philipp Matthäus Hahn, dem Pfarrer und Techniker.

Herberger, Valerius, 1562-1627, aus Fraustadt (Schlesien), Prediger und Erbauungsschriftsteller. Auch Liederdichter "Valet will ich dir geben" (Ev.Gesangbuch Nr. 523)

Hiller, Philipp Friedrich, * 1699 in Mühlhausen bei Vaihingen/Enz, + 1769 in Steinheim. Pfarrer in mehreren württembergischen Gemeinden. "Geistliches Liederkästlein" 1762. Von ihm stehen noch sieben Lieder im neuen Evangelischen Gesangbuch, z.B. "Jesus Christus herrscht als König"

Hoffmann, G.W., 1771-1846, Bürgermeister in Leonberg; begründete mit königlicher Erlaubnis 1819 die Gemeinde Korntal bei Stuttgart, in der sich viele Pietisten ansiedelten, die in der Landeskirche und der Theologie nicht mehr den rechten Glauben fanden und auszuwandern drohten. Friedrich war der erste Pfarrer von Korntal.

Holgen - Kitschiges Heiligenbild oder ähnliches.

Ispringen bei Pforzheim war vermutlich eine Hochburg der Pregizianer.

Julirevolution, Französische Julirevolution, 1830. Vor allem königliche Maßnahmen gegen die Pressefreiheit erregen Unzufriedenheit bei Journalisten (Thiers), Advokaten, Bürgertum und Volk von Paris. Karl X. dankt ab, Louis-Philippe wird zum König gewählt (Bürgerkönig).

Kienlein. - Nach Hermann Fischer "Schwäbisches Wörterbuch" Kenlein oder Quendel. Wilder Thymian. gilt, wie andere würzig riechende Pflanzen, für heilkräftig. Besonders zu Bädern verwendet.

Klemmer - Den Klemmern (große Waldameisen) wurde und wird in der Volksmedizin Heilkraft zugeschrieben, vor allem bei rheumatischen Erkrankungen. Es gab "Klemmergeist" (Spiritus angesetzte Ameisen). Manchmal ließ man sich auch direkt von den Ameisen stechen. "Klemmerbad " ist noch nicht ganz klar.

Klemmerbad (siehe Klemmer)

Kolokotronis, Theodoros, 1770-1843, "Der Alte von Morea", griechischer Freiheitskämpfer, Held zahlreicher Volkslieder. Er schrieb "Denkwürdigkeiten". Besonders in Studentenkreisen hatte man sich damals sehr für den griechischen Freiheitskampf interessiert.

Krain (Slowenien) Die Familientradition vom Krainer Glaubensverfolgten namens Lauxmann, der nach dem dreißigjährigen Krieg in Württemberg Asyl gesucht haben soll, ist zweifelhaft. Vielleicht hat sie einen historischen Kern. Doch der Name Lauxmann kommt im unfernen Ehningen schon seit der Reformation vor in einigen Generationen. Sollte der „Glaubensverfolgte" schon in den Wirren der Reformationszeit Asyl gesucht haben? Aber Slovenien war damals evangelisch.

Stammbaum:
1. Hans Lauxmann in Schönaich (aus Ehningen?) mit Frau Margarete
2. Michael Lauxmann, Küfer, verh. in Walddorf b. Tübingen
3. Hans Jakob, Küfer,. 2. Ehe 1717 mit Annna Maria Nestele Schönaich
4. Hans Michael, Küfer, Heilignpfleger, Schönaich, verh. 1746 mit Dorothea Rebmann
5. Joh. Michael, Küfer, Schönaich, verh. 1771 mit Maria Bessey
6. Michael, Küfer Schönaich, verh. 1799 mit Dorothea Schilling
7. Richard, Stricker, Schönaich, verh. 1832 mit Agnes Rebmann
8. Richard, Stadtpfarrer in Stuttgart, verh. 1863 mit Pauline Meyding
   (Kinder: Richard, Theodor, Otto, Anna, Martha)

Das Bindeglied zwischen den Ehninger und Schönaicher Lauxmanns ist noch nicht gefunden. Die Aussichten dazu sind nicht gerade günstig.

Landexamen - Aufnahmeprüfung für die evangelisch-theologischen Seminare in Württemberg.

Müller, Heinrich, 1631-1675, evangelischer Erbauungsschriftsteller, *Lübeck, Professor der griechischen Sprache in Rostock, ord. Professor der Theologie. Dogmatisch orthodox, hat er wie *Scriver* und andere gegen kirchliche Missstände gewirkt und ist für Verinnerlichung des Christentums eingetreten. "Geistliche Erquickungsstunden" 1664

Nervenfieber ist eine alte Bezeichnung für Typhus.

Nürnberger – Eine in Nürnberg gedruckte alte Bibel.

Neumeister, Erdmann, *1671 in Üchteritz bei Weißenfels. Pfarrer in Bad Bibra und Eckartsberga, Hofprediger in Weißenfels, Superintendent in Sorau (Niederlausitz), seit 1715 Hauptpastor in St.Jacobi, Hamburg. Eifriger Lutheraner, streitbarer Gegner des Pietismus und der Herrnhuter Brüdergemeine. Textdichter einigr Kantaten J.S. Bachs. Bekannt durch das Lied "Jesus nimmt die Sünder an".

Oberlin, Johann Friedrich, 1740-1826, ev. Pfarrer im Steintal im Elsaß, widmete sich der geistlichen, sittlichen und wirtschaftlichen Hebung seiner verarmten Gemeinde, gründete die erste "Kinderbewahranstalt" für Vorschulkinder. Er begrüßte begeistert die französische Revolution.

Odilienberg, siehe St. Odilienberg.

Oehler, Gustav Friedrich, *1812 Ebingen; 1834 Lehrer am Basler Missionshaus, 1837 Repetent in Tübingen, 1840 Professor am Seminar Schöntal; 1845 Professor in Breslau; 1852 *Ephorus* am Tübinger Stift, + 1872

Ostereier; Titel eines Buches von *Schmid*

Pella (auch Pelia). Antike Stadt im ostjordanischen Palästina, ca. 30 km südlich vom See Genezareth. (Heute Hirbet Fahil, warme Quellen). Im jüdischen Krieg, 67 n. Chr. flüchtete die Christengemeinde Jerusalems dorthin. Seit 451 als Bischofssitz bezeugt. (Ausgrabungen: Grabfunde aus dem 16. bis 14. Jahrhundert vor Christus.)

Prätorius, Stephan, 1536-1603, Pfarrer in Salzwedel, schrieb "Geistliche Schatzkammer". Er zählt mit *Scriver* zu den Vorbereitern des "märkischen Pietismus".

Pregizer, Christian Gottlob, 1751-1824, stellte sich an die Spitze der "Fröhlichen".(Gegensatz: Landeskirche u. Hahn'sche Gemeinschaft) Einmalige Rechtfertigung in Taufe. Teilweise Auslassung der 5. Vaterunserbitte, weil die Schuld durch Christus bereits vergeben ist.

Promotion – Die Seminaristen eines Jahrgangs. s. **Compromotionale**

Quintel = Quendel Wilder Thymian (s. Kienlein)

Reichert Der Vorname des Großvaters wird noch mit "Reichert" angegeben. "Der Reicherts-Ehne". Der Vater nennt sich manchmal auch noch "Reichert". Vermutlich sagten sie auch noch zum jungen Richard "Reichhardt" oder kurz "Reiche".

Rep. = Repetent

Repetent - - Junge Lehrer, die nach dem Studium vorübergehend am Seminar unterrichten, werden "Repetent" genannt.

Rieger, Georg Konrad, 1687 - 1743, Prediger pietistischer Richtung. Geboren in Cannstat. Gymnasialprofessor und Mittwochsprediger in Stuttgart, Pfarrer an St. Leonhard, dann Superintendent und Hospitalprediger. Originelle, schwunghafte, Predigten. "Herzpostille" 1742, "Richtiger und leichter Weg zum Himmel"

Roth, Karl Ludwig, *1790 Stuttgart 1821 Rektor am Melanchthon-Gymnasium in Nürnberg, 1843 *Ephorus* am Seminar Schöntal, 1850 Rektor am Gymnasium in Stuttgart, 1858 Titel Prälat, 1859 Privatdozent. + 1868 Untertürkheim. Schrieb "Gymnasialpädagogik".

Schmid, Christoph von, 1768-1854, katholischer Theologe, schrieb vielgelesene Kindererzählungen u. a "Ostereier", "Genovefa", "Biblische Geschichten für Kinder" sowie das Weihnachtslied "Ihr Kinderlein kommet".

Schneider, Eulogius, 1756-1794, katholischer Priester; durch Voltaire und Rousseau beeinflusster Aufklärer. Machte sich fast überall unmöglich (Toleranzpredigten, Lebensführung); Hofprediger bei Herzog Karl Eugen in Stuttgart, Prof. in Bonn, Generalvikar des Bischofs von Straßburg. Er tyrannisierte das Elsaß. Tod 1794 durch Guillotine.

Scriver, Christian, 1629-1693, zuletzt Oberhofprediger in Quedlinburg, schrieb Erbauungsliteratur "Seelenschatz". Liederdichter "Der lieben Sonne Licht und Pracht". Strenge Lutheraner klagten ihn der Ketzerei an; er war aber nicht unbedingt ein Parteigänger des Pietismus.

Sct Odilia Kapelle St. Odilienberg. Berühmter Wallfahrtsort in den Vogesen. (http://www.badenpage.de/alsace/st_odile/)

Strauß, David Friedrich, *Ludwigsburg 1808 + ebenda 1874; 1830 Vikar in Kleiningeresheim, 1832 Repetent am Tübinger Stift. Die Veröffentlichung seines Buches "Das Leben Jesu" beendete seine akademische Laufbahn. In der Idee des "Gottesmenschen" sah Strauß den Grund des Glaubens und das Christentum als wahre Humanitätsreligion. Die Gestalt Jesu war ihm kaum noch historisch fassbar. Gymnasialprofessor in Ludwigsburg. 1848 liberaler Abgeordneter der württembergischen Kammer.

Wurmsamen. Nach Hermann Fischer "Schwäbisches Wörterbuch": Name verschiedener als Wurmmittel dienender Samen bzw. Pflanzen 1. Same von Artemisia maritima- 2. Santonicum, W. = Sisymbrium Sophia - 3. Wurmfarn (Tanacetum vulgare).

Zeugnis 6 Zeugnisse sind unter die Briefe eingereiht und in den Band eingebunden. Hier ein Beispiel vom 18. April 1849

Zeugnisse

Ein Schuldschein der Lauxmanns

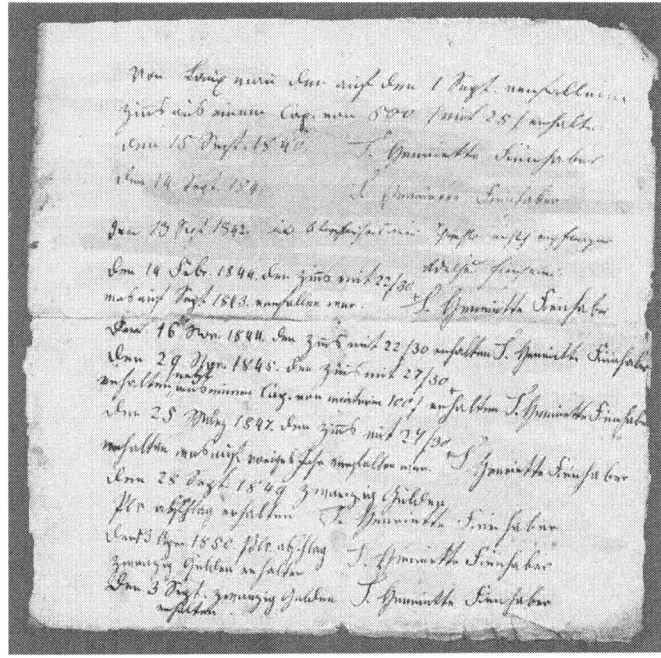

(Versuch, den Text zu übertragen)

Von Lauxmann den auf den 1 Sept. anfallenen
Zins aus einem Cap. von 500 f mit 25 f erhalten
den 15 Sept. 1840   S. Henriette Firnhaber
den 14. Sept. 1841   S. Henriette Firnhaber
den 13. Sept. 1842. indr Abwesendhait meiner Schwester richtig empfangen
                                                      Adelheid Firnhaber
den 14 Febr. 1844. den Zins mit 22/30
was auf Sept. 1843 anfallen war   S. Henriette Firnhaber
den 16 Nov. 1844. den Zins mit 22/30 erhalten   S. Henriette Firnhaber
den 29 Nov. 1845 den Zins mit 27/30
        /nebst
erhalten,, aus einem Cap. von weiteren 100 f erhalten S. Henriettte Firnhaber
den 25 März 1847. den Zins mit 27/30
erhalten was auf voriges Jahr anfallen war   S. Henriette Firnhaber
den 28. Sept. 1849 zwanzig Gulden
Per abschlag erhalten   S. Henriette Firnhaber
den 13. April 1850 Per abschlag   S. Henriette Firnhaber
zwanzig Gulden erhalten
den 3 Sept. zwanzig Gulden   S. Henriette Firnhaber
        erhalten

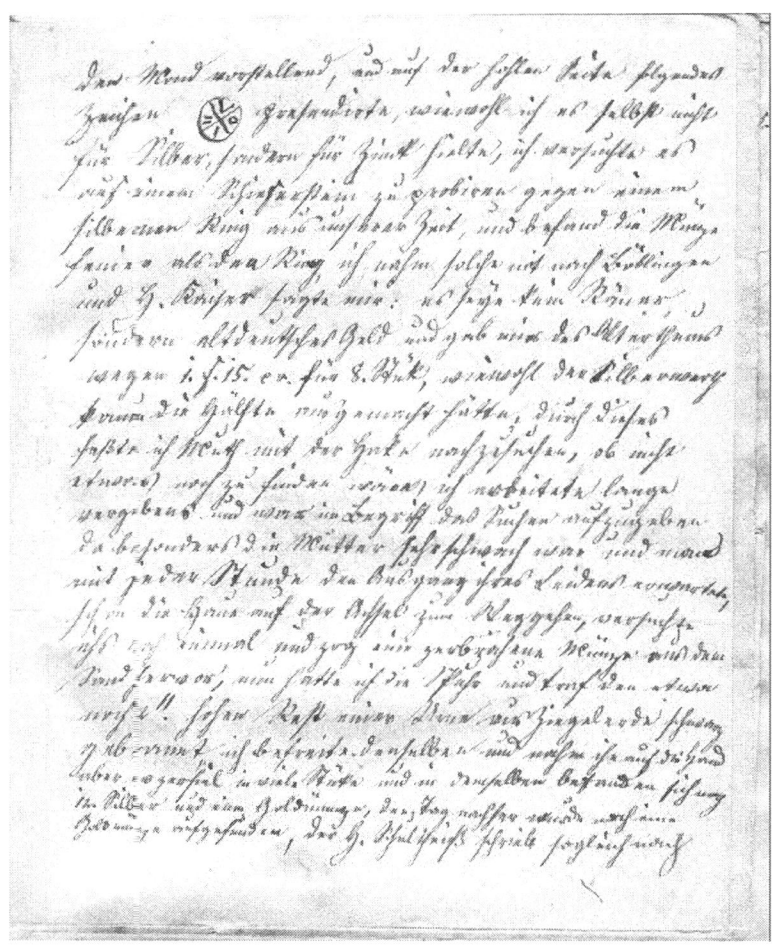

Die dritte der vier Seiten von Brief 73

Die Originalmünzen dieses auch für die Wissenschaft wichtigen Fundes sind heute im Stuttgarter Alten Schloss ausgestellt.

Verzeichnis der Briefe und Zeugnisse

linksbündig = aus Schöntal
rechtsbündig = aus Schönaich
Grg. = Georg
Z = Zeugnis

	1848		1849		1850		1851		1852
1	28.10.	7	07.01.	29	01.01.	45	12.01.	61	10.01.
2	07.11.	8	14.01.	30	20.01.	46	03.02.	62	18.01.
3	19.11.	9	09.02.	31	10.02.	47	16.02.	63	01.02.
4	04.12.	10	18.02.	32	17.02.	48	09.03.	64	08.02.
5	Gg 04.12.	11	09.03.	33	18.03.	49	14.04.	65	07.03.
6	07.12.	12	28.03.	34	17.04.	50	ohne	66	07.03.
		13	07.04.	35	19.05.	51	03.06.	67	03.04. Z.
		14	18.04. Z.	36	03.06.	52	08.06.	68	Gg 12.05.
		15	16.05.	37	01.07.	53	13.06.	69	23.05.
		16	10.06.	38	21.07.	54	03.08.	70	06.06.
		17	10,06.	39	18.08.	55	16.08.	71	08.06.
		18	08.07.	40	25.08.	56	08.09. Z.	72	15.06.
		19	08.07.	41	20.10.	57	19.10.	73	01.07.
		20	22.07.	42	10.11.	58	26.10.	74	23.07.
		21	28.07.	43	17.11.	59	16.10.	75	25.07.
		22	26.08.	44	29.12.	60	14.12.	76	18.08.
		23	02.09.					77	23.08.
		24	22.09. Z.						
		25	28.10.						
		26	24.11.						
		27	02.12.						
		28	16.12.						

Hans Michael Lauxmarn 1749-1810 Maria Lauxm. gb. Bessey 1749-1816	Reichert Schilling 1741-813 Anna Schilling gb. Luz	Joh. Jakob Rebmann 1745-1808 Marie Kath.R. gb. Rebmann 1774-1829	Joh. Jakob Binder Agnes Binder gb. Wacker

Michael Lauxmann 21.01.1774-02.05.1842 Küfer in Schönaich Dorothea Lauxmann gb. Schilling 03.11.1776-21.11.1853	Jakob Rebmann 19.05.1775-04.11.1838 Weber in Schönaich Agnes Rebmann gb. Binder 02.09.1774-16.02.1829

Richard Lauxmann Stricker, Weber, Zwirner 03.11.1803-26.09.1867	Agnes Lauxmann gb. Rebmann 06.05.1809-19.01.1853

Heirat am 10.05.1832

1. Johann Georg	18.04.1833-16.11.1833
2. Richard	08.08.1834-20.01.1890 Stadtpfarrer in Stuttgart 1863 Pauline gb. Meyding 15.04.1841-17.07.1917
3. Georg	26.01.1837-08.12.1877 Schultheiß in Schönaich 1861 Marie gb. Wacker + 16.05.1904
4. Michael	04.07.1839-26.06.1872 Buchhalter (Rentenanstalt) 1870 Mathilde gb. Schach
5. Anna Maria	10.01.1841-16.01.1905 Stuttgart
6. Jakob	02.11.1842-05.07.1898 Oberamtspfleger Cannstatt Christine gb. Kreeb 04.06.1842-17.06.1883 1884 Sophie gb. Fritz 09.01.1854-??.06.1936
7. Christian	13.02.1845-08.11.1902 Uhrmacher in Stuttgart 1872 Karoline (Lina) gb. Jäp 03.03.1849-29.09.1916
8. Agnes	08.07.1847-27.04.1849
9. Johannes	06.03.1852-03.06.1921 Prokurist in Ludwigshafen 1880 Julia gb. Jäp 13.05.1852-18.09.1933

Der „Stricker" R..L. und seine Frau Agnes trauern um ihr erstes Kind. Zeichnung von Theodor Lauxmann. 1888

Zur Silberhochzeit von Richard Lauxmann, Pfarrer und ehemaliger Schöntaler Seminarist, und seiner Frau Pauline, geborene Meyding, haben zwei ihrer Söhne, Richard (III.), Pfarrer, und Theodor, Kunstmaler, einen schweren Prachtband gestaltet mit vielen Gedichten und Bildern aus dem Leben ihrer Eltern und Großeltern. Daraus sind auch die meisten Bilder in diesem Buch und auch das obige Bild entnommen.

Vom „Stricker" gibt es nur ein Bild, die Photographie, die neben dem Titleblatt abgedruckt ist. Da ist er aber schon alt und hat bei der damaligen Technik lange beim Photographen stillhalten müssen. Theodor konnte seinen Großvater nicht mehr gekannt haben, trotzdem gibt das Bild oben vielleicht einen besseren Eindruck. Deshalb wurde es auch bei der Gestaltung des Umschlags frei verwendet. Von seiner Frau Agnes gibt es leider Bild.

B. Orte etc.

C. Krankheit
und Arznei

D. Geld und
Schulden

E. Politik

F. Sonstiges

Zeichnung von Theodor Lx